本书为国家社科基金项目"儒家仁学思想与社会主义核心价值观内化研究"（项目编号：20BKS150）结项成果

儒家仁学思想与社会主义核心价值观内化研究

包雅玮 著

中国社会科学出版社

图书在版编目（CIP）数据

儒家仁学思想与社会主义核心价值观内化研究/包雅玮著.
—北京：中国社会科学出版社，2023.5
ISBN 978 - 7 - 5227 - 1665 - 7

Ⅰ.①儒… Ⅱ.①包… Ⅲ.①儒家—哲学思想—研究 ②社会主义核心价值观—研究—中国 Ⅳ.①B222.05 ②D616

中国国家版本馆 CIP 数据核字（2023）第 048665 号

出 版 人	赵剑英
责任编辑	杨晓芳
责任校对	刘利召
责任印制	王 超

出　　版	中国社会科学出版社
社　　址	北京鼓楼西大街甲 158 号
邮　　编	100720
网　　址	http://www.csspw.cn
发 行 部	010 - 84083685
门 市 部	010 - 84029450
经　　销	新华书店及其他书店
印　　刷	北京明恒达印务有限公司
装　　订	廊坊市广阳区广增装订厂
版　　次	2023 年 5 月第 1 版
印　　次	2023 年 5 月第 1 次印刷
开　　本	710×1000　1/16
印　　张	24
插　　页	2
字　　数	312 千字
定　　价	128.00 元

凡购买中国社会科学出版社图书，如有质量问题请与本社营销中心联系调换
电话：010 - 84083683
版权所有　侵权必究

前　言

儒家仁学思想既是对中华优秀传统文化的继承，也体现了历代社会道德理想的崇高追求。在近现代社会转型及西方文化的冲击下，立足当下梳理儒家仁学思想与社会主义核心价值观的内在契合，摆脱儒家仁学思想现代困境，从理论维度探讨社会主义核心价值观引领儒家仁学思想的内涵价值传承，从实践维度探讨传统文化基因与当代文化相适应、与现代社会相协调，才能延续和发展中华民族的历史文脉。

本书共有八章。第一章是绪论。主要阐述国内外研究现状、研究意义、研究思路、主要内容、研究目标及方法。第二章是社会主义核心价值观内化研究的理论基础与思想资源。从心理学、教育学、伦理学、社会学和马克思主义理论等不同角度，对社会主义核心价值观内化的含义进行阐释，强调社会主义核心价值观内化的内核，体现社会主义核心价值观的根本性质和基本特征，反映社会主义核心价值观的丰富内涵和实践要求。第三章是儒家仁学思想的历史演变与理论解析。儒家仁学思想在每一历史时期的发展与壮大都来源于时代的影响，其产生、确立、发展、成熟始终扎根于当时的社会历史形势。第四章是社会主义核心价值观内化的实证分析。通过对社会主义核价值观内化情况进行实证分析，全面调查个体对社会主义核心价值观的内化程度，从整体上把握公民的价值追求，强化社会主义核心价值观的引领作用。第五章是社会主义核心价值观内化的现实考量。采取由抽象到具体、由整体到部分的思路，从价值论域、现实论域、过程要素三个主要方面现实考量，从过程逻辑、系统构建两方面探索社会主义核心价值观内化的方法路径。第六章是社会主义核心价值观视域下儒家仁学思想的现代阐释研究。在社会主义核心价值观视域下，对儒家仁学思想进行现代阐释研究，以社会主义核心价值观的价值内容和理论框架探讨儒家仁学思想与社会主义核心价值观的关系。第七章是儒家仁学思想与社会主义核心价值观内化的相通相合研究。针对社会主义核心价值观内化在价值论域和现实论域出现的问题，以儒家仁学思想与社会主义核心价值观的"相通相合"为起点，客观分析问题存在的深层次原因，从儒家仁学思想的发展中寻找解决这些问题的启示。第八章是儒家仁学思想在社会主义核心价值观内化创新发展中的应用研究。儒家仁学思想蕴含着丰富的道德思想和人文精神，对社会主义核心价值观的内化应用有着积极的指导作用，中国传统文化的创新与发展要合乎民众需求，达到古为今用。而儒家仁学思想作为中国传统文化的重要组成部分，其思想内涵的当代开发与应用，对于解决中国当下现实问题以及促进中华民族的伟大复兴有着重要意义。应充分挖掘儒家仁学思想内化过程中展现的实践价值，实现二者的融合发展。

　　本书提出的创新观点如儒家仁学思想作为中华民族的优秀传统文化，以高度的"文化自觉"，积极回应了"立国、处世、为人"的时代问题。社会主义核心价值观与儒家仁学思想的契合性既有科学性基础又有价值性源泉，符合社会主义核心价值观的运动规律和当代中华民族的根本利益。以儒家仁学丰富的思想涵养与教化经验，对社会主义核心价值观教育体系的构建做有益的借鉴尝试，既体现了儒家仁学思想的当代价值又摆脱了其现代困境。又如社会主义核心价值观与儒家仁学思想的价值性契合。儒家仁学思想作为道德价值教育的思想体系，在时代的发展过程中重视道德对人的影响塑造、政治社会价值意义和巩固社会稳定的作用。儒家仁学思想的价值意义在于，其是所处历史时期日常生活最基本的思想动力和最本质的精神追求。社会主义核心价值观既从国家、社会、公民三个层面阐释了中华民族当代的价值取向，又作为统一整体体现中国人民最深层次的价值追求。社会主义核心价值观与儒家仁学思想的价值性契合，回归儒家仁学思想对社会主义核心价值观内化涵养与外化借鉴的当代价值，社会主义核心价值观借鉴儒家仁学思想教化在目标、原则、内容、方法、路径等方面的经验，发挥其当代的价值引导、道德教育、心理教育作用。重点是最大限度地契合当前中国的现实问题，以社会主义核心价值观奠定现代社会发展的道德规范和伦理底线，不但塑造现代公民的健全人格，也体现中国人民和中华民族的根本利益要求等。

此书是在本人主持的2020年国家社会科学基金一般项目的终期成果基础上，由项目组成员合作并分工整理提升完成。本人负责项目研究的整体性工作，制订研究计划、研究内容和研究思路，拟定项目整体框架和实施计划并撰写，负责项目组成员的协调分工，曹爱凤、朱碧玲、魏语婷、郭群娜等参与了书稿的文献整理和审阅修改。

进入新时代，我们必须站在新的时间维度，以现代主体的身份去透视儒家仁学思想，探讨其与社会主义核心价值观的内在关系，并以马克思主义的立场、观点和方法，分析儒家仁学思想所蕴含的价值信念、价值取向和行为准则对中国传统以至现代社会的影响，使儒家仁学思想与构建社会主义和谐社会的理论与实践相承接，发挥其现代价值并使其成为现代化强大的精神动力与现代文明的重要组成部分，实现对坚持和完善社会主义先进文化制度的整体性认识，是值得研究的重要课题。囿于我们的认识和水平，不足之处在所难免，希望通过本书抛砖引玉，使更多专家和学者加入承担起文化传承的使命与担当的研究与实践中来，为提升我国社会主义核心价值观内化的成效贡献力量。

包雅玮

2022 年 6 月

目　录

第一章　绪论 ……………………………………………………（1）
　第一节　研究的缘由与价值 ………………………………（1）
　第二节　学术史梳理与研究现状综述 ……………………（5）
　第三节　研究思路与研究方法 ……………………………（11）
　第四节　研究重点难点与创新之处 ………………………（12）
　第五节　本章小结 …………………………………………（15）

**第二章　社会主义核心价值观内化研究的理论基础与
　　　　　思想资源** …………………………………………（17）
　第一节　社会主义核心价值观内化的内涵特征与价值体现 ……（17）
　第二节　社会主义核心价值观内化研究的理论视角 ……（33）
　第三节　社会主义核心价值观内化研究的思想资源 ……（54）
　第四节　本章小结 …………………………………………（71）

第三章　儒家仁学思想的历史演变与理论解析 ……………（73）
　第一节　儒家仁学思想产生的历史背景 …………………（73）
　第二节　儒家仁学思想的历史演进 ………………………（80）

第三节　儒家仁学思想的理论解析 …………………（115）
第四节　儒家仁学思想的内蕴张力与思想局限 ………（135）
第五节　本章小结 ………………………………………（140）

第四章　社会主义核心价值观内化的实证分析 ………（142）
第一节　实证研究的基本程序 …………………………（142）
第二节　社会主义核心价值观内化的现状 ……………（151）
第三节　社会主义核心价值观的内化建设 ……………（171）
第四节　本章小结 ………………………………………（174）

第五章　社会主义核心价值观内化的现实考量 ………（176）
第一节　社会主义核心价值观内化价值论域存在的问题及
　　　　原因分析 …………………………………………（176）
第二节　社会主义核心价值观内化现实论域存在的问题及
　　　　成因分析 …………………………………………（185）
第三节　社会主义核心价值观内化过程要素存在的问题及
　　　　原因分析 …………………………………………（192）
第四节　社会主义核心价值观内化的过程逻辑与机制构建 …（202）
第五节　本章小结 ………………………………………（212）

第六章　社会主义核心价值观视域下儒家仁学思想的现代
　　　　阐释研究 ……………………………………………（214）
第一节　儒家仁学思想现代转化的必要性和可行性 …（215）
第二节　儒家仁学思想现代转化的目标任务 …………（228）
第三节　儒家仁学思想现代转化的原则方法 …………（236）

第四节　社会主义核心价值观引领儒家仁学思想现代
　　　　转化的路径 …………………………………………（243）
第五节　用社会主义核心价值观指引儒家仁学思想的
　　　　转化应用 ……………………………………………（246）
第六节　本章小结 ……………………………………………（251）

第七章　儒家仁学思想与社会主义核心价值观内化的相通相合研究 …………………………………………（253）

第一节　儒家仁学思想与社会主义核心价值观契合的
　　　　基本逻辑 ……………………………………………（254）
第二节　儒家仁学思想与社会主义核心价值观契合的
　　　　内在本质 ……………………………………………（261）
第三节　儒家仁学思想与社会主义核心价值观契合的
　　　　基本特性 ……………………………………………（267）
第四节　儒家仁学思想与社会主义核心价值观契合的
　　　　内容维度 ……………………………………………（275）
第五节　儒家仁学思想与社会主义核心价值观内化的
　　　　相互融通 ……………………………………………（285）
第六节　儒家仁学思想在社会主义核心价值观内化创新
　　　　发展中的理论启示 …………………………………（294）
第七节　本章小结 ……………………………………………（316）

第八章　儒家仁学思想在社会主义核心价值观内化创新发展中的应用研究 …………………………………（318）

第一节　儒家仁学思想在社会主义核心价值观内化创新
　　　　发展中的应用原则 …………………………………（318）

第二节　儒家仁学思想在社会主义核心价值观内化创新
发展中的应用要素 …………………………………（328）

第三节　儒家仁学思想在社会主义核心价值观内化创新
发展中的应用路径 …………………………………（339）

第四节　儒家仁学思想对社会主义核心价值观内化教育的
现实应用 ……………………………………………（344）

第五节　本章小结 …………………………………………（359）

社会主义核心价值观内化的调查问卷 ………………………（360）

参考文献 ………………………………………………………（366）

后　记 …………………………………………………………（373）

第一章 绪论

第一节 研究的缘由与价值

一 研究的缘由

在中国独特的历史发展过程中，儒家仁学思想以其强劲的生命力、海纳百川的包容性、敬天保民的仁爱思想，一定程度上保证了各阶层民众安居乐业，促进了封建社会的稳定与发展，被自汉武帝以来的历代君主奉为圭臬，在政治文化统治中长期处于主导地位，是中国封建社会的国家意识形态和主流价值观。在中国漫长的历史进程中，儒家思想造就的伦理共识和对本民族文化的强烈认同等已成功融入中华民族的基因血脉，影响着世代中国人。

党的二十大报告指出，我们要坚持马克思主义在意识形态领域指导地位的根本制度，坚持为人民服务、为社会主义服务，坚持百花齐放、百家争鸣，坚持创造性转化、创新性发展，以社会主义核心价值观为引领，发展社会主义先进文化，弘扬革命文化，传承中华优秀传统文化，满足人民日益增长的精神文化需求，巩固全党全国各族人民团结奋斗的共同思想基础，不断提升国家文化软实力和中华文化影响力。在新时代的背景下，要推动中国特色社会主义事业继续前进，就必须充分认识儒家仁学思想对中国人民的既有影响并加以引导，与此同时，挖掘儒家仁学思想里未被充分重视但在现代社会中依然具有重要价值的部分并继续利用。党的十九届四中全会指出："培育和弘扬社会主义核心价值观，必须坚守我们既有的传统、固有的根本，在此基础上深耕厚培、延伸发展。"中华优秀传统文化的发展满足中国社会生产方式和政治变革的发展需要，儒家思想在历史进程中既形成了核心价值观念，也塑造了一系列开展社会教化、加强个体修养的相应法则，对以社会主义核心价值观引领文化制度建设及其内化具有启示和借鉴意义。价值观是人们心中的深层信念系统，是一个人行为处事的基本原则与标准，是个人的思维和行为模式的统帅，而核心价值观是一个社会群体的共同价值体系，决定着这一群体的行为标准与处事原则，在社会群体之中能否成功树立核心价值观关乎一个国家的凝聚力和文化软实力。

　　我国倡导的社会主义核心价值观包括国家、社会和个人三个层面，凝练为24个字。富强、民主、文明、和谐作为国家层面的价值目标；社会层面的价值取向是自由、平等、公正、法治；爱国、敬业、诚信、友善则是个人层面的价值准则。党的十八大以来，社会主义核心价值观成为中国社会主义思想文化阵地建设最重要的遵循依据。从我国的国家政治大局来看，社会群体树立社会主义核心价值观，有助于提升人民群众自身道德修养和维护社会主义社会的长治久安。习近平总书记强调，"要注意把我们所提倡的与人们日常生活紧密联系起来，在落细、落小、落实上下功夫"。党的十九大报告提出，要把社会主义核心价值观"转化为人民的情感认同和行为习惯"。习近平总书记指出，"要号召全社会行动起来，通过教育引导、舆论宣传、文化熏陶、实践养成、制度保障等，使社会主义核心价值观内化为人们的精神追求、外化为人们的自觉行动"。社会主义核心价值观融入个体日常生活的现实场域，体现了国家主导价值话语能否发挥最大的作用，表明社会主义核心价值观是否真正内化于心并外化为价值行为。

儒家思想也称为儒教或儒学，由孔子创立，为历代儒家尊崇并逐渐形成完整的思想体系，儒学作为中华文明过去千余年的主流思想，对于中国的政治、经济等各个方面有巨大的潜在影响。伴随新文化运动，近代以来儒家思想饱受争议。改革开放以来，伴随文化自觉自信，更多学者开始回顾我们的传统文化，其魅力与价值又重新受到重视。仁学思想——孔子创立的儒家核心理念，其"仁、义、礼、智、信""温、良、恭、俭、让"等核心理念，对于缓解当代社会利益冲突发挥着积极作用。习近平总书记指出："中华民族在几千年历史中创造和延续的中华优秀传统文化，是中华民族的根和魂。"推动社会主义核心价值观内化有重要意义，儒家仁学思想是我国优秀传统文化的灵魂和精华，必须在当代社会加以传承和弘扬。

对社会主义核心价值观与儒家仁学思想的内化研究顺应了时代发展趋势，有助于推进中华传统文化的现代化与马克思主义的中国化，提高中国文化软实力。在全球化视野下，着眼于解决人类发展和中国社会问题，从当代社会发展的视角，批判继承和转化发展儒学。儒家仁学思想具有涵养文化和滋润人心的作用，从儒学发展的视角，审视中国当代社会成员对于社会主义核心价值观的内化，不但可以实现儒学的创造性转化与创新性发展的，也符合当代人民的价值追求。作为马克思主义中国化成果与中华优秀传统文化的时代结晶，从社会主义核心价值观的视角，其内化是持续推动当代中国文化建设的一项重要任务。在此过程中需要和儒家仁学思想相融合，一方面，在社会主义核心价值观引领下实现儒家仁学思想现代转化；另一方面，儒家仁学思想涵养的社会主义核心价值观在人民群众中内化，顺应各自内在发展规律和达到自身长久发展。

二 研究的价值

马克思主义与儒家思想，既有东西之别，又有古今之变，它们在此过程中表现出的包容性与发展性，促使二者在中国这片土地上交融成了现当代中国革命、建设与发展的生动实践。这场碰撞会通本身就有丰富的探究价值，尤其是研究社会主义核心价值观内化与儒家仁学思想的相互融通对于当下中国具有重要意义。儒家学说作为中国传统文化的主流思想，长期在古代中国思想中发挥主导作用，深植于中国人的思想中，对于中国当代思想也有着重大的影响。如何充分研究儒家丰富的思想文化，"取其精华，去其糟粕"，使之更好地服务于中国特色社会主义建设，需要我们在理论和实践上做出更多的突破。理论作为实践的先导，在实践中又发挥着主导作用，理论研究创新尤为重要。

研究的学术价值体现在以下几方面。通过对儒家仁学思想的立国、处世、为人三个维度的考量，梳理儒家仁学思想与当今社会、经济、人的发展的关系；阐明社会主义核心价值观内化承接儒家仁学思想的丰富养分，从而引领儒家仁学在传统与现代的变迁中创造性转化与再运用；厘清儒家仁学思想与社会主义核心价值观内化的相通相合，为实现中华民族的伟大复兴提供文化支撑。通过借鉴儒家仁学思想文化经验和培育途径，增强社会群体对社会主义核心价值观的历史认同感。在此过程中，一方面，梳理儒家仁学思想的核心内涵，理顺社会主义核心价值观的文化底蕴依据，抵制西方"普世价值"的入侵；另一方面，以史为鉴，探求社会主义核心价值观内化的有效原则与方法，对推进中国特色社会主义事业建设有重要的现实意义。

研究的应用价值有以下三点。其一，推进中华传统文化传承发展工程，坚持和发展中国特色社会主义文化；其二，发挥传统价值观在创新文化建设中的作用，实现中华民族文化基因和现代社会发展的统一；其三，在社会主义核心价值观教育中夯实文化自觉，用发展的马克思主义与中国传统文化的新时代创新成果引导民众。研究儒家仁学思想与社会主义核心价值观的内化，有助于从中国传统文化、革命文化和社会主义先进文化中，坚定文化自信，满足人们的精神需求，激发人们的民族文化荣誉感，形成强烈的民族归属感，激励人们积极参与中华优秀传统文化的继承、弘扬与传播的实践活动。

第二节　学术史梳理与研究现状综述

一　研究的学术史梳理

关于"儒家仁学思想与社会主义核心价值观内化研究"，目前国内外的成果较少且未成系统，但涉及单方面的成果颇丰。以2013年12月23日"社会主义核心价值观"提出为界，之前的研究大多聚焦传统儒家核心内涵的当代价值与意义，研究内容广泛，成果逐年增长但幅度不大；之后逐步关注社会主义核心价值观和中华优秀传统文化之间的关联，涉及学科众多且成果增长显著。

（一）国内相关研究的学术史梳理及研究动态

国内相关研究主要围绕以下几个方面。

一是"儒家仁学思想"方面的研究。关于儒家仁学思想的内涵和历史脉络研究，李晓愚在《儒家仁爱思想的当代诠释》一文中，重点分析了儒家核心价值观的"仁爱"，详细阐述了仁的内涵，并得出仁爱思想具有当代价值，指出其有利于构建新型的和谐人际关系。于文博在《儒家仁爱思想对培育和践行社会主义核心价值观的启示》一文中指出，仁爱包括亲亲、仁民、爱物、自爱等内涵，贯穿于家庭、社会、自然的道德要求之中，儒家仁爱思想的精髓要义蕴含着中华民族独特的价值偏好和价值取向。从家庭做起、对他人友善、与自然和谐、自身修养等方面，给予培育和践行社会主义核心价值观以启示。关于儒家仁学思想的现代转化研究，周瑾在《自性与共生——儒学现代转化的路向》一文中，从儒学文化的当代价值展开讨论，指出儒学的现代转化，是中国文化复苏、恢复的重要标志。现代儒学发展的根本出路在于真正发挥其涵养文化、滋润人心的作用，必须要关注现实生活的诉求。关于现代转化条件的研究，顾士敏的《中国儒学导论》认为，文化"会通"是儒学现代转换的条件，儒学只有吸收各种学派的思想，接纳不同的文化体系，通过"会通"实现文化的"互补"，才能重建自己的哲学体系，实现自身的创新与发展。关于现代转换基本路径与方法的研究，杨永明在《当代儒学第七辑》中提出，应结合当代中国社会实际情况对儒学进行创造性转化，使儒学能够适应社会和个人发展的需要；颜炳罡在《中国儒学的现代转化》中，从仁学的本体出发，以人为本，追求天人合一，指出在当代社会儒学面临的主要问题，要将仁学思维推广到更大的区域中进行创造性转化与创新性发展。

二是"儒家仁学思想与社会主义核心价值观"方面的研究。关于儒家仁学思想和社会主义核心价值观内在关系的研究，一些学者提出社会主义核心价值观的理念源自儒学之"仁"，二者在价值准则上契合。如牛廷涛在《儒家文化与社会主义核心价值观——牟钟鉴先生访谈录》一文中，提到社会主义核心价值观的基本内容几乎都与儒家文化或孔子的精神有关，区别只在于联系的方式是直接还是间接。严瑞在《论儒家思想与社会主义核心价值观的契合与相通》一文中，指出儒家思想以"仁爱"贯穿整体结构，儒家思想与核心价值观在价值理念和承继方向上相融相通。张庆花在《孔子"仁学"思想与社会主义核心价值观的内在契合》一文中，认为社会主义核心价值观以中国优秀传统价值观为价值"根基"，"仁学"思想在理论基础、目标导向、实践应用等方面与社会主义核心价值观具有融通性，二者在功能指向、内容生成、实践路径等方面具有契合性，并提出仁学是中华优秀传统文化的核心内容。另一些学者认为儒家仁学思想为社会主义核心价值观提供了思想资源。如迟成勇在《仁学与社会主义核心价值体系建构》一文中提出，儒家仁学理论中的合理性因素，为社会主义核心价值观内化提供了方法借鉴，对于个人自我意识提升在实践方面有着指导作用。陈云在《论社会主义核心价值观的儒学底蕴及其涵养》一文中，认为社会主义核心价值观与儒家思想关系密切，社会主义核心价值观借鉴了儒家思想中优秀的理念底蕴，注重儒学涵养社会主义核心价值观的原则，需要批判性、合理性与方法创新性的辩证。吴立群在《儒家仁学思想与社会主义核心价值体系的建构》一文中，认为儒家思想中文明和人文价值有积极意义，指出儒家仁学思想作为传统资源，可以为现代社会经济建设服务。关于儒家仁学思想融入社会主义核心价值观的路径与方法的研究，佘远富在《以传统价值观的创造性转化推进社会主义核心价值观的日常生活化》一文中，阐述了中华传统价值观对社会主义核心价值观的涵养，从"问题域""价值内涵""践行方式"实现传统到当代的创造性转化。关于传统儒学核心价值观大众化的经验研究，宫龙楠在《儒家思想传播的历史经验》中，阐述了孔子的"仁""义""礼""忠"等思想，在现实生活中深受中国人民的拥护，符合群众的价值诉求和价值信念。曹德本在《中国政治思想史》中提到，贫富差距会造成社会不稳定，治理国家需要实行平均主义的经济政策。钱少佳在《儒家文化传播对社会主义核心价值观传播的启示》中，认为身教重于言教，儒家文化在传播过程中提倡"知行合一"的实践精神。关于社会主义核心价值观日常生活化的研究，杨丽娟等学者在《加强大学生社会主义核心价值观教育探微》一文中，提出社会主义核心价值观内化需要日常生活的土壤。叶南客、肖伟华在《论中国传统文化对社会主义核心价值观教育现实困境的开解——基于王阳明"致良知"中德育方法论思想的考察》一文中，指出社会主义核心价值观教育走出困境，可以借鉴儒家学说蕴含的丰富德育方法论资源。关于传统价值观与社会主义核心价值观关系的研究，一些学者认为，社会主义核心价值观是以儒家为核心内容构成的传统价值观为基础的。如戴木才、王艳玲在《中国传统核心价值观的源流发展及其启示》中指出，以"仁义礼智信"为主要内容的中国传统核心价值观，萌发于中国古代自然经济的生产方式和宗法制的社会结构。江畅、陶涛在《中国传统价值观现代转换面临的任务》中指出，对于中国传统价值观，需要创造性转化和创新性发展，这是构建中国当代主流价值观的客观要求。李亚琼在《新时代社会主义核心价值观对中国传统价值观的继承与发展》中认为，核心价值观延续了传统价值观包含的部分内容，需从个人、社会、国家、自然和时代特征等角度进行研究。

三是"社会主义核心价值观内化"方面的研究。关于社会主义核心价值观内化的概念研究，横跨哲学、社会学、教育学、心理学等多个学科领域，并没有完全统一的概念，许多学者都有着自己的见解。如时蓉华在《社会心理学》中指出，内化是人在自己原有的观念基础上接纳外在的观点。张耀灿、郑永廷在《现代思想政治教育学》一书中提出内化是包含感受再到分析和选择的过程，认为内化就是变"社会要我这样做"为"我要这样做"的过程。关于内化机制的研究，陆树程、杨倩在《论培育和践行社会主义核心价值观的内在机制》一文中做了内化路径研究。马军红、苗立峰的《社会主义核心价值观内化障碍及对策阐析》提出，通过全面提升教育者的综合素质，调动受教育者的积极性和自主性，推进社会主义核心价值观的提炼，营造良好的内化环境氛围，增强社会主义核心价值观的内化效果。蒲清平、张伟莉、安娜在《社会主义核心价值观内化的心理机制与实践路径》中，提出建构"情感体验—榜样示范—反思学习—主客互换—躬行实践"的社会主义核心价值观内化的实践路径。

还有学者具体到大学生价值观内化的问题和路径研究。如刘先春、郭海霞在《当代大学生社会主义核心价值观存在的问题及对策研究》一文中，提出大学生价值观取向总体上并不能掩盖其存在的问题，大学生价值观并不成熟，容易受不良因素影响，加强对其价值观教育是当务之急。陆林召在《构建大学生核心价值观内化体系》一文中，提出社会主义核心价值观需要通过文化的提高影响力，了解学生关注的热点和难点问题，通过激发情感共鸣、弘扬传统文化、注重实践养成、提高教师素质等路径，将核心价值观内化为大学生的精神追求。

(二) 国外相关研究的学术史梳理及研究动态

国外相关研究主要围绕四个方面。一是对儒家思想的内涵研究。随着儒家思想在国际上的影响力不断扩大，韩国、新加坡等国在全社会普及儒家思想，用其培育当代社会价值观。如德国社会学家马克斯·韦伯在《中国的宗教：儒教与道教》中的判断，为西方汉学（儒学）提供了基本研究。美国哲学家赫伯特·芬格莱特的《孔子：即凡而圣》对《论语》中的核心概念"仁"和"礼"的解读与当代西方的主流哲学思想相结合，开辟了当代美国研究儒家仁学思想的新模式。日本哲学家伊藤仁斋的《仁说》阐述了对"仁学"主要内容、实现途径的认识。新加坡、越南、马来西亚、印度尼西亚等国家重视探讨儒学传承与文化认同的内在理路。二是中国价值观的内涵阐释。如美国学者艾瑞斯认为中国价值观强调天人合一、以和为贵、中庸之道并深入民心。日本学者坂田一、津留宏、秋叶等认为中国价值观具有深厚的历史基础和深远的历史渊源，影响着中国人日常的生活、工作和学习。三是中国价值观的分类阐述。如以色列社会心理学家施瓦茨把中国价值观分为自我、人生、道德、宗教、审美和政治价值观。美国学者劳拉把中国价值观分为人生、道德、政治、职业、婚恋与性价值观。四是传统价值观的现代转化。如美国学者杜维明认为现代社会可以从儒学中挖掘出丰富有益的资源。新加坡学者李晨阳在传承传统文化问题上提出"价值组合"的概念。韩国学者柳承国在《韩国儒家与现代精神》一书中指出，从古朝鲜时期儒家文化就开始对韩国文化产生影响，在一定程度上培育了韩国人民的道德意识，对提高韩国国民素质发挥了重要的作用。关于文化的培育和践行途径，美国学者列文森在《儒家中国及其现代命运》一书中认为，儒家文化是中华文化的源泉，对中国政治、经济、文化等各方面的发展都具有深远影响，但当前的儒家文化并不能原封不动地运用到中国社会主义建设当中，需要中国政府对儒家文化进行时代性改革，而后把儒家文化创造性转化运用到中国社会主义建设当中去。

二 学界研究现状综述

对于儒家仁学思想和社会主义核心价值观的研究，国内学者研究成果相对丰富，在对二者进行关联研究时也都意识到儒家仁学思想对于社会主义核心价值观培育的重要性，有许多值得借鉴的研究成果。但从目前来看，对二者内在关联的深入分析还不够，并且一些研究内容多是从哲学、史学和文化发展的角度进行描述性书写，而缺少具体制度建设，尚未形成完整体系。国外研究多关注儒学传承与文化认同，认为中国价值观扎根于深厚历史并影响深远，当前的社会主义核心价值观是伴随社会发展逐渐演变形成的，对二者衔接融合方面的研究涉猎较少。在此研究中，其独特的研究视角、方法及观点值得关注。

国内外学者均认识到儒家仁学思想与社会主义核心价值观深入交融，紧密联系，但在探讨儒家仁学思想的现代转化和社会主义核心价值观内化的相互融通时大多偏向学理层面，实证研究较少，现实论据有待加强，这也为本书提供了研究空间和崭新视角。

第三节 研究思路与研究方法

一 研究思路

以"儒家仁学思想与社会主义核心价值观内化"为研究对象，把儒家仁学思想的历史演进、理论发展及现代转化，与社会主义核心价值观内化的理论基础、思想渊源及合理体系相结合；强化二者的内在关联；将社会主义核心价值观的内化研究与其引领社会主义制度文化建设一脉相连，对坚持和完善发展社会主义先进文化制度有整体性认识与启发。

二 研究方法

一是马克思主义历史分析法。研究以历史唯物主义和辩证唯物主义为指导，强调一切从实际出发，依据历史与逻辑的统一发展理论，设计研究的逻辑体系和理论框架，用发展的观点分析儒家仁学思想的历史演变和现代阐释，探求社会主义核心价值观的内化实践范式，从哲学认识论高度探晰儒家仁学思想的传承发展与坚持以社会主义核心价值观引领文化制度建设。二是文献研究法。整理分析现有研究报道、学术论文和专著期刊等，了解儒家仁学思想与社会主义核心价值观相结合的研究成果，全面把握研究成果的科学之处，推动社会主义核心价值观的内化研究。三是跨学科研究法。社会主义核心价值观来源于马克思主义理论，同时又包含中西方文化传统中的价值资源，因此，结合哲学、社会学、历史学、文学等多学科研究方法，融合多元理论研究具有可行性。四是比较分析法。通过梳理儒家仁学思想与社会主义核心价值观在逻辑、本质和内容方面的契合之处这是社会主义核心价值观内化的思想基础所在，更是社会主义核心价值观指引儒家仁学思想现代转化的方向，又是二者的差异之处，从而探寻儒家仁学思想在社会主义核心价值观内化创新中的应用路径。

第四节　研究重点难点与创新之处

一　研究的重点难点

研究的重点包括如何构建儒家仁学思想与社会主义核心价值观内化的逻辑体系和理论框架，通过儒家仁学思想与社会主义核心价值观内化的相通相合研究，深挖二者的内在关联，将社会主义核心价值观的研究融入其引领社会主义文化制度建设的大脉络，实现对坚持和完善发展社会主义先进文化制度的整体性认识和启发。研究的难点包括研究涉及哲学、政治学、社会学、文学等学科的交叉交融，以及如何从哲学认识论的高度，有效结合各学科的相关理论、方法，拓展跨学科研究视野。儒家仁学思想的历史演进、理论研究的时间跨度长，史料繁杂且存在区域差异，因此，搜集整理基础上的甄别工作很重要。

以马克思主义的立场、观点和方法，从社会主义核心价值观视角阐释儒家仁学思想，探讨儒家仁学思想与社会主义核心价值观内化的相通相合，为中国特色社会主义文化发展提供理论基石，进一步增强文化自信。本书共八章，主要分三个部分展开阐述。

第一部分，社会主义核心价值观视域下儒家仁学思想的现代阐释研究。立足现代探讨儒家仁学思想与社会主义核心价值观的关系。中华民族最基本的文化基因和历史文脉的延续和发展，需要与当代文化相适应、与现代社会相协调。

一是儒家仁学思想与社会主义核心价值观契合的历史逻辑。二者既有历史碰撞又有当代对话，儒家仁学思想与社会主义核心价值观的契合是动态而非静止的。

二是儒家仁学思想与社会主义核心价值观契合的内在本质。儒家仁学思想与社会主义核心价值观的契合性既包含科学性基础又存在价值性源泉，符合当代中华民族的根本利益，体现了社会主义核心价值观的一般发展规律。

三是儒家仁学思想与社会主义核心价值观契合的基本特点。既有民族性与世界性、先进性与大众性、现实性与超越性的体现，又体现着理论与实践、传承与创新的统一。

四是社会主义核心价值观引领儒家仁学思想的现代转化。通过挖掘、梳理和萃取中华传统文化思想的精华，探求社会主义核心价值观引领儒家仁学在传统与现代变迁中的创造性转化与再运用。

第二部分为儒家仁学思想与社会主义核心价值观内化的相通相合研究。社会主义核心价值观内化需要儒家仁学思想的丰富滋养；儒家仁学思想的现代传承与创新发展，需要社会主义核心价值观的引领；二者的相通相合，为实现中华民族的伟大复兴提供了文化支撑和价值导向。

一是儒家仁学思想与社会主义核心价值观内化相通相合的内在关联。从中华优秀传统文化与社会主义核心价值观内在关联的多种可能、多维必然、多重意义深入研究，讨论儒家仁学思想与社会主义核心价值观内化的现实需求、民本本质与发展形式的相通相合。

二是儒家仁学思想与社会主义核心价值观内化相通相合的价值基础。在儒家仁学的规范借鉴之中，实现对社会主义核心价值观的价值认知、价值情感、价值评价及价值认同。

三是儒家仁学思想与社会主义核心价值观内化相通相合的内涵导向。在充分挖掘中华优秀传统文化精华的基础上，从立国、处世、为人三个层面探寻儒家仁学思想与社会主义核心价值观内化相通相合的内涵。

四是儒家仁学思想与社会主义核心价值观内化相通相合的论域范畴。儒家仁学思想与社会主义核心价值观内化实现相通相合的"关系总和"，实践过程中主体、载体、环境、价值目标各要素达到"客观状态"的优化。

第三部分为儒家仁学思想在社会主义核心价值观内化创新发展中的应用研究。当代中国语境下民族复兴有中华传统文化释放能量、发挥作用的客观要求与现实需要。中华传统文化的创新与发展既要合乎民众需求，又要达到古为今用。

一是儒家仁学思想在社会主义核心价值观内化创新发展中的现实启示。儒家仁学思想有价值层面主导论、目的论、结构论和方法论的理论启示，现实层面主体论、载体论、环境论和管理论的实践启示。

二是儒家仁学思想在社会主义核心价值观内化创新发展中的应用原则。儒家仁学思想根植于特殊历史与社会条件，落后保守性与超时代性共存，具体性与抽象性兼有，要坚持批判继承与创新统一。

三是儒家仁学思想在社会主义核心价值观内化创新发展中的应用要素。包含内化语境、内化评价、内化方法与内化策略的创新与发展。

四是儒家仁学思想在社会主义核心价值观内化创新发展中的应用

体系。社会主义核心价值观内化需要理性认知作为前提条件，价值认同是关键因素，价值践行是外在显性。

五是儒家仁学思想在社会主义核心价值观内化创新发展中的应用路径。在社会主义核心价值观的内化发展中，借鉴儒家仁学思想的德育方法，为其应用路径探索需落实到日常生活细节，使社会主义核心价值观浸润人心。

二 研究的创新之处

本书在写作过程中，争取在三方面有所创新。一是学术思想的特色与创新。儒家仁学思想现代化转化的实践探索与马克思主义中国化的理论创新结合，合理构建儒家仁学思想与社会主义核心价值观内化研究的逻辑体系和理论框架。二是学术观点的特色与创新。从哲学认识论解读儒家仁学思想的传承发展，坚持以社会主义核心价值观引领社会主义文化建设。满足当代中国民族复兴对中华传统文化发挥作用的客观要求与现实需要，体现中国共产党和人民大众始终坚守的主体使命和责任担当。三是研究方法的特色与创新。将研究领域延伸到哲学、政治学、社会学、文学等学科，把整个研究放置于社会大语境中，融入以社会主义核心价值观引领文化建设的大脉络，提高研究成果的真实性、科学性和全面性。

第五节 本章小结

本书从研究的缘由与价值出发，通过对相关学术史的梳理，厘清研究思路和研究方法，从而形成本书的主要内容框架。探究儒家仁学思想与社会主义核心价值观内化的相通相合；探求儒家仁学思想的传承发展与坚持以社会主义核心价值观引领文化建设的逻辑关系；实现儒家仁学思想在社会主义核心价值观内化创新发展中的应用。时代变革呼唤着正确伟大的理论，理论指导着实践发展和时代前进。在日趋激烈的国际竞争环境下，研究社会主义核心价值观与儒家仁学思想的内化是厘清中国特色社会主义与中华优秀传统文化关系的必行之路，这将进一步促进马克思主义的本土化以及中华优秀传统文化的复兴，从而使中华民族在世界民族之林中展现更强大的文化自觉自信。

第二章 社会主义核心价值观内化研究的理论基础与思想资源

社会主义核心价值观内化研究,就是将社会主义核心价值观内化为个体自觉行为的动力、原则和规律。这一过程需分析个体的年龄、思想和行为特点。同时,社会主义核心价值观内化为个体行为自觉的基本规律与思想政治教育规律相契合,都遵循知、情、意、信、行这一基本规律,将社会主义核心价值观作为思想政治教育工作的重要内容,在其内化为行为自觉的过程中发挥思想政治教育的作用,要遵循思想政治教育的基本规律,开展针对性教育。

第一节 社会主义核心价值观内化的内涵特征与价值体现

一 内化的释义解析

内化(Internalization)是指个体在社会中通过反复学习获得重复经验并把某种原则或行为模式变成自身有意识或无意识的一部分。内化概念如今在社会学、社会心理学等领域被广泛应用,并在发展过程中演绎出不同的解释。①《辞海》中将内化解释为"人对外部事物通过认知转化为内部思维的过程"②。在我国，早在战国时期，庄子在《庄子·知北游》中就提出"内化"的概念，即"古之人，外化而内不化；今之人，内化而外不化"③。但此处，内化是指改变人内在的自然本性和信仰。从学术发展史来看，法国社会学家杜尔克姆最先提出"内化"概念，即"内化就是社会价值观转化为个体行为习惯，内化的基本过程是从纪律发展到自主的过程"④。随后，内化理论不断被融入心理学、教育学和社会学等学科的理论体系中。

著名心理学家皮亚杰在《发生认识论原理》一书中将内化过程概括为"概念化"过程，活动的内化以其在高级水平上的重新构成为先决条件，随之而来的是一系列不能归结为低级水平的中介机构的新特性的产生。⑤ 布卢姆认为，内化就是把社会的标准或一些人的意识观念、做法，作为自己要遵循的观念、做法或价值尺度⑥。由此可知，在心理学上，内化是个体将一定的价值观、态度和认识等转化为个体的稳定心理特征的过程。⑦ 此后，西方不少学者开始关注社会思想价值观意识向个体转化的问题。随后，一些心理学家对内化的内涵进行了补充，提出社会的外在影响经过内化形成的人的智力，是需要不断学习和积累内化的。

在教育学中，教育家胡守棻指出，内化是指个体不仅遵守社会规

---

① 于超：《道德内化理论在德育工作中的运用》，河南大学2013年版，第3—8页。
② 夏征农：《辞海》，上海辞书出版社1999年版，第1221页。
③ 崔大华：《庄子岐解》，中州古籍出版社1988年版。
④ 张耀灿、郑永廷、骆郁廷等：《现代思想政治教育学》，人民出版社2006年版，第334页。
⑤ [瑞]皮亚杰：《发生认识论原理》，商务印书馆1985年版，第28—29页。
⑥ [美]D. R. 克拉斯沃尔、[美]B. S. 布卢姆：《教育目标分类学》第二册，施良方、张云高译，华东师范大学出版社1986年版，第28页。
⑦ 蒲清平、张伟莉、安娜：《社会主义核心价值观内化的心理机制与实践路径》，《国家教育行政学院学报》2015年第10期。

定的行为准则,而且身为社会的一员,愿将这些准则作为自己价值准则的过程。① 邱伟光、张耀灿则认为,内化就是在教育者的帮助或在其他社会教育因素的作用下,受教者接受社会要求的政治观点、思想价值观规范并转化为自己的个体意识。② 从教育学视角看,内化不仅是个体接受社会价值观规范的过程,而且是主动将社会价值观要求作为自身价值标准与行为依据的过程。

在社会学领域,内化的概念始于法国社会学家涂尔干,他在《价值观培养论》中对价值观内化的内涵进行了比较形象直观的解析,"价值观是一条命令的体系,而个体良心只不过是这些集体命令内化的结果"③,并从社会学的角度阐述了价值观培养的问题。弗洛伊德认为,在道德社会化过程中形成超我,超我属于后验性学习所形成的社会性规范力,作为自我理想和行为准则。④ 帕森斯则认为内化的对象不限于超我,除了道德规范外,整个文化体系的内容,也是个人内化的对象。

虽然不同学者由于自身立场、研究动机、研究内容和研究领域的特殊性,形成了不同的内化观,但在内化基本内涵和本质的理解上是大致相同的,大都认为内化就是个体把外在的知识、观念转化为内在的价值理念、思想意识的过程。本书中"内化"主要从这一角度展开阐释。

二 社会主义核心价值观内化的概念与本质

对"社会主义核心价值观内化"的概念理解,包括"社会主义核心价值观"和"内化"两个部分。"对一个民族、一个国家来说,最

---

① 胡守棻:《价值观培养原理》,北京师范大学出版社1989年版,第28页。
② 邱伟光、张耀灿:《思想政治教育学原理》,高等教育出版社1999年版,第81页。
③ [法]涂尔干:《价值观培养论》,崔在阳译,1929年版,第431页。
④ 陈秉章、陈信木:《道德社会学》,(台北)桂冠图书股份有限公司1988年版,第120页。

持久、最深层的力量是全社会共同认可的核心价值观。"[①] 社会主义核心价值观涵盖国家、社会、个人三个层面，是我国社会主义核心价值观的高度凝练，是从时代发展要求出发将传统文化与现代文明相结合，满足人全面发展的需要的具体要求，是全社会普遍适应和共同追求的价值准则。结合内化观念，可理解为社会主义核心价值观内化是指将社会主义核心价值观转化为自身内在的行为准则，并不断完善形成自我价值观的过程。

内化理论直接关系着人内在自我的存在认知，内化的研究可以审视社会主义核心价值观作用于教育对象的内容、过程及其有效性。关于"社会主义核心价值观内化"的概念可以从"内化""价值观内化"和"社会主义核心价值观内化"三个层面逐层解析。内化是指个体通过将外在的社会规范、行为准则等的整合实现调节自身行为。价值观是指人对客观事物和自身行为的意义、作用和价值的总体评价与看法，是对客观事物区别好坏、辨别是非、评价高低的原则和标准，对人的行为起到规范和导向作用。因此，价值观内化，就是个人将外在的价值观整合到自己的人格体系和价值观念中，从而成为意识形态的一部分，同时用于指导实践，转化为自身的自觉行为。从群体层面来看，内化是一个群体对另一个群体加以引导和帮助，使得一定的社会政治思想、价值规范要求等转化为群体内在意识和心理活动。从而社会主义核心价值观内化概念界定中的核心要素得以明确，其一，内化的内容集中在社会价值观的基本内容和内在要求；其二，社会主义核心价值观内化是价值观培养活动的过程，过程性是内化的基本属性；其三，内化的影响因素在表现方式上呈现为新的时代因素和社会特征。社会主义核心价值观内化可以理解为在社会生活中，人们通过社会交往和

---

① 习近平：《青年要自觉践行社会主义核心价值观——在北京大学师生座谈会上的讲话》，《人民日报》2014年5月5日第10版。

教育学习将社会主义核心价值观纳入自己的价值体系，使之成为自己意识形态的有机组成部分并自觉用以指导自身行为，形成稳定价值观念的过程。社会主义核心价值观内化既是一种结果的呈现，也表现为一种过程，即转为"内化"的过程。由于社会内化的构成要素和影响因素众多，因此，内化的过程是一个复杂的过程。一方面是由社会主义核心价值观内化的内在逻辑所决定的，内化时作用于人们的思想比较抽象而难以直接呈现，遵循知、情、意、行的价值观发展规律，经过思想改造、自觉选择、消化吸收的过程，它的作用效果更多地表现为过程的积累，具有明显的反复性、长期性、非目的性；另一方面，社会主义核心价值观内化过程充满主体性、特殊性，体现复杂的社会环境和人际互动。社会主义核心价值观内化的过程性集中体现在"化内"的过程之中，这一过程既包括对社会主义核心价值观的理性认知和情感认同，也在改造认知结构，转变行为方式。因此，理解社会主义核心价值观内化的内涵，需要重视"化内"这一核心过程，在过程性和结果性的张力中把握内化的本质。

社会主义核心价值观内化是一个既表示"过程"又表示"结果"的概念。在表示过程时，社会主义核心价值观内化是指个体对社会主义核心价值观内容的反映、理解、认同等一系列活动过程。在表示结果时，指个体已经理解、认同了社会主义核心价值观，将其融入个体价值观之中，并成为指导自身行为的准则。其中，起决定性作用的是在过程结束之后，个体是否接受社会所认同的主流价值规范并完成个体认识实践活动。

三 社会主义核心价值观内化的要素与特征

（一）社会主义核心价值观内化的要素

社会主义核心价值观内化是一个复杂的社会价值观个体化过程，

由多种要素按照程序逐层推进，彼此之间相互联系、相互制约。社会主义核心价值观内化包含三大要素，即主体"谁内化"、客体"内化什么"和内化介体"如何内化"。

第一，价值观内化主体，是指在内化活动中，接受符合社会所要求的主流价值观等内容的实在的个体，他们通过参与内化活动，直接体现内化效果，因此构成价值观内化活动的关键要素。在此过程中，社会个体因为处于不同的社会背景，在社会生活过程中面临不同的生活环境，进而产生不同的个体需求，也就形成了不同的内化需要与内化选择。所以，价值观内化主体是独立的、有自主意识的人，拥有独立人格和自主选择权，其本身并不完全受社会主流价值观的限制，从而具有明显的主体选择性特征。认识是主体在实践基础上对客体的能动反映，这种能动反映具有主体能动的、创造性的特征。"认识既不是起因于自我意识的主体，也不是起因于业已形成的、会把自己烙印在主体上的客体，而是起因于主客体之间的相互作用。人在适应外部世界的过程中，不断地同化外部信息于自身的认识结构中，同时又不断改变着自身认知结构以顺应外界环境。"[①] 在价值观内化过程中，价值观内化主体会充分表现出他们所具备的主动性、选择性和创造性，在多元化的社会思想意识中根据自身的认知水平、个体需求选择认知上合理、情感上认同、现实中需要的价值观念取向，积极践行价值观行为。与此同时，社会环境、舆论导向、内化知识能力、自身成长特点等都在潜移默化地影响着个体对价值观的接受程度。在此基础上，不同年龄段、不同教育水平、不同价值理念的价值观内化主体有不同的的内化效果。

第二，价值观内化客体，是指在内化活动中被内化主体传播和接

---

① 张澍军、王立仁：《论德育过程的内化机制》，《社会科学战线》2003年第2期。

受的价值观念内容。价值观内化客体具有客观存在性，本质上是人的主观精神的产物，在社会生活中表现为一种外在于创造主体的观念。价值观创造主体的社会环境和生活条件差异决定了内容的地域性、阶级性和时代性。内化客体与社会现实相符度越高，就越能客观、生动地反映社会现实，认可度和说服力就越高，主体就越容易内化；反之，内化客体如果脱离了社会现实，不能与时俱进，或是不符合主体的心理认知，即使创新方法和手段，内化也难以达到预期效果。

第三，价值观内化介体，是指在价值观的内化活动中，沟通内化和客体的桥梁纽带，联结主客体关系的中介物，主要包括传播者、价值载体等。传播者是内化活动中最为重要的内化介体。如"专家学者""意见领袖""作家演员"等公众人物凭借作品诠释和传播价值观。价值载体是主客体相互作用的承载价值观内容的一种价值观内化活动形式，它是各要素相互联系的纽带和实现形式，是价值观传播活动能够完成的必要条件，如中央文件、文章、报刊文章、文艺作品、网络平台等。可以说，只有借助价值载体，内化内容才能广泛传播。通过价值载体联结内化主体与客体，使价值观由抽象变为具体，由理论变为现实。

内化主体、内化客体及内化介体三个关键要素，构成了价值观内化活动相互影响和制约的关系。其中任何一个要素的变化都会影响其他要素进而影响到价值观内化的效果。要素之间在相互作用中呈现出整体性、稳定性、互动性特征。整体性是价值观内化过程中各要素之间关系的根本特征，意味着各要素是一种相互关联、不可分割的有机整体。稳定性是指三大要素之间虽彼此联系但在各自存在中又相对独立，有着自身的发展方式与存在规律，当三大要素被纳入价值观内化的具体性内化活动时，就形成了整体连续的有机组成部分，使价值观内化过程呈现出相对稳定的特征。互动性指内化三个关键要素之间的相互影响并激发各自主观能动性。价值观内化在不断解决这三大要素之间的矛盾中实现无限循环发展。

(二) 社会主义核心价值观内化的特征

个体在各种教育影响中形成其价值观品质。所以，把握社会主义核心价值观内化特征尤为重要。

第一，主客体的互化及主体中心地位凸显。

从哲学上看，主客体的互化即主客体的相互作用，是实现主体客体化和客体主体化的双向运动过程。一方面，主体根据目的和计划，运用一定的物质工具手段，能动地利用和改造客体；另一方面，客体本身的状况和规律又制约和限定着主体的活动。内化过程是一种以高度自我主体意识为中心的活动，其内化主体是内化活动的主导者，客体是被影响者；在社会主义核心价值观内化过程中，让主体发挥积极的主观能动性，使客体从客观对象的存在形式转化为主体的素质或能力，既提升了主体的思想水平，又将社会主义精神文明建设提升到新的高度，主客体的互化性得到丰富和发展，主客体之间相互影响、相互转化形成不同的价值观培养理念。

社会主义核心价值观内化呈现主体地位的中心性，是指内化活动围绕着内化主体展开，内化主体是核心，直接影响价值观内化的效果。马克思指出："动物与其自身的生命活动是直接同一的，认识不到自己生命的意义和价值，而人则使自己的生命活动本身变成自己意志的和自己意识的对象。"① 因此，社会主义核心价值观内化一方面强调主体的中心地位是由内化主体特性所决定的。价值观内化在本质上是人作为内化主体接受、认同外部灌输思想的一种高度意识觉醒的内在自觉。另一方面，人作为主体主动探索自身以及个人和社会的关系，而不是

---

① 《马克思恩格斯选集》第1卷，人民出版社2012年版，第46页。

被动地、机械地接受外部信息传导，并在此基础上完成选择和认同性转化。随着主客体关系和主体地位的变化，要想塑造主体人的思想，充分发挥主体的作用，需进一步深入挖掘人的主体性，使主体意识具体化，明确主体自身在社会发展中的地位与作用、主体擅长之处与短板所在，以及思想和价值观成熟程度，并充分调动主体在认识、改造和占有客体过程中的能动性、创造性和自我完善性，提升主体的思维和实践能力，使得主体性充分发挥作用。这亦是社会主义核心价值观内化过程中需要注意的。通过充分挖掘个体的主观能动性，使社会主体加强自我认知；通过对照社会主义核心价值观的要求，客观理性地评析自我，强化对社会主义核心价值观的认同，从被动认同变为主动认同，从而达到自觉内化的效果。

第二，内化过程中的信息碎片化。

社会主义核心价值观内化离不开网络传播，其网络传播中信息的碎片化直接决定了社会主义核心价值观内化过程中的信息碎片化。信息获取的便捷性导致了价值观念的去复杂性与去深入性。因此，在研究社会主义核心价值观内化活动时，要充分考虑信息化的"双刃剑"作用。从积极意义上看，一是时间的边界确定与管理。信息的获取方式会直接影响人们的思维习惯，社会主义核心价值观内化活动应当主动划分出学习的时间要求与系统层次安排，以此符合碎片化学习的本质需求与人的基本认知规律。二是将碎片化学习系统化。通过构建系统化学习模式，保持学习教育的层次性，增强逻辑深化思维，充分发挥碎片化学习的有效性，构建自我内化认知的思维体系。充分利用碎片化信息，利用微信推送、网络新闻、短视频等一切信息渠道，传播社会主义核心价值观内容，扩大内化范围。三是降低内化教育成本。新媒体时代信息获取的成本大大降低，社会个体可以借助各类网络平台获取自身需要的信息。社会主义核心价值观的教育也不再局限于课堂、讲座、宣讲等方式，所以个体可以利用空余时间随时随地接受社会主义核心价值观教育。从消极意义上来看，认知碎片化削弱了内化有效性，主要表现为以下三点。其一，信息碎片化阅读的普及使得信息获取缺乏系统性，难以准确表达价值观的真实内涵、内在逻辑和演进过程，从而影响教育效果。其二，网络信息的短平快输出导致个体逐渐转为"快餐式"信息获取方式，阅读习惯和思维方式也受到影响，难以静下心来将所获取的信息有效整合并进行内化，教育效果也就不尽如人意。其三，网络信息来源和内容良莠不齐，在碎片化的表达中不能全面传递信息，容易对社会个体产生误导，使社会个体产生行为偏差。而因此产生的道德困惑和道德冲突，如果不能得到有效的引导和解疑释惑，往往导致社会个体对社会主义核心价值观产生怀疑，一旦无法形成价值认同和情感认同，更勿谈把它作为自身思想和行为的指导了。

第三，内化过程的复杂性与效果的反复性交织。

社会主义核心价值观内化是一个较复杂的过程，其规律因主客体的复杂性而难以把握。主客体的复杂性导致内化效果反复变化，效果的反复性和不确定性反过来又加剧了内化过程的复杂程度，复杂性和反复性交织在一起。

社会主义核心价值观内化的外部具体情境处在不断变化之中，需要在不断的对比甄别中获取优质信息资源。因此，现实的社会主义核心价值观内化过程并非按部就班和井然有序，而是呈现出混合的复杂状态。尤其当内化主体接收到信息资源时，能否自发地优化自身认知结构和知识体系显得尤为重要。如果只是教育内容的简单灌输堆积，并没有由外向内消化吸收、入脑入心，在面对多元信息时则难以科学鉴别、合理选择。虽然，在社会主义核心价值观内化这一整体过程中，在效用上可能出现"顿悟"的情景，但也是主体经过漫长的积累和对大量社会信息辨析与选择后的质变飞跃。因此，社会主义核心价值观内化的复杂性特征可概括为"用力之久"与"豁然贯通"的统一。特别是在网络化时代下，社会文化环境更具开放性，思想政治教育活动更趋于多元化、偶然性，无形中加剧了内化的复杂程度。

社会主义核心价值观内化效果的反复性，一方面是由内化过程的复杂性引起的，社会主义核心价值观内化追求精神提升，个体思想意识只有与国家主流价值观核心内容相一致、相和谐时，才能达到自身与外部客观世界的和谐，也才能真正满足个体需求和实现全面发展。社会主义核心价值观内化是在与各种思想异化的反复斗争中发展并实现的。因此，与传统思想政治教育的内化相比较，社会主义核心价值观内化效果的反复性更为突出。另一方面，内化过程的复杂性是由认识的本质决定的。马克思主义认识论和实践观认为，认识是循环往复的，人的认识活动往往需要经过实践到认识再到实践，反复多次才能完成。在社会主义核心价值观内化的过程中，个体需要在原有的认知基础上对价值观信息进行辨别、选择与吸收，随后接受内化为自身稳定的价值观念，实现内化于心，外化于行，从而达到价值观内化的最终目标。

四　社会主义核心价值观内化的类型与价值体现

价值观内化是人将一定的社会价值规范内化成自身价值追求的过程，根据社会主义核心价值观内化的不同方式和表现，可以分为三种类型，即权威型、榜样型和惩罚型。权威型是建立在对价值观原则充分认同的基础上的价值观内化，个人在内心形成价值观规则体系，遵循基本的价值观原则。榜样型是个人明确某个榜样后而进行的积极效仿，选择并确定榜样类型后，对具体细节加以模仿，无论榜样是否在身旁，都会按照榜样的价值观标准行事。惩罚型是个人因为某种意识决定而构成不良行为，对其给予惩罚，使个人产生恐惧和害怕，并通过抑制这种行为或从事其他正当行为才能摆脱这种焦虑。

社会主义核心价值观内化实质上就是将社会的价值观规范要求内化为公民的价值观意识，在内形成公民的价值观念，在外化为价值观行为的过程。这一过程的关键在于帮助公民认知、认同社会价值观规范和要求，并将其转化为公民自身的价值观意识行为。

(一) 价值观内化是价值观培育的基本目标和重要标准

价值观培育的目标是帮助个人塑造良好人格，提高核心价值观素养，从而树立正确的价值观念。这需要依靠两大基本目标的完成，即外化目标和内化目标。内化目标是指个人主动接受并将其融入价值观意识，外化目标是指个人将价值观意识外化为社会实践活动。因此，内化是价值观培养中的第一环节。外在的社会价值观准则与规范，能否转化为个人的价值观品质，取决于内化过程。社会价值观准则和规范通过内化被主体所认知与认同，而后转化为个体的价值观品质。因此，内化是价值观培育的首要目标，是实现价值观培育需完成的一项基本任务。在价值观培育过程中，内化和外化是有机统一的，内化是外化的前提和基础，体现价值观培育总趋势；外化是内化的目的和归宿，体现价值观培育总目标。价值观培育内化的实现只是初步目标，仍需外化的具体实践，才能达到价值观培养的总体目标。价值观培育必须通过个体的内心转化，才能形成公民自身的价值观念。在此过程中，通过教育完善个体的价值观体系，使其表现出稳定的一贯性，从而进一步提升价值观培育的实效性。

内化问题是当前价值观培育审视和研究的重点与关键，能否完成价值观内化是价值观培育得以完成的基础和要求。就当前社会价值观培育来看现状，单方面灌输较多，因材施教较少，对不同社会个体的特点和需求考虑不充分。内化教育主要通过课堂、讲座、培训或者大型活动等形式，教育效果往往不尽如人意，内化目标难实现，从而导致价值观培育效果不佳。重视价值观培育内化的基本规律，即价值观培育内化过程中各种要素之间固有的、内在的、本质的联系，才能保证价值观培育的顺利实施与完成，提高价值观培育的实效性。

内化问题也是评判价值观培养活动成功与否的关键，只有内化于心的价值观规范才能形成个体固有的价值观品质，从而指导个体的外化行为。相反，通过强制手段灌输给公民的社会价值观规范和要求，公民难以将其内化，也就不会形成价值观观念，也根本不可能符合价值观的行为。

（二）价值观内化是个体存在于社会的必要条件和社会稳定的必然要求

"人的本质并不是单个人所固有的抽象物，在其现实性上，它是一切社会关系的总和。"[①] 人作为客观存在，是一种不能脱离社会独立生存和发展的高级动物，其本质属性是社会属性。价值观作为人处理与人、与社会关系的一个思想准则，是维系人们社会性，即共同进行社会生活和保障社会有序运转不可或缺的手段。然而，社会生活中某些个体会在失去外在监督的情况下做出违背集体价值的行为，究其原因就在于价值观内化没有实现。价值观内化的失败导致他们不能有效融入社会，难以被社会所接纳和认可，进而做出一些违法行为。在社会中，个体的价值观素养是将价值观认知转化为价值观需要。价值观内化不但是个体融入社会的客观要求，而且是个体生存与发展的必要条件。

---

① 《马克思恩格斯选集》第 1 卷，人民出版社 1995 年版，第 60 页。

(三) 内化是应对经济全球化和文化多元化的需要

自改革开放以来，我国不断加强现代化建设，使我国的世界影响力逐渐提高，在经济、政治、文化全球化发展进程中，在不同思想文化交流碰撞过程中，价值观内化培育遇到了巨大的挑战，全球化使价值观内化培育环境更加复杂。一方面，国内经济发展带来生活水平的提高，改善人们的居住、教育、卫生、社会保障等条件。另一方面，思想层面出现了"消费主义""享乐主义"等观念，高尚的价值观信仰与追求日益缺失。改革开放的深入对我国思想价值观念产生巨大的影响和冲击。个体不再只受一种核心价值观的影响，而是受到多种价值观的冲击，如果没有得到及时的教育，个体容易在多元价值观中迷失从而弱化判断能力，表现为价值观困惑和信仰危机。因此，社会主义核心价值观内化需要加强引导个体形成正确的价值观认知，形成坚定的价值观信念，并做出正确合理的行为选择。另外，在全球化背景下，西方霸权愈演愈烈，西方发达国家的价值观逐渐渗透扩张。因此，在吸收借鉴外来先进文化的同时，更要保持清醒和警惕，只有增强社会主义核心价值观教育，才能增进对中国特色社会主义文化的认同，坚定社会主义信仰。

在全球化背景下，需要采用兼容并蓄的态度对待多元文化和多元价值观，"坚持以社会主义核心价值体系引领社会思潮，尊重差异，包容多样，最大限度地形成思想共识"[①]。现代社会文化多元、价值观念多样，必须要构建多元共生、相互包容的共同价值，才能凝聚共识，弥合分歧。因此，在价值观内化时既不能割裂与传统价值观的联系，将历史延续性和时代新特征统一起来，又要赋予其新的时代内涵，

[①] 中共十六届六中全会：《中共中央关于构建社会主义和谐社会若干重大问题的决定》，《人民日报》2006年10月19日。

体现新时代中国特色社会主义具有的新历史使命，体现开放性和包容性。

在全球化背景下，需要采用兼容并蓄的态度对待多元文化和多元价值观，彰显自身价值观的民族性，增强文化自信。当今社会，文化多元已经成为一种发展趋势，世界文化"百花齐放"。我国是一个文化大国，在对外开放迎接世界多元文化的同时，也面临外来价值观念的冲击和挑战，主流价值观的核心地位受到影响，传统思想文化被忽视，人们对外来文化一度产生盲目崇信，弱化了社会主义核心价值观的自我认同。如对西方节日的庆祝愈发狂热，而中国传统节日却"无人问津"，文化自信至关重要。在多元文化环境下，社会个体可以自主选择自己喜欢的生活方式，社会一旦缺少核心价值观的引领作用，个体在现实生活中遭遇价值观冲突时会产生价值困惑，从而失去对善恶美丑的区分与评判标准。因此，在文化多元的环境下，需要兼容并包，追求和而不同，但这需要建立在价值观主体构建与内化完成的基础上。

（四）内化是应对网络化挑战的需要

当今中国，网络已经深深地融入了个体的日常生活，甚至参与了个人思维的塑造。第49次《中国互联网络发展状况统计报告》显示，截至2021年12月，我国网民规模达10.32亿，较2020年12月增长4296万，互联网普及率达73.0%。我国60岁及以上老年网民规模达1.19亿，互联网普及率达43.2%。[①] 在网络环境中个人身份是隐蔽的，言论是自由的，信息是即时的，公民发表言论与互动交流自由。毋庸置疑，网络上复杂的思维方式、价值观念与思想体系强烈冲击着人的思想价值观体系，对社会个体的思想观念和价值观产生了不可避免的

---

① 《中国互联网络发展状况统计报告》，中华人民共和国中央人民政府网，2022年2月25日，http://www.gov.cn/xinwen/2022-02/25/content_5675643.htm。

重要影响，也给社会主义核心价值观内化带来了严峻的挑战。

网络化增加了个体价值观矛盾冲突与困惑。社会个体对价值观培育的认可是价值观内化取得良好效果的前提和保证，但是信息的多元性和开放性使价值观培育的权威地位受到很大冲击，因为个体通过网络可以了解到纷繁复杂的价值观信息，他们有自主选择性，却不一定有可靠的判断力。教育主体对于价值观培育在个人思想成长空间中的主导作用受到冲击。

在传播渠道比较单一的时代，社会个体不容易受到消极的、不良信息的影响，思想价值观观念和价值取向的一致性容易在全社会形成。由于网络具有自由性和开放性，消极价值观念和不良思想倾向滋生，主流意识形态出现"去中心化"现象，社会核心价值观的引领作用受到了影响，阻碍了个体对价值观培育内容的理解和接受，造成公民的价值冲突和心理困惑，尤其对于青少年，人生观和价值观尚未完全形成，极易受到影响和误导，使人生观、价值观发生错位。在网络化背景下，个体需提高获取、辨别、选择和运用信息的能力，内化正确的价值观信息并形成科学、正确的价值观。

（五）内化是应对后现代主义挑战的需要

20世纪60年代，西方发达国家在泛文化思潮下产生后现代主义，是对现代文明的批判和反思。作为一种思维方式，具有反传统、反理性，倡导多元性的特点，其传入中国对个体价值观内化产生影响。其所倡导的价值观一改以往传统、单一的服从权威，一味接受的价值观培养模式，转向平等、互动、对话的价值观培育模式。后现代主义强调多元主义，与我国长期以来高度统一的社会价值理念相冲突，削弱了传统价值规范的约束力，导致价值失衡和价值冲突。因此，必须要强化社会主义核心价值观内化，帮助社会个体明确基本的是非曲直、真假善恶的价值判断。后现代主义强调个人主义，以自我作为衡量价值的根本尺度。在后现代主义中，社会个体作为价值观培育的接受者，反对服从和遵循，具有强烈的反叛心理。这就容易造成一部分人为追求个人价值的实现，忽略个人价值和社会价值的统一、个人利益与国家集体利益的统一，这恰恰与社会主义道德原则强调的集体主义相冲突。所以，当后现代主义深入人心，价值观内化对价值观培养就尤为重要，这给个体价值观培育方式创新改革提供了重要契机。后现代主义强调人的主体性，每个个体都是"完整的人"，具有差异性，其教育主张尊重差异，促进人的全面发展。价值观培育内容在后现代主义观念中，只有完全打开"标准"，开放地接受不同的人、不同的教育内容，才能全面地做好价值观培育，形成"开放"的价值观培育体系。需要在价值观内化教育过程中，采取"因材施教"的方法，对于不同个体的基础和需要，针对性地进行引导。

第二节 社会主义核心价值观内化研究的理论视角

价值观实践活动中个体的复杂性，决定价值观内化过程中回应方式的差异。个体的价值观内化效果是通过价值观品质和价值观境界的提升和完善呈现的，这不是一个一蹴而就的过程，需要一步一步慢慢地积淀。价值观内化研究是关于"人"的研究，与多个学科相互交叉，具有丰富的理论基础，需要从不同视角对价值观内化进行审视和理论借鉴，多方面、多层次研究价值观内化，从而提高价值观内化的实效性。

一 心理学视角的价值观内化

价值观内化的主体是人，人的心理活动高级而复杂，因此，要研究价值观内化首先要从心理学视角出发。在心理学领域，内化概念和

究价值观内化首先要从心理学视角出发。在心理学领域，内化概念和理论被广泛应用，成果颇丰。从心理学视角对价值观内化进行研究，对价值观内化过程中的心理因素、运行状态、心理结构及心理冲突等深入分析。

从心理学理论来看，人的价值观内化和心理发展息息相关。从皮亚杰的认知发展理论来看，人的价值观判断的水平取决于认知发展的水平。他认为，个体认知是通过同化和顺应两种形式展开的，以此实现认知结构升级，伴随认知结构的升级，价值观从个体外部转向内部实现"化内"，经过前价值观阶段、他律阶段、自律阶段后，价值观得以最终塑造和发展。随后，科尔伯格在此基础上，提出建构理论，即价值观发展需要来自个体之间、价值观决策和个体之间的直接价值观争论的刺激。社会学习理论认为，个体价值观行为是通过后天环境的作用、个体的学习、社会的教育和榜样的影响与作用而产生的。

从人的"心理"活动来看，价值观内化是在一定心理变化的基础上形成的，人的心理因素主要包括知、情、意、信等因素。"知"是价值观内化的前提和基础，也是个体品德养成的必要条件。"情"是情感，是价值观内化的动力，是人面对现实社会思想价值观关系和价值观行为评价时，所表现出的爱憎好恶的情绪态度体验。"意"是意志，是保障价值观内化的必要条件，是个体通过排除障碍和克服困难，按照既有的价值观规范和要求践行价值观行为，这个过程是自觉的。因此，价值观内化的意志体现在思想、心理、行动等整个过程中。"信"即信念，是对有关知识、观点、主张的确信无疑，是价值观内化的目标和最终的追求，是价值观内化过程的核心内容，是个体对某种现实和观念深信不疑的精神状态。人的心理活动遵循"知—情—意—信"这一由浅入深的过程，因此，价值观内化要遵循人的心理活动规律开展。

从心理结构和功能方面来看，价值观内化作为人类社会价值观传递和发展的重要精神活动，是由多方面心理要素和多样连接方式组成的复杂结构。每一事物都存在着一个内在的体系。从心理角度来研究价值观内化，既要探索形式结构对价值观内化的作用，又要深入了解内容结构的价值。在心理学中，价值观内化是一个不断发展变化的连续的过程。价值观内化过程由反应—接收、理解—择取、认同—信奉等阶段组成。第一，反应—接收环节是价值观内化运行过程的初始阶段，外界的信息要被个体所接收和重视。外界信息对个体来说具有一定的意义，一旦有能够使个体产生兴趣或者让个体得到满足的事物，那个体对外界信息的反应就会更加迅速和有效。相反，个体的神经细胞就不容易得到刺激，对这个外界信息的反应也就没有那么强烈。外界信息对个体的刺激要有相应的特色，其中包括效率、强度等，都会影响价值观内化活动。个体对价值观信息的理解还没有上升到精神层面，也无法对价值观问题进行正确的判断。第二，理解—择取环节是价值观内化运行过程的关键阶段。个体对价值观的理解更有目标性，感性认识会不断上升到理性认知，进而不断内化为自己的理解和认知，对个体价值观的形成和发展起至关重要的作用。在这个过程中，个体在对价值观信息进行理解的同时还会根据自身成长和发展经历，对社会价值观整体信息进行筛选，这个过程会受到外界价值观信息的影响，也会被个体的情感需求、认知状态所影响。作为具有主体性的个体，在理解—择取过程中会自主地、不受外界控制地对价值观信息进行选择和"扬弃"，体现出明显的自主性特点。所以，在这一阶段个体的认知还存在很强的主观性，个体只能进行理性判断和选择，但和自己的价值观认识相融合的能力还不够，这就需要将理解上升到认同这一阶段。第三，认同—信奉阶段是价值观内化的完成阶段。认同—信奉阶段本质上是个体已达到对价值观规范和价值观原则在心理上的趋同。

如果个体对社会价值观规范和价值观要求认同，就意味着个体认为该社会价值观是正确且合理的，这也正是个体将社会价值观内化为自身价值观信念的前提。这里的认同是主观的，不是迫于压力的选择，是个体对所接受的信息在深度理解和思考的基础上达到一种高度自觉的信奉。

二 教育学视角的价值观内化

从对价值观内化的分析来看，内化目标达成必须通过教育的途径，内化与教育既有联系又有区别，内化是教育的目标，教育是内化的途径，价值观内化是价值观教育的组成部分。因此，从教育学的视角出发，对价值观内化进行分析研究，通过综合和借鉴教育学研究的成果，充分把握内化和教育之间的关系，可以更加深刻地理解价值观内化的本质。

完整的价值观培育过程包括内化和外化两个阶段。在第一阶段，价值观培育的本质是把外部规范转化为内在品质，从而实现第一次飞跃。价值观培育过程的外化阶段是把内在品质转化为外在行为，这是价值观培育过程的第二次飞跃。内化是价值观培育的主要部分，在价值观本质转化完成的前提下，仅缺少践行的过程。因此，要想达到提高价值观培育的实效性的教育目的，必须实现其本质的"转化"这一核心过程。受教育者需保持最基本的理智辨识和信念支撑从而接受社会价值观规范，遵循价值观的指导，而不是表面上的服从和主观上的认可。通过内化教育把社会思想价值观融入个体价值观体系中，是受教育者推进社会思想价值观规范"内心化"的终极教育目标。受教育者在学习中，如果没有对社会思想价值观规范的"内心化"过程，价值观培育实效性则难以保证。然而，要实现这种转化，不仅需要教育者从多角度进行积极引导，而且需要受教育者主动理解、吸收。因此，教育者必须做到"因材施教",即在教育过程中关注受教育者的个体差异,如果只停留在社会对教育内容的组织选择和开展灌输式的教育引导上,就会忽略对受教育者"能否内化、如何内化"问题的分析,使内化教育的成效大打折扣,教育引导也就失去了存在的意义。另外,外化环节是价值观培育过程中所要达到的最终目标。外化实质是将教育过程中所内化的思想价值观转化为个人的外在行为,也体现了价值观培养的总目标。内化是外化的前提条件和基础。内化阶段和外化阶段共同构成了完整的价值观培育过程,内化是实现外化的前提,也是外化的指导思想,外化与内化相辅相成,充分体现了价值观培育过程的辩证统一,即整个过程不是静止不变的,而是动态的相互影响的过程。

教育功能包括育人功能和社会功能。教育的育人功能是教育的本体和基本功能,若教育没有发挥育人功能,其他派生的工具功能就毫无意义,通俗来说就是要把人教育成"社会化"的人和"个性化"的人。随着社会的发展,强调人的主体地位,即教育的育人功能的实现需要个体成为教育的主体,具有主体的自我意识的条件。教育的社会功能是在教育过程结束后发生的,不是教育的直接功能。一系列社会功能的实现依赖个体的参与,表面上是强调人的"社会化",但追根究底还是强调人的"个性化"。因为只有培养出个性充分发挥的个人,才有利于社会的发展,才能实现教育的社会功能。促进人的发展和促进社会的发展,这二者在本质上是统一的,社会是由人组成的,人是社会的主体,因此人的发展既取决于社会的发展,又决定着社会的发展。能否切实将教育的育人功能与社会功能有机结合,实现教育功能"1+1>2"的效果,直接影响价值观内化的效果。教育的功能是由内及外产生,通过内化转为外用。价值观内化过程即将外在的社会价值观念转变为社会个体内在"个性"的一部分,而这种个性恰恰符合当下社会倡导，是"社会化"个体立足于社会、服务于社会发展的现实需要和必然选择。

从教育学的角度研究，价值观内化不仅是一个教育过程，也是主体间进行互动的过程。这一过程亦是突出思想政治教育中的主体间性，即以个人主体性为基础的，两个或多个主体的内在相关性，强调主体相互了解、相互承认、地位平等，遵守共同规范。这也是胡塞尔所极力主张的主体性原则。能否体现主体间性特点是价值观内化活动与一般活动的区别。所以，价值观内化就是让主体间性得到有效发挥和充分利用，并成为教育的基本出发点，以内化主体和价值观传播者为双方主体，进行主体间性互动。传统的价值观内化将个人作为客体，而忽略了人的主体性，在一定程度上自然会导致人缺少内化的主动性和积极性。价值观内化需要将个体的人看作平等的主体，传统观念下教育者生硬地灌输，很难达到价值观内化的目的。教育者和受教育者是互相交往的完整独立的个体，他们之间平等对话、和谐相处，实现更好的教育方式。利用主体间性理论探讨和研究价值观内化。在主体性平等的基础上，教育者和受教育者双方共同对价值观信息进行认知、理解、交流与创新，理解价值观的深层含义，在此基础上对其进行改革创新，更好更快更有效地达到个体价值观内化的目的。但如果教育者忽略受教育者的主体性特点，教育者与受教育者之间将不会有主体间的互动性[1]，双方难以达到价值观内化的目的，自我价值观也会停留在传统观念上。价值观内化在教育学层面可以理解为一种具有明确目的的互动活动，在这种互动活动中，教育者和受教育者是互动双方，二者都是价值观内化活动的主体，并表现出以下特点。第一，价值观内化过程突出了主体之间的主体性特征。第二，价值观内化过程中的

---

[1] 冯建军：《当代主体教育论》，江苏教育出版社2001年版，第26页。

主体是平等的、相互影响的，不再是一个主体来回选择的模式。第三，价值观内化过程是主体间性的互动过程。教育往往是教育者对受教育者知识的传授，是片面的，而在价值观内化过程中，个体的主体性得到突出，也使教育者更加重视受教育者整体的发展和成长，即"全面发展"，这个过程需要双方主体的交流与沟通。第四，在研究内化和生活之间的关系问题时，将主体间性的价值观内化作为参考内容，能更全面地构思内化与生活的联系。在教育活动中，无论是教育者还是受教育者，两种主体通过深入交流，看似简单但实际复杂的主体相互交往关系也从逻辑深处反映了现实社会关系，决定了精神层面的提高普遍存在于现实社会生活中。教育者的价值观传播，使得人们对价值观的培养意识提升，最终影响到社会生活的方方面面。价值观内化不仅仅是知识的传授，更多的是完整个体之间的交流与互动，从而实现积极的价值观内化，进而引导人们追求进步和社会美好。

内化与教育的辩证关系。教育的成功之处在于必须能够真正做到让公民接受、吸纳和内化所需要的内容。通过采用科学合理的教育方式对个体实施教育，鼓励个体在社会中积极内化教育内容，是提高综合素质的一种有效内化途径。教育通过提高内化培养目标来实现塑造人的根本目的。教育者只有通过努力引导受教育者主动积极地学习和内化社会需求，才能促进受教育者在社会影响下形成正确价值观念和行为习惯，从而达到社会教育的效果。内化的达成，既体现教育艺术、教育品位与素质、教育程度与水平，也是教育发展的本质需要。实践表明，对于个体的教育，必须经由主动接受与内化。个体通过自我教育形成内化机制，主动、顺利接受新的思想观念并完善和发展自己，为国家和社会作出更多贡献。教育工作的目标实现需要内化的完美呈现。教育只有以内化为主要目的，才能够培养和提高个体自我教育的水平，让其真正地成为教育的对象和主体。内化是教育的有效途径之一，个体思想观念、品德素质大多数在教育的实践中形成的，是自身在发展过程中选择、吸收和内化的结果。公式化灌输的内化教育，或许有短暂的作用，但从长远来看，对个体的健康成长不仅没有教育价值，甚至还会造成心理障碍。教育者要选择高效合理的教育思想、方法和手段提高内化的效果。首先，教育者要研究和把握个体价值观形成与发展的规律，从而提高教育质量。其次，教育是教育者和受教育者双向互动的活动，受教育者被动参与或教育者勉强输出，都是不符合教育初衷的反面教材。教育者应积极寻求适合受教育者内化的最优方式，确保有效推动受教育者的主动内化。从教育者的角度来看，将教育内容与日常生活实例结合，可以使受教育者在潜移默化中自觉接受价值观内容，从而实现"不教而教"。最后，价值观内化教育的重中之重，即积极采用疏导的方法而非采取强制、逼迫性的措施。价值观内化过程中会遇到多种特殊情况，也表现出多种形式和后果，但应该避免由于教育方式的错误导致内化效果不尽如人意的情况。

三 社会学视角的价值观内化

在当今社会，国家之间的实力竞争越来越聚焦国家软实力，一个国家的思想文化和价值观的独立自主尤为关键。社会主义核心价值观内化对当代中国文化软实力提升而言，具有重大而深远的意义。随着科学技术的不断发展，社会学视角下的各学科成果丰富，在不同领域、不同层面、不同视角产生了深远的影响，社会主义核心价值观的理论研究和实践探索也在此趋势下兴起和发展。就理论溯源而言，马克思、恩格斯论及"劳动异化"等观点时，同样讨论思考了技术异化的问题；吉登斯在对结构化理论的阐述中，反思了后工业化时代社会时间、空间与社会变迁间涌现出的巨大改变；阿德诺·盖伦立足社会心理学视角，思考解读了人类进入技术时代后的立场及其矛盾冲突……社会的飞速发展给哲学社会科学研究也带来了诸多挑战，理论创新成为当务之急。前述社会思想理论体系依旧适用于社会宏观问题的解读，但面临技术更新带来的崭新挑战，与时俱进地推动理论创新，对于指导社会主义核心价值观内化将发挥更加积极主动的作用，其关键就在于准确把握社会视角中内化思想的核心观点。

关于社会视角，社会学家对其有诸多观点。其一，认为当今社会在社会组织形态上与传统社会截然不同，可以称作"后工业文明社会"。美国社会学家曼纽尔·卡斯特所著《网络社会的崛起》一书中对这种新的社会形态做出这样的描述，即涌现于信息时代的一种历史趋势，依托互联网对社会形态支配性过程与功能进行的重构组织。社会形成的物质前提在于信息技术及其发展，叠加网络化的逻辑后，社会组织扩散速度呈几何级数增长，包含文化内容和过程在内的社会生产生活均发生实质性的改变，社会的样貌也因此被勾勒出来。卡斯特的其他著作如《认同的力量》《千年终结》等也就社会结构性变动与人类生产生活行为的关联性做出创新思考，基于此逻辑思维对网络化与全球化彼此关联前提下民族、国家认知等概念的演化发展提出思考，重新定义阐释互联网、市民社会与国家的关系，据此提出国家认同在信息时代的新内容、新形式。据此可以发现，卡斯特关于"社会"的概念阐释①是在信息化、网络化逻辑之下建构起来的一种新的社会结构形态。其二，社会的群体结构、社会分层与社会规范等内容均产生深刻变化。社会技术为人类社会生产方式、生活规范以及社会制度和文化提供了不可或缺的物质前提，既是推动力，也是对后者的约束。随着信息时代到来，依托信息技术，崭新的社会环境得以形成，社会活动方式、思维意识也因此受到深刻影响。这些影响首先来自信息技术

---

① 冯建军：《当代主体教育论》，江苏教育出版社2001年版，第263页。

内在的技术性逻辑，技术同样也是社会意识形态的一种。与互联网技术相伴而来的是自由、创新、共享等技术理念，这些理念的演进发展某种意义上已成为社会意识形态中不可动摇的基础性理念，甚至影响到信息社会的运行机制。就社会的群体结构而言，"公民"具有个体概念与群体概念的双重特质，在互联网时代又被赋予新的内涵，"网络原住民""网络移民"等衍生概念即来源于此，前者指甫一诞生即接触学习移动互联网的新生代，后者对网络的接触了解则通过后天学习生活来实现。就社会互动而言，传统社会人际互动方式呈现出血缘式、地缘式、业缘式等特征，伴随着信息技术在社会各领域的广泛应用，人际互动发生诸多新的变化，集中反映为对人际互动的范围、交往手段、交往角色以及交往规范的全方位超越，由此使人际互动形态获得新的发展。其三，社会化生活的重要形式之一即社会实践。互联网诞生之初，学者们就将互联网的特征归纳为技术的集合体，更集中反映为社团的集合体。① 互联网技术是信息时代社会先进生产力取得的新发展，满足了新时代个体、社会进步的需要，基于需求导向诞生的成果又与个体发展的推动力互相转化。人们的信息技术需求不再局限于传递信息、共享资源、社交沟通等基础需求，更加渴望满足高层次的精神需求，包括社会实践活动和情感、精神生活需求，等等，其中社会实践发展对于个体社会价值的实现尤为重要。处于网络空间内，各种社交App 的应用范围愈发广泛。从某种程度上来讲，人们的生活已与 QQ、微信等新信息媒介无法割裂开来，"互联网＋"成为我国社会新常态的重要推动力，"网络命运共同体"俨然成为现代社会人群网络化生存的现实需求。

　　社会理论所揭示的社会特征、特殊矛盾和基本规律，已将社会适

---

① ［美］贝瑞·雷纳、［美］温顿·瑟夫、［美］戴维·克拉克等：《互联网简史》，载熊澄宇编《新媒介与创新思维》，清华大学出版社 2001 年版，第 36 页。

应性以及公民内化社会规范、网络伦理等问题纳入讨论范围。社会理论及观点是核心价值观内化研究的重要思想资源。一是分析社会的本质。人客观存在，且受到社会的塑造教育，社会形成发展的诸多规范先天就存在于人的本质属性中。囿于人类机体和本能的先天不足，社会与人本来就有着天然的联系，得益于科学技术的高速进步，人类社会发展被赋予更多人本身的性质，而不能将之单纯视作某种外部力量。马克思主义始终将科学技术定义为一种强大的劳动生产力，邓小平也指出："科学技术是生产力"。另外，科学技术也源自人自由自觉的劳动，是人的内在本质的集合，因此这种强大的劳动生产力也不可能独立于人之外，其蕴含的巨大价值凝结着人的多重本质。所以人的内在本质之一即技术，在很多情形中人又被视作一种技术性的存在。因为前述关系的影响，人与社会的关系也随之演变出新的形态。网络社会建构于人类本质力量的基础上，人类社会步入信息时代，相较于由农耕文明进入工业社会所导致的社会变迁不遑多让，在生产、社会生活、思想文化等诸多领域，均出现巨大变革。在这个过程中，社会演变与信息技术的汇集，使社会结构的演化进步获得坚实的物质基础。① 由此能够知晓，社会思想价值观发展源自人的自我发展，在此基础上社会结构趋于重构且生成新的"认同的力量"，其演进方向与人的思想价值观发展趋势保持一致。社会价值观内化同样契合人的本质属性，美德、内省、修身等内化思想在社会视角下焕发出新的生命力。二是人在网络环境中的生存变化，使社会主义核心价值观内化研究的分支方向如网域、虚拟现实等获得更多学者的关注，并得到更为丰富的思想资源。信息化技术直接且深远地影响着人的生产生活，对价值观内化教育载体的改变尤为明显，值得关注和反思。可以说，社会主义核心价值观

---

① [美] 贝瑞·雷纳、[美] 温顿·瑟夫、[美] 戴维·克拉克等：《互联网简史》，载熊澄宇编《新媒介与创新思维》，清华大学出版社2001年版，第363页。

的内化研究是由"环境论""工具论"开启的,其立论基点来自社会的崛起,价值观成为贯穿价值观教育与践行的理论主线,针对社会主义核心价值观的基础理论问题而展开。① 可见,信息技术对核心价值观内化的影响,主要涉及教育观念的转变、教育模式的创新、教育素材的拓展挖掘、教育手段的多元个性等方面。前述思想在信息时代获得全新的阐释,由此表明,解读社会环境对内化实践的影响成为社会主义核心价值观内化研究的基础前提。且必须强调的是,新信息技术应用包括大数据、云计算、物联网等使社会环境的特征发生变化,同时虚拟空间与现实社会的深度融合也促使全新的社会形态加速形成,既往现实或虚拟社会的概念都无法准确完整地阐释新问题。三是信息技术深度改造人的认识能力,为核心价值观内化研究对个体认知变革的关注提供了思想资源。人类认识与改造世界必须遵循客观的技术逻辑和规律。改造人的认识能力,信息技术的影响尤其深远。及至信息时代,人们的认识趋向于技术化主导,很大程度上受移动互联网和各类终端介入的影响,智能技术可以完成相当数量的人类认识任务,在基础性环节表现得尤其明显,人们也惯于通过信息化实践或信息技术化的认知活动获得"经验"。基于社会视域视角的认识论研究强调,新认识论存在技术化和创新性特征,其原因就在于认识工具发生的系统性革命使得人脑获得极大程度的解放,人类的脑力劳动更多地适用于愈发高端的领域和层次;新认识论也被赋予大众认识论的浓厚色彩,呈现出由宏观趋向于中观、微观的发展趋势。信息技术在深度改造人的认识能力的同时,主体能动性等话题也获得更多学者的关注,以社会主义核心价值观内化为例,其重点就在于主客体间认知结构的解析,其讨论要素涉及领域和向度广泛,包括符号表征、信息处理、模式识

---

① 教育部思想政治工作司:《思想政治教育学科设立30周年:高校思想政治教育创新发展研究》,中国书籍出版社2015年版,第227页。

别、脑科学、智能科学等。四是人际互动的特质与趋势，为社会主义核心价值观内化研究对网络交往实践活动的深刻揭示提供了思想资源。互联网成为社会成员收集信息、认识改造世界的重要渠道，社会关系、人际互动进入网络虚拟空间。社会性是人的本质属性，深刻地影响着人与人、人与群体间的密切交互沟通，这种人际互动波及经济、政治、文化等多领域，某种意义上对人类社会的发展面貌产生深远的影响。由于信息技术快速发展，现代社会人际互动突破了时空、血缘、制度、文化等看不见、摸不着的门槛限制，由此赋予人际互动以超越性特征，使之产生质变。

社会主义核心价值观集国家、社会、个人等要求于一体，其中社会层面提出的价值取向凝练为"自由、平等、公正、法治"八个字，既反映了中国特色社会主义的基本属性，也反映了对美好社会的向往追求。

从社会角度来看，内化是依靠人的，且具有一定的主观性，同时当今社会现实环境对内化过程的影响，使得价值观内化过程具有曲折性、复杂性和长期性。同时，在这个过程中，价值观念也得到了丰富和完善。因此，价值观内化想要有效进行需借助教育者的力量加以正确引导。在价值观内化的整个过程中，个体或外在环境会反复变化和波动，个体进行新旧价值观的选择或融合的过程，其实质就是个体扬弃取舍各种价值观信息的过程，其间，可能存在徘徊、矛盾、振奋或低落的心理状况，这些都是正常且难以避免的。在价值观内化过程中，教育者对受教育者具有普遍且深刻的影响，产生潜移默化的效果，二者从中寻求平衡和最大受益，这就是教育所能达到的最理想的效果。价值观从内化到外化为行为必须具备两个条件，即社会价值观念内化为个体价值观念；而后进一步外化为自觉行为。从社会价值观的角度看，社会价值观是内化的对象，所以社会必须具备可以被大多数成员所接受的社会价值观。另外，社会价值观需要与个体固有的认知结构和心理特征保持一致。坚持和实践此种思想，才能够保证个体获得荣誉、尊严等心理层面的满足，由此使内化力度不断增强。从个体价值观外化为自觉行为的视角进行分析，此过程尤其注重思想形成的客观需求和内在动机。只有保证个体需求适应社会思想传播流行的要求，个体才会将内化价值观转化为自觉行为，并由此确定预期目标。社会主义核心价值观作为我国社会价值观念的主流思想观念，需要具备符合社会主体需求的动力机制、规律遵循和坚持原则。同时，基于观念支配行为的规律，使核心价值观内化为公民的行动自觉，就要求价值观影响青年群体的个体观念，从而达到转化为青年群体行为自觉的目的。

马斯洛需求层次理论认为，人的基本需要涵盖五个层次，满足较低层次需要的前提下，将随之诞生更高层次的需要。所以，核心价值观内化为个人思想时，必须强调社会实践活动中核心价值观教育的重要性，由此建构完成个体由低级需求跃升为高层次需求的行为路径，推动个体依循社会主义核心价值观进行行为选择，进而实现个体行为自觉的转化。社会主义核心价值观是我国文化建设的主体，其传播教育以及对社会个体的约束，必须符合思想支配行为以及思想政治教育的规律。马克思与恩格斯认为，人的行动的一切动力，一定要通过他的头脑，一定要转变为他的愿望和动机，才能使他行动起来。价值观内化为行为自觉，也符合思想支配行为的规律。人的思想从其诞生直至个体死亡，都将对其行为产生支配影响。所以，人的行为也将受到思想的支配，对客观世界进行积极的改造，这也是对思想和理论的重要检验，有助于正确思想认识的确立、发展与深化。

社会视域下的实践观强调，人的交往实践活动在人际互动的推动下臻于更高阶段，此种人际交往实践结构、关系系统也因此面临优化、规范。以价值观内化的思想活动而论，人际互动对于个体内外世界起到不容忽视的作用，既反映为文化"化"人与舆论育人的社会功能，也反映出公序良俗、法治社会进步、技术规范等不同领域、不同维度的问题，是研究社会主义核心价值观内化结构逻辑的关键。

四 马克思主义视角的价值观内化

马克思主义为社会主义核心价值观内化研究提供了理论基础和直接理论指导，具体体现在以下三个方面。

首先，马克思主义意识形态理论是明确社会主义核心价值观内化生成、发展、优化及其过程规律的根本性理论，由此奠定夯实价值观内化的本体论基础。马克思主义意识形态理论是由马克思开创并阐发，后在恩格斯、列宁等人那里得到进一步的论述，具有坚实的唯物史观依据。马克思主义认为，社会存在、社会意识分别处于第一性和第二性的位置，前者对后者存在决定性影响。"一定的意识形态的内容根源于一定的历史条件下人们的现实生活过程。"[①] 价值观包含于社会意识形态，属于上层建筑，诞生于社会经济基础之上，又随着社会经济演化而发生改变。意识形态凝聚了特定利益群体所倡导追求的思想观点，任何一种意识形态都包括核心价值观，这种核心价值观体现了该利益集团的追求。[②] 马克思主义意识形态理论揭示了社会主义核心价值观的社会存在基础及其辩证关系，并解释了社会主义核心价值观内化的存在及重要性。由于社会主体利益选择具有多样性，为保持社会稳定，需要一个主流意识形态核心价值观促进社会

---

① 赵士兵：《马克思主义意识形态理论视阈下的社会主义核心价值体系问题研究》，黑龙江人民出版社2012年版，第67页。
② 冯周卓：《以马克思主义意识形态建设推进社会主义核心价值观认同》，《道德与文明》2009年第6期。

主体对社会的认同。社会主义核心价值观既反映了当下社会群体的利益诉求，又对现存社会秩序作出判断和解释，进一步论证了社会存在的合理性，其内化过程恰好是意识形态促进社会认同的过程。

社会存在与社会意识的辩证关系在马克思主义意识形态理论中得到清楚完整的阐释，尤其对无产阶级政党意识形态工作的重点给予描述。一是社会主义意识灌输理论。马克思主义理论强调，社会主义意识不可能凭空生成，未获得科学理论指导的工人阶级也无法借由自发运动直接促成理论自觉。新时期加强和改进社会主义核心价值观培育工作，就是要创新性地运用灌输理论，使其实实在在地转化为提升灌输效果、达到灌输要求的动力，要深学细悟核心价值观，纠正"自发论"的错误观点，由此愈发充分地将党的领导和社会个体的自觉结合起来，从而达到成功开创社会主义核心价值观培育工作新局面的效果。二是坚持对错误社会思潮进行分析和批判。马克思主义既诞生发展于对旧世界观以及各类错误社会思潮的批驳论战之中，在与时代精神和具体实际的结合中不断与时俱进。三是强调思想政治工作的重点领域和重点对象。政治工作应对重点把握和关注的领域、对象作出准确阐释与思考。党的十八大以来，党中央决策层反复强调宣传思想工作和意识形态领域的重要性，并指出要尤其重视青少年思想政治教育。从理论层面阐释马克思主义中国化历史进程的历史逻辑、实践逻辑，由此完成优良传统和时代精神的深度融合。

马克思主义意识形态理论还系统地阐明核心价值观内化的地位、作用与功能，明确内化发展方向。社会主义核心价值观最重要的属性是政治属性，其创新发展方向须依循党和国家事业发展的战略目标，据此推动广大公民坚定政治信仰、坚守政治理想。步入信息化时代，核心价值观内化的指导思想依然需要坚持马克思主义意识形态理论的领导地位，从党的发展历史中找寻教育素材，强调社会主义核心价值观的政治功能，同时不能忽视社会群体的全面成长与发展，实现社会主义核心价值观内化工具价值和目的价值的统一。

其次，马克思主义人学理论是价值观内化研究必须参考的价值论依据。人学理论为马克思主义理论发展提供重要支持。人的存在论也因此获得充分阐释，准确清晰地阐明人的本质及其自由全面发展的需求。其所表述的"现实的人"的科学内涵，也奠定了价值观内化的前提基础和逻辑起点。马克思主义认为，现实的个人处于人与自然、与社会、与自身三重关系之中，其实践活动也涵盖三个基础层面，即物质生产、精神生产及其自身生产，物质生产是一切实践活动的基础，但上述活动并不意味着纯粹意义上的个人行为，而是一种社会性行为，存在彼此分工合作的关系。马克思主义人学理论将人的本质要素清楚地揭示出来，由此搭建形成社会主义核心价值观内化在人自我实现维度上的多个价值层次。

社会关系的发展也是人内化社会规范或社会规范人格化的过程，其间，人的社会属性获得明显增长。马克思主义关于人的本质的表述还可以理解为人的需要，人的需要是社会主义核心价值观内化的前提。马克思、恩格斯强调社会关系的生成发展源自人的需要，这也受到人的本质的影响。正如马克思所说："作为确定的人、现实的人，你的需要与现存世界相联系。"[①] 人的发展有诸多客观需要，包括物质需要和精神需要，需要产生以后，与之相伴而来的就是满足需要的活动，以及指引人们行为的价值观念。物质需要是人的基本需要，"解决了吃、喝、住、穿的问题，人们才有闲暇时间与足够精力从事政治、科学、艺术、宗教等活动"[②]。因此，国家富强虽是国家层面提出的价值追求，但落脚点在保障人民群众的富裕生活，满足人民群众对美好生活的期

---

① 《马克思恩格斯选集》第3卷，人民出版社1960年版，第329页。
② 《马克思恩格斯选集》第3卷，人民出版社1960年版，第760页。

待，因此亦可称为社会主义核心价值观内化的动力。人作为自然属性和社会属性的统一体，在基本物质需求得到满足后，追求更高层次的精神需求。随着我国生产力水平的提升，人们的精神层面有了更高的需求，社会主义核心价值观作为一种价值观念，能够直接影响人们的思想，规范人们的行为。特别是随着中国特色社会主义进入新时代，人们愈发迫切地追求美好幸福生活，这就需要正确核心价值观的引领并由此使人的精神世界得以升华，提高普通民众的道德修养和观念。

基于人学理论对人的本质进行思考，有利于准确掌握核心价值观内化应如何满足个体价值观发展的需要。一方面，社会主义核心价值观内化必须契合个体的现实需求。从马克思主义关于人的本质的论述出发，人的思想价值观的发展，需要通过有意识、有计划的实践活动加以引导。人的本质的外在表现形式以及部分特征包括实践形式、实践话语等都可能因实践环境发生改变而随之变化。另一方面，社会主义核心价值观内化同样需要契合个体自我本质的实现。人的本质包含体力、智力和思想价值观等多元内容，居于核心与统摄地位的思想价值观，同样也是文化传承弘扬中特别强调"德性修养""德才兼备、德先于才"的原因所在。

马克思主义人学理论分析了人的全面发展的目标，社会主义核心价值观内化因此获得科学目标指引，从个体发展、社会进步的视角阐述了社会主义核心价值观内化的深远影响。马克思主义理论认为倡导人的自由全面发展，在无产阶级革命中具有重要意义，涉及"劳动异化"理论，认为人与人相异化的对立，源自私有制生产关系、资本主义社会阶级关系的出现，无产阶级必须彻底破除消灭这些社会关系。人的自由全面发展，也是社会主义社会发展的目标，换言之，社会主义核心价值观的内容、建设目标的设定与人的自由全面发展相吻合。社会主义核心价值观的基础维度包含国家、社会和个人三方面，对推动生产力发展以及物质和精神文明建设，乃至人的自由全面发展均具有重要意义。从马克思主义人学理论关于人的全面发展的具体需求的分析出发，能推动社会主义核心价值观内化将个人发展和社会的整体进步融为一体。社会的原子化结构会伴随社会发展进步而不断增强，其主要表现并非个体更加依赖社会互动或二者关联性大大降低，而是反映为个体对其自由包括言论、交际与关系自由的关注度提高，同时明显地淡化对于社会规范和社会法治的认识。需要注意的是，思想价值观发展不排除文明价值观的某些子领域会出现历史倒退，相较于新技术不断加快的更新迭代速度，为数不少的人文科学理论研究领域正在奋力追赶，就此而论，价值观内化工作面临着供给侧严重匮缺的问题，难以满足个体的实际需要。社会进步与个体发展彼此互为前提，人的自由全面发展具有历史性和阶段性的双重特质。现阶段，关注与解决个体特征和成才困境，确定当代中国社会的价值观内化目标为"培养担当民族复兴大任的时代新人"，是社会主义文化领域建设的关键任务。

最后，马克思主义认识论是社会主义核心价值观内化研究的基础。在马克思主义认识论中，认识的主体和客体分别是人，而认识离不开实践活动。关于理论对实践的指导力，马克思作出如下表述："理论一经掌握，同样能够发挥出物质力量的作用。"① 社会主义核心价值观是人们建设国家、社会和自身的理论指导，要将其从理念转换为现实的行动，对现实社会产生影响，必须通过联结二者的桥梁——实践，即价值观内化。社会主义核心价值观内化，实质上就是对价值观内涵、意义的理解领悟，经由思考完成理论知识的消化吸收并使之融入固有的思想价值观体系中，由此持续增强关于价值观的认同感，这样才能

---

① 《马克思恩格斯全集》第 1 卷，人民出版社 1956 年版，第 460 页。

将价值观外化于行,主动自觉地将之作为行动遵循,实现思想和行动的统一。在辩证唯物主义认识论中,意识可借由理论观念、认识活动实现对社会存在的干预,而实践具备前者所没有的现实性特征,可以将脑海中的想象画面转化为客观现实。社会主义核心价值观也是社会意识的一种,价值观的社会教育功能要上升至现实层面,使之成为价值共识,对人产生正向教育和影响,必须经由实践来实现,否则就只能是口头上的理论说教。而这一实践就是价值观内化,将认同的思想观念、价值体系作为自我价值遵循和评判是非的标准,继而转化为具体的行动,推动个人目标和社会主义共同理想的实现。

在认识环节中,主客体是密切相关的,即存在反映与被反映、改造与被改造的关系。这种主客体转化思想,深刻地揭示了人们认识世界和改造世界的运动变化过程,对正确认识社会主义核心价值观内容并使之转化为内化对象稳定的价值体系,具有不容置疑的指导意义。马克思主义主客体转化思想尤其关注人的主体性地位,要求在价值观内化中发挥主体能动性的重要作用,其对主体性的强调也进一步解释了为什么社会主义核心价值观教育者要首先接受教育。教育者拥有主体性,才能够有履行教育职能的能动性,由此将践行核心价值观转化为行动自觉,核心价值观内化活动的功能发挥,很大程度上取决于其主体性的强弱。相对于社会传统教育,社会主义核心价值观有更加特殊的载体、复杂的过程和多元的信息,其主客体关系形态也更加多样。社会环境、人际交往、公民心态等多方面的压力制约着主体性的发挥,推动社会主义核心价值观内化发展必须正视这一问题。马克思主义主客体转化思想的特殊之处还表现为清楚揭示客体的多维性,使核心价值观内化的主客体内涵得到准确完整地表述。首先,明确内化的主客体都拥有主体性特征,且这一特征必须得到清楚彰显。其次,认识到马克思主义主客体转化思想存在于核心价值观内化实践中,内化主客体之间有互相转化的情况，社会主义核心价值观教育内容转化为内化主体、客体的情感认同、理性认知和价值取向等，涉及价值观实践活动，其中需要关注人与人、人与物的双重关系。最后，既然认识实践的客体反映为价值观内化的客观行动与事物，那么充分证实教育内容与主体的彼此转化过程就成为内化的关键，这就必须推动核心价值观内化的供给侧改革，将人们对美好幸福生活的迫切需求作为指引，梳理明确社会主义核心价值观内化的核心内容，包括马克思主义理论及其中国化创新成果等一系列问题。

马克思主义主客体转化思想指出了社会主义核心价值观内化的主体与客体的互动模式和互化途径。社会主义核心价值观内化主体的客体化、客体的主体化，价值观教育主客体之间的互化关系在信息化技术的影响下发生改变，但其本身并没有发生实质性的改变，在这个过程中，每个人都能成为价值观内化的主体。内化主客体的存在方式及主客体彼此作用的逻辑机制，并未影响到内化主客体存在的客观事实。社会主义核心价值观内化的主体与客体之间相互区别，又相互联系，呈现出一定的稳定性和交互性。与此同时，要清楚认识到社会主义核心价值观的内容在其内化主体与客体互化的过程中发挥不可替代的重要作用，内化主体加工改造教育内容，由此使内容本身及模式、结构等发生诸多新的改变。

社会主义核心价值观内化的主客体在实践中取得创新，由此带动社会实践活动和个体趋向于更多面发展。所以，必须着重关注价值观内化的主体性能力，除了人与生俱来的自然力以外，还包含其掌握运用的各种知识和经验，还有内化主体的情感和意志。这些构成实践主体能力结构中的精神动力因素，为价值观内化提供了不可或缺的力量。从社会构成视角来看，内化主体可分为个体与群体、正式与非正式等，客体划分可从个体与群体、群体类型、稳定性等视角加以讨论，上述各类主客体之间彼此作用影响。个体在面对海量信息,以及其中蕴含的技术性逻辑和不同的社会思潮、观点时,由于信息摄取存在碎片化等难题,个体辨识、判断、选择能力也各有不同,自发实现价值观内化主客体的转化也属实不可能,因此借由增强核心价值观内化内容的亲和力、时代色彩并由此增进转化成效便显得尤为重要。

通过上述分析可以发现,虽然在马克思主义理论体系中没有关于内化问题的专题阐述,但马克思主义基本原理对价值观内化的生成机制、创新方向具有重要的指导意义。社会个体对价值观的选择和认识都是建立在社会实践基础上的,思想观念和社会准则是在一定社会经济关系的客观要求中形成的。社会主义核心价值观内化理论研究和实践探索能够科学地、系统地向前发展,正是基于这些理论基础。

第三节 社会主义核心价值观内化研究的思想资源

社会主义核心价值观内化有丰富的思想资源,其中包括中国文化变迁中的内化思想、西方历史流变中的内化思想以及中华优秀传统文化思想。

一 中国文化变迁中内化思想的演化分析

人们对价值观内化的深度探究,尤其是对具有普遍性的价值观规范和价值观原则的研究,旨在寻求价值观规范与个体自然意识的统一可能性。从我国历史发展来看,自先秦儒家就开始探寻内化,将"外礼""内省"的实践内化双重保障的立德方法贯穿其中,这也成为中国封建社会伦理规范体系与个体德性发展的理论基石。

儒家理论中价值观内化思想并未见详细阐述,但具体解读其价值观实践,依旧能够发现不少可供摸索的踪迹。儒家主张以"仁、义、礼、智、信"的忠孝观约束世人言行，倡导儒家士子兼济天下，推动国家长治久安。自身修养即人的内化是儒家思想关注的重点之一，运用"吾日三省吾身"等内省方式，达到入世修身、济民的人生境界。儒家思想贯穿于中华民族历史发展进程中，对大众的思想教化根深蒂固。但在其发展过程中，逐渐偏离最初的教化轨道，出现"存天理，灭人欲"等违背人天性的僵化思想。近代五四运动前后，一批知识分子以一种全盘否定的态度对尊孔崇儒的思想进行批判，但其原始面貌以及经验教训对当下价值观内化仍具有重要指导借鉴意义。

儒家思想家们总结了一套卓有成效的内化思想和基本方法，用来促进个体内化社会价值观和完成价值观内化的过程，即通过"外礼"约束和"内省"内化两种方式加以实现。"外礼"的规范与约束尤其关键，比如周"礼"、宋明之"理"等，都将"克己复礼"作为重构社会秩序的重中之重，尤其强调社会礼仪形式、内容的规范性和严肃性。"仁""义"在"外礼"的构成中与"礼仪"相映射，期望借由德礼结合的方式，使社会规范成为个体品质道德升华的契机和路径。其次是"内省"自悟。价值观内化的实质就在于实践。对自我的反省、检查、格物致知，促进知行合一是个体价值观形成的关键。在"礼"的约束下，个体才能清楚知晓"可为"与"不可为"的界限，从而做到"知其然知其所以然"，在社会实践中不断反思，由此实现知、情、意、行相统一。

佛教是中国文化价值的主要来源之一，其将"清心寡欲"作为一种客观的核心精神，这也是先贤修德时思想状态的写照。佛教成为世界上三大宗教之一的原因主要有两方面。一方面，人们对于美好生活的想象正是佛教基本教义的写实。另一方面，佛教教义所倡导的"清心寡欲""明心开悟"使信众能够在精神层面脱离困苦辛酸之感触。人们的各种欲望——悲欢离合与喜怒哀乐相互交织，使人们产生矛盾、痛苦，甚至不堪共情，违背伦理价值观。佛教通过"参禅顿悟""清规戒律"等方式排解教徒和信教者的精神苦闷，并由此实现佛教教义传播。教徒约束欲望和摆脱世俗枷锁羁绊的重要方法就是执行清规戒律，从而奋发有为、人心向善，发掘人们的潜在需要，并给予精神上的指引。从人们需要的精神引导以及压制疏导本我欲望等角度着眼，运用"参禅顿悟""清规戒律"等各类修行方法，引导信众、教徒知晓领悟教规教义，由此取得顿悟，厚积德行。

我国最具本土特色的宗教——道教，提炼了一种"身心俱炼"的内化模式。葛洪是道教的集大成者，他将道教的修炼方法归纳为一整套健全完备的修炼理论体系，其内化模式的精髓与核心就是"内修""外养"。漫长的修炼过程即"天人合一"终极价值目标的实现，尽管虚无缥缈，背离现实，但其出发点和修炼方法依旧需要给予肯定。在肯定人的主体性地位的基础上产生"天人合一"的价值目标，道教主张给予所有生命个体以尊重，认为人的地位并不低于天地，这也从辩证意义上肯定了生命个体的主观能动性。要实现"天人合一"，最关键的法门就是修炼。在修炼方法上，"积善立功""积德成仙"是道教的价值观原则，其价值观规范是"清规""戒律"，价值观准则是"忠""孝""诚""信"，具有高尚的价值观修养是出世与入世之法对教士们"德"的基本要求。"重道而贵德"，道士"得道"的第一因素就是德。"三纲六纪"强调的是修炼内心，由此准确掌握"德"的基本方法，使内在修养在行动中不断发展升华，尽管此种观点被赋予浓厚且神秘的宗教色彩，但其关于伦理秩序的观点更接近于儒家。

在社会生活领域，道家主张积善成仙、入世出世兼行，讲求个体合道时的顿悟，"身心俱炼"的内化模式是将外在约束与内在自省相结合。同时也注重道教追求成仙由表及里的过程，即由浅入深、由简到繁、由低到高的修养过程，这与价值观内化过程殊途同归。唯心主义是道教的内化模式，但涉及的对个体生命意义的讨论和内心修炼方法等，依旧值得当前的价值观内化借鉴。

在中国古代思想史的研究中，围绕中国文化变迁中内化思想的演化并分析内化概念发展的历程尚短，但在中国思想史中探讨社会思想价值观规范向个体的内在性转化及其过程的学说是简章明义、可圈可点的。因而，从中可以发现人们价值观发展过程中所出现的诸多因素共同构成了一条完整主线，这同样与政治社会领域发展紧密相关。

第一，建构教化逻辑——基于"修身为本"的观点建构获得伦理价值观内化的逻辑前提。探讨思考人与世界、自然的关系，归根结底是对人与自身、与社会的关系解读，其中表露的就是哲学伦理学部分中的"天人合一"特色。儒家思想对传统文化的形成产生深远且具有普适性意义的影响。前述思想体系从不同视角对价值观内化理论起点作出系统论述与思考，主张人的内在意识与外在规范的本源并无二致，价值观内化逻辑由此演化发展，产生深远的影响。

孔子提出"仁""义""忠""恕"，对"仁"的重视更远远超越其他思想。孔子对"仁"的解释就是"爱人"，即做爱人的人，这也是古代关于社会义务履行的朴素思想。"仁"集合了一切美好品德，尤为强调推己及人。儒家理论对人的德性阐发的观点，夯实了儒学"内圣"的根基。孔子阐明了"无所为而为"的观点，"一个人的行为活动完全是由其思想价值观所决定的，而并非基于价值观强制以外的其他考虑"①。孔子强调，人要塑造完美的自我，向内探寻是人寻找快乐和德性修养的过程，从而达到"知者不惑，仁者不忧、勇者不惧"的境界。孟子从"性善论"出发，认为人人都有先天的"是非""恻隐"

---

① 冯友兰：《中国哲学简史》，北京大学出版社2013年版，第45页。

"羞恶""辞让"之心,认为儒学推崇的"仁""义""礼""智"之心,"若不受外部环境阻挠干扰,则必然萌发自内部,与种子发芽成长、蓓蕾长成花相仿佛"①。通过"内自省"不断驱除个人私欲,那么"人皆可以为尧舜",即每个人都有成为圣人的机会。"尽其心者,知其性也;知其性,则知天矣。存其心,养其性,所以事天也。"这是孟子深入描述的思想价值观自省的过程,其实也是人不断挖掘和发挥自身"良知"所能达到的状态。这形成了与朱熹思想系统最大的不同点,所谓"心即理也,天下又有心外之事,心外之理乎?"(《传习录·卷上·徐爱录》)进而朱熹提出了"致良知"的观念,即"致知""格物"是精神修养的关键步骤,所有人内心中都存有良知,借由良知的本心,为人们辨析看待诸多外在诱惑或是非善恶提供依循,但前提是日常事务处理经验的长期积累。要融通社会普适性规律与个体内心,将社会个体的情感、意向、经验和信念兼容并蓄,这不但凸显出思想价值观内化过程中人的内心活动的影响,也促使理性、情感、认同等情感体验关联于外在世界。所以,人的价值观内化与外化密切关联,这也是阳明心学"知行合一"的重要表现②。

另外,自然人性论同样属于道家理论蕴含的深刻价值观点,并发展出了无为而治的思想,也"确立了最高理想目标模式是以自然、超越、虚无和神游等出世的方式为圣人观的"③,与儒家思想中的价值观内生论既有联系又有区别,相得益彰的是成就于传统文化且为个体所倡导追求的独立精神和超脱世外的文化基因,由此让存于本心的清净、无为、不争的天性发挥到极致,以"修身为本"建构起的基础性逻辑

---

① 冯友兰:《中国哲学简史》,北京大学出版社2013年版,第70页。
② 冯建军:《当代主体教育论》,江苏教育出版社2004年版,第263页。
③ 赵康太、李英华:《中国传统思想政治教育理论史》,华中师范大学出版社2006年版,第86页。

使之成为传统思想伦理价值观内化观，着重地强调了价值观内化的内在基础，特别是人内在心性对于个人德性修养的重要影响，据此推动现实个体的价值观内化遵循其本我意愿，并获得丰富的思想资源。合乎本心的自然过程实质上反映为人的自然属性回归，这与其价值观素质提升也是相伴相随的。纵观古今，伦理价值观内化与信息化时代思想政治教育内化具有极高的契合性，差异在于在信息化环境的映射下个人的身心特点更加突显。因此，怎样发展其价值观并使其深入认知，进而达到内化于心、外化于行的良性循环应进一步探讨。

第二，完善教化体系——以政治性、社会性为统领，融修身、教化、刑罚于一体，形成内外互动的内化体系。修身与教化相统一的传统使内生性与社会教化相结合，传统价值观内化因此也被赋予浓厚的政治色彩，内化模式随之融合其中。可见价值观内生性和教化论是彼此交融、共同发展的，二者的明显差异是对个人的价值观追根溯源存在相左意见的，但关于社会教化的重要性认识并无区别。道家虽然倡导超脱于世俗，但其伦理观依旧肯定了环境对人的塑造作用。

儒家思想在中国文化发展的过程中长期居于核心位置，中华传统文化由于儒家思想的推动由百家争鸣臻于成熟统一，其政治性传统尤为突出。"格物、致知、诚意、正心、修身、齐家、治国、平天下"是儒家推崇的价值取向，充分彰显出对破除出世、入世价值观隔阂的内在关联，价值观发展呈现出内外统一、由己及人、由个人拓展为群体的发展路径，个体发展与自我价值实现、家国繁荣密切相关。其内涵愈发契合封建国家政治稳定、社会治理的客观要求。儒家思想在传承中逐步制度化，稳定权力、统治秩序和宗法结构的儒家思想成为官方权威思想后，与血缘宗法关系进一步结合，在内外文化思想碰撞交流的过程中吸收百家思想所长，体现出极强的文化同化力和包容性。在此历史发展过程中儒家发展呈现出宗教化趋势，佛教本土化特征愈发凸显，道家糅合多元文化因子。"儒家入世，推崇义务和责任；道教避世，关爱生命与自然；佛教出世，提倡修心和苦行"①，在中国封建社会极其成功的价值观教化的宗教形式是由三种文化交融得来的，此后封建正统文化教化渐趋形成儒释道一体的发展格局，即儒家守常、道家达变、佛家治心，②成为国家意识形态不可或缺的构成内容之一。整体主义是中国传统价值观的重要构成内容，主张"助人为乐，对社会尽责"③。那么，中国价值观的一个重要特点及我们价值观实践的优势就是集体主义思想成为中国社会价值观的基因。

　　第三，重视教化作用——形成传统价值观伦理内化。"以文化人"中的"化"就是教化，通过优秀传统思想对人的价值观进行教化，从而形成内化。儒家的温暖、墨家的炽热、道家的超脱、法家的酷烈，都将中国人对于心灵和精神世界的理解进行了阐述，使生命的科学内涵得以清楚表述。先秦诸子百家关于价值观教化的思考不尽一致，价值观内化观的阐述视角差异明显，但都重视教化。④ 如与儒家同属于涉世学问的墨家扎根于底层人民，具有平民阶层色彩，主张"兼爱相利贵义非战"，以"厚乎德行、辩乎言谈、博乎道术"为核心教化理念，认为人的习性在潜移默化中会受到后天环境的影响。法家倡导"以法为教"，制定完备苛刻的社会法以督促民众去私心、行公义，使之不敢，乃至畏惧行恶。荀子在"性恶论"中认为，人性本身就存在"恶"的一面，个人一生中不间断地被美好价值观影响内化，进而产生美的、善的品质。价值观内化的直接思路是以"礼"化性、以"文"

---

① 盛跃明：《思想政治教育转型论：现代性的观点》，人民出版社2015年版，第30页。
② 赵康太、李英华：《中国传统思想政治教育理论史》，华中师范大学出版社2006年版，第182页。
③ 教育部社会科学研究与思想政治工作司：《思想政治教育学原理》，高等教育出版社1999年版，第51页。
④ 王博：《心灵四季》，《光明日报》2012年7月30日第3版。

化性，德性并非人的先天禀赋，需以"礼""义"消弭化解本我中的恶，即借由外部环境因素推动价值观内化。追求圣人之道，以"智"为中心，"涂之人"通晓且践行仁、义、法、正，就"可以为禹，明矣"。这是荀子关于渗透式教化中"礼"的意义所作的论述，还在此基础上开启了一条价值观外铄的道路。此后，程、朱依据前人思想，归纳获得性体论，儒家的教化思想渐趋发展为一个完善的体系。朱熹主张"心与理一""心包万理，万理具于一心"，而"心以性为体"。人们的思想价值观源自天地之性，所谓"性"主要是指社会规范与"当然之则"，由此又能够将人的主体意识分为两部分，分别是"形而上"的性与"形而下"的心，把这种实然意义的理性内化于人心的过程就是圣贤品格的养成过程，实质上就是"化人心为道心"，也可以理解为"明天理，灭人欲"的价值探寻。

重视教化的传统价值观伦理内化，其作用集中反映为价值规范由外而内塑造个人德性的过程，这也是中国传统文化倡导文明教化的核心导向；深刻阐释了个人德性的诸多要求；科学架构了社会价值观教化的目标、内容、载体、方法等；对价值观教化的逻辑、技巧，作出深刻的探究，这对于传统文化的传承弘扬影响深远，对于社会主义核心价值观内化也有重要的借鉴作用。

价值观内化在中国传统文化变迁进程中逐步建构形成价值观自我发展与社会教化相统一的路径。修身以"克己""内省"为精神内核，教化为辅，由此衍生发展出社会人伦纲常，推而广之到政治历史领域，始终贯彻遵守执政者对于"德治"的强调，注重环境的影响和法律的限制，个人价值观由内而外自觉成长，纳入价值观培育并形成合作关系。人性论的基础前提在于尊重个性，"关于认识教化效用，既往观点单纯注重政治视角，伴随着理论的演化发展，其关注内容扩展至社会政治、经济、个体发展等多领域效用，且更为关注后两者"①。受经济社会发展的时代局限性影响，传统价值观内化不可避免地具有阶级色彩和历史局限性。常思常悟、常研常得的课题，即如何将优秀传统文化中的思想资源有效地"古为今用"？这就需要着重关注传统优势与新媒体、新技术融合发展的问题，进而推动传统文化的现代化转化和社会主义核心价值观内化理念更新、模式转换。

二 西方历史流变中内化思想的多向指称

在西方思想史上，多向指称的西方内化观念对人类思想价值流变现象的探讨从未停歇。在一般的文学流派中，无论是在古希腊城邦的神学教育，还是文艺复兴后西方国家盛行的公民教育，都在哲学流派推动文化发展的过程中占有重要部分。人的价值观和伦理问题与社会教育实践密切相关，前述思想经由历史积淀最终演化为西方的人性和社会心理，与中华优秀传统文化的古典思想有着异曲同工之妙，西方不同于东方感性直观的思考方式，具有理性思辨的传统，力求对自己的观点进行逻辑阐释。正是这些不同，使古今中外思想可以相互印证和补充。吸取优秀的、进步的成果，使新时期社会主义核心价值观内化研究具有一定的生命力。

第一，内化理论体系呈现多元化。善性、德性、同情心和自律等多种理论在竞争中发展。在《拷问灵魂》一书中，探讨人的价值观念产生的源点，形成了对观念认识等问题的思考，经验主义和理性主义是西方价值观思索的滥觞，包括柏拉图关于善的理念、亚里士多德的德性论、亚当·斯密的同情论、康德的自律论等。在古希腊文明中，苏格拉底、柏拉图等学者提出"美德就是知识"，以此为代表的各种价

---

① 沈壮海：《思想政治教育有效性研究》，武汉大学出版社2016年版，第38页。

值概念成为德性理论的主体。柏拉图定义"理念"后，善的观念由此成为人性的超然主体，认为美德对于人类净化心灵和养成正义、智慧、勇气、节制等品质存在积极影响。"逐一关照各个美的事物……突然看见一种奇妙无比的美的本质。"①亚里士多德关于善的概念的批判性发展思想，将人的美德修养落地到个体的行为和活动的现实世界之中，美德不是众所周知的知识，而是实践中的价值观，是理性灵魂与非理性灵魂彼此调和、融通的过程，探寻追求美德才可以让人的灵魂完美和良好。亚里士多德通过抽象理性主义与价值观内化的观念，使"道德"与"理性"的美德受到社会主流价值观的熏陶教育。在社会共同体的塑造过程中，思想和行为通过教诲、习俗和习惯的影响，最终形成人们的道德观，即"德性并非源自本性或与本性相逆而生，而要顺其自然地接纳它们，在潜移默化中臻于完满"②，展示了人们如何进行价值实践和价值选择。17世纪以后，英国经验主义和大陆理性主义在竞争中发展，经验主义伦理学尤其强调情感的重要性，基于社会价值原则思考总结人的主体意识特征，由此诞生"情感共鸣""同情论"理论，详细分析了情感的作用及其与灵魂世界的关系。休谟指出，价值观的根源来自情感。价值观的本质之所以是人对事物价值特性的主观反映，是因为所有人心中对社会原则和社会事件均存在普适性思考，此种情感同样存在于人与人的交往互动中。所谓"感同身受"，其情感体验就是倡导社会成员间达成彼此的认同感，进而建立起对社会规则的信任，形成原则和规范。在价值内化的过程中，"理性也必须是情感的奴隶，仅能够服务和服从情感，其他任何功能都不具备"。

---

① [古希腊]柏拉图：《柏拉图文艺对话集》（会饮篇），朱光潜译，重庆出版社2016年版，第197页。
② [古希腊]亚里士多德：《尼各马可伦理学》，廖申白译注，商务印书馆2003年版，第28页。

亚当·斯密的"价值观情操论"对上述理论作出完善补充，主张情感共鸣①是人交流的基础，伴随着价值观交流进而构建社会秩序，需要选择一个合理的价值观内化的道路，以达到兼容性与交互性。相反，理性主义哲学领域，德国哲学家打破神学的桎梏，使上帝的价值基础转移到个人。康德等理性主义思想家认为，价值自律是人的内在规律，只有成为人的内在规律，价值规律才能稳定与持久。作为理性的人，其行为所依据的法律是由理性而不是外部约束所支配的，"任何理性生物的意志都反映为具备普遍立法意志的观念"②，人们可以获得自由意志、人格尊严和责任感。此外，在近代西方认知科学的发展中，特别是心理学领域，如精神分析学派的内化原则尤其关注心理学领域主体间的关联性以及内化的结构性特征，重视心理的主客体关系。认知和行为学派将内化延伸到社会学习和其他层面，如人文主义（存在主义）学派摒弃了整体主义的二分论，强调内化的自我成长和自我超越，二者共同构成西方历史进程中的内化思想。价值观内化理论发展呈现出多元构建趋势，外在社会价值观的系统原理是主体意识与内在逻辑彼此交互作用，时代历史条件也影响到上述观点的演化发展，尤其受到唯心主义或机械唯物主义的错误引导，但我们依旧不可否认其对于价值观内化核心概念的借鉴意义，研究意识形态与政策的内化，在批判中以审慎的态度来对待。

第二，内化内容强调多样性。西方传统赋予生存、发展和社会生活以诸多内涵，其传统可追溯至古希腊。此后相继涌现的社会思潮包括个人主义、整体主义、人性主义和理想主义等，对人的个性价值的关注由此成为人的全面发展的重要内容。在古希腊城邦教育中，教育

---

① 冯建军：《当代主体教育论》，江苏教育出版社2001年版，第263页。
② ［德］伊曼努尔·康德：《道德形而上学原理》，苗力田译，上海人民出版社2018年版，第87页。

的主要目的是加强对英雄人格和品质的培养。柏拉图、亚里士多德的美德定义中，有智慧、勇气、坚韧、正义等优秀品质。文艺复兴时期对个性价值的关注更多地反映在价值观内化内容中，其中的代表人物如洛克将"聪明、贤良"① 作为善的德行，他主张美德孕育于合理的欲望之中，强调环境和榜样教育对内化的影响。卢梭把"怜悯心""良心"定义为美德的根基，赞颂人是集合勇敢、健康和智慧于一身的存在。杜威等教育思想家把诚信作为价值观的核心内容，重视社会进步对价值观培育的重要性，强调学校进行价值观培育涉及诸多学科领域。以涂尔干等为代表的价值观认知发展学派主张，价值观的内化是人的社会经验和社会知识建构的结果。注重对人道主义教育的考察与反思，重视思想文化教育对个体爱心培养的作用。学校对人的价值观的引导，包括唤醒个体内心的爱、同情和感激，并通过外在的社会规范强化和固化。西方思想价值观始终以自由主义为基础体现人权观念，在价值观发展演化过程中，发展成共和主义、多元主义、保守主义和社会民主的政治追求。个人主义倾向根植于西方意识形态体系是毋庸置疑的，广泛而深远地影响着西方社会的教育实践，且融入基督教等宗教信仰的内容，因此得以更好地巩固延续。所以，审视解读人道主义的内容，尤其要辩证地看到其本质的复杂性，并做好区分和澄清工作。

第三，内化过程强调阶段性。在西方价值观培育理论中，涉及意识形态价值观内化的步骤过程、方案和有效性，尤其需要准确把握各内化阶段的特征，柏拉图就意识到，年龄、生活阅历不同的人的心理特征存在明显差异，故价值观培育也需要有针对性的培养路径。亚里士多德对心理规律作出更深入的阐述，政治共同体的目标，必须遵循人们的心理规律。未来公民教育必须依循身心发展的阶段性规律做差

---

① ［英］约翰·洛克：《教育漫话》，徐大建译，上海人民出版社2011年版，第23页。

异化分析，7岁以前的身心发育尤其强调品性和价值观的塑造培养；7—14岁是第二个时期，重点培养最重要的美德；而14—21岁是第三个关键期，以理论层面的德性修养与政治品格训练为主。① 卢梭、洛克、佩斯塔洛等思想家认为，价值观的培养是符合人性和自然要求的活动，应当循序渐进。发展到现代，凯尔曼将遵从、认同和内化定义为人们处于社会整体性影响经历的基础阶段，并对上述阶段中个体发展因素作出阐述思考。

第四，内化方法强调渗透。在继承传统经验主义、理性主义观点的基础上，西方伦理学获得巨大进展，形成西方思想政治情感与理性相统一的特征。心理学和教育学分别从不同视角、维度对前述传统展开研究，强调发展寓教于乐的教育方式的重要作用。如弗洛伊德对自我综合功能的建构和超我的形成，本质上是价值观和情感驱动的社会化过程。西方价值观思想日益丰富的内涵与理性、情感等教育密切相关，科学素养的养成同样涵盖感恩、爱国等朴素情感的教育。在艺术领域，审美教育突出理性的指导地位。这类思想提倡西方传统的价值观，通过渗透式和类型式的寓教于乐，培养个体的合格素质、正确价值观和良好习惯等。这是西方社会步入资本主义时代后，囿于自由主义、共和主义等诸多社会思潮的影响，公民教育愈发强调对个人在社会中自由权的认同和接受，因此其社会共同价值共识同样建立在资本主义制度的基础上。文化与环境的交互功能同样获得西方社会的普遍关注。② 提高科学素质和耐力教育，以及其对西方宗教神学教育的强烈影响，使价值观渗透的方法得到了有效巩固，化解了西方社会特定时

---

① 杨绍安、王安平、刘惠：《现代思想政治教育学原理》，西南交通大学出版社2013年版，第19页。
② 陈立思、高峰、曹骏：《比较思想政治教育》，中国人民大学出版社2011年版，第116页。

期的价值危机。西方内化理论研究历史悠久，流派众多，产生了对价值观形成及其内在逻辑、客观规律，价值内化的心理过程和特征，包括对价值观内化的有效性要素的分析。

我们应当清醒地看到，中国特色社会主义事业在 40 年中取得的令世界瞩目的伟大成就，尤其是步入新时代后经济社会生活领域发展迅速，许多中国传统价值主题和西方的思想逻辑已不能全面解读当今中国的问题，对社会主义核心价值观工作难以作出及时全面的指导。所以，价值观教育必须坚持与时俱进、创新发展，根植于中国发展的客观现实，与马克思主义中国化成果相统一。

三 中华传统文化中价值观内化的核心思想

2017 年 1 月，中共中央办公厅、国务院办公厅印发《关于实施中华优秀传统文化传承发展工程的意见》，部署落实文化传承工作，这是新中国历史上史无前例的高规格推进中华传统文化传承发展的工作。①从古至今，中国思想家们始终执着追求具有普遍性的价值观规范，作为文明瑰宝的中华传统文化也为核心价值观的形成贡献良多，具体体现在以人为本、以德为本等方面。通过分析中华传统文化中关于价值观内化的核心思想，有助于我们更加深刻地理解价值观内化的问题。

习近平总书记指出："优秀传统文化是一个国家、一个民族传承和发展的根本，如果丢掉了，就割断了精神命脉。"② 从横向来看，东西方文化和价值选择的区别要求我们树立文化自信。21 世纪中国步入经济社会体制改革的攻坚期和深水区，伴随着全球化进程提速，互联网

---

① 中共中央办公厅、国务院办公厅：《关于实施中华优秀传统文化传承发展工程的意见》，360 百科，2017 年 1 月 25 日，https://baike.so.com/doc/24407967 - 25235668.html，2021 年 10 月 10 日。
② 《习近平在纪念孔子诞辰 2565 周年国际学术研讨会上的讲话》，人民网，2014 年 9 月 24 日，http://theory.people.com.cn/GB/40557/389563/index.html？c = 0。

技术、新媒体更新迭代速度不断加快，社会思潮、文化理论的碰撞交锋愈发频繁。面对新形势新挑战，传承和发展中华优秀传统文化，攸关社会主义文化强国建设和文化自信，是着眼长远的重大战略任务。文脉延续与传承，在人民文化素养提升与国家文化安全保障、文化软实力提升，乃至国家治理体系趋向于现代化等诸多方面，均发挥了不可替代的重要作用。纵观中华文明悠久历史，文化传承也可以帮助公民正确认识中华文化的普遍价值，对个人价值观的养成具有不可替代的作用。古希腊哲学家苏格拉底说，一个人能否有成就，只要看他是不是有自尊心和自信心这两个条件，对于一个民族一个国家来说，自信同样重要。① 今日中国之所以能够屹立于世界东方，就在于我们拥有坚定的道路自信、理论自信和制度自信，建立在五千多年文明传承基础上的文化自信是本质的自信。

"中华优秀传统文化……蕴藏着中华民族最深层的精神追求和价值追求，代表着中华民族独特的精神标识和价值典范。"② 首先，中华传统文化的发展促进了价值体系的形成。中华民族之所以生生不息，发展壮大到如今，就在于中华优秀传统文化持续不断地丰厚滋养。优秀传统文化的继承对巩固中国多民族大家庭，丰富中华民族精神的新时代内涵，以及激励全民族共同致力民族复兴伟大中国梦，助力社会发展进步和和谐社会构建都有极为重要的作用。其次，中华优秀传统文化经历数千年的积淀洗礼，历久弥新，为价值观选择提供了重要依据。其中蕴含丰富的哲学、伦理、人文思想，对于人们认识和改造世界提供方法论指导，也为执政者提供治国启示，同样也适用于道德建设。③

---

① 王雨：《中华优秀传统文化的时代价值及其传承发展》，《商丘师范学院学报》2019年第1期。
② 《习近平：在庆祝中国共产党成立95周年大会上的讲话》，新华网，2016年7月1日，http://www.xinhuanet.com/politics/2016-07/01/c_1119150660.htm，2021年5月28日。
③ 冯建军：《当代主体教育论》，江苏教育出版社2001年版，第263页。

另外，中华优秀传统文化中的核心思想代表了我国的文化软实力，价值观是一个国家、民族，乃至个人的文化精神、人文精神和情感态度，社会主义核心价值观内化要充分考虑中华传统文化的基础，就要理解中华传统文化独特的价值观。

新时代我国与西方思想文化的交流、交融、交锋更加频繁。西方文化伴随着一些价值观输出已广泛渗透至中国社会，特别是新生代的生活方式。有鉴于此，我们必须对其中蕴含不良政治导向的文化交流给予充分警惕，既要保持交流开放，又要有效维护自身价值观的独立性，必须充分汲取优秀传统文化的伟大智慧。社会主义核心价值观处于社会主义核心价值体系的核心位置，凝练融合了当代中国核心价值的观点、智慧，中华优秀传统文化也是其中的重要资源之一。社会主义核心价值观不是凭空而来的，数千年积淀洗礼的中华优秀传统文化为其提供了重要依据。以民为本、敬德保民的民本思想，和而不同、贵和上众的和谐理念等，都是社会主义核心价值观不可或缺的思想资源。在漫长的历史进程中，中华民族掌握运用人与自然、社会，乃至精神世界的方法，由此建构与中华民族心理特质相适应的独特思维方式、行为准则、风俗习惯等，历经岁月洗礼而不衰，成为民族传承的精神纽带。社会主义核心价值观和中国传统文化中的价值观念是相融相通的。从国家、社会和个人三个层面加以阐述，其中既反映了社会主义核心价值观的客观要求，也是对中华优秀传统文化智慧结晶的归纳，由此充分证实中华优秀传统文化对于核心价值观培育弘扬的重要价值。

中国传统文化蕴含着丰富的治国理政、道德规范和人文精神等思想精华，是全面推进社会主义现代化建设的重要资源。中国传统文化的核心理念涉及个人、社会、国家各个层面，在不同的时代有不同的理论表达，但其核心内涵却一脉相承。如就国家层面的价值目标来看，以民为本是中国传统政治的核心价值。我国的民本思想早在三千多年前的商周之际就已经产生，孔子提出"古之为政，爱人为大"的思想，孟子提出"得民心者得天下"的思想，这些思想是早期民本思想的基本体现，奠定了中国古代民本思想的理论基础，后世民本思想的衍生发展也因此获益匪浅。民本思想的诞生与发展充分说明人民是治理国家的根本，获得人民的拥护，政权的根基才能够稳固。这就强调执政者必须关注民意，顺应民心所想、民生所求，这些治国理政的经验在中国历史发展长河中均在不同程度上发挥重要作用，及至当代中国政治生活，依旧存在非同一般的借鉴意义。如社会层面的价值追求，"法治"思想在中国有悠久的历史，中国封建社会历朝历代都实行"外儒内法"的治理之策，强调"治民无常，唯法为治"。不但提出了依法治世的思想，而且重视法治如何实施兑现，强调"法贵践行，赏罚有度"。中华传统文化在倡导法治作用的同时，也倡导用道德规范民众行为，以实现"治未乱"。中国特色社会主义法治要继承中国传统文化法治与德治，实现国家治理的刚柔并济，建设社会主义法治国家。再如，就个人价值准则层面来看，传统文化中倡导奉行"仁""爱""孝""悌"，将爱作为一切的出发点。对于个人，仁爱之道就是以善良之心、友善之举处理人际关系，孔子以仁为其最高的道德理念，并将仁归结为人内心的道德情感和要求。仁爱的第一要义即尊重体谅别人，换言之就是孔子所言"己所不欲，勿施于人"。仁爱的基础和最低道德要求是"孝悌"。对于国家和社会而言，仁爱是施行仁政、垂拱而治天下的行动指南。孔子在其学说中将仁爱运用于政治及社会生活等领域，孟子又作出新的阐释，期望为政者德行仁爱，推行仁政，由此诞生以人本理念为核心的政治思想。"仁""爱""孝""悌"，对于当今社会处理人与人、人与社会以及人与自然的关系仍具有重要的借鉴作用。如舍生取义、精忠报国、勤俭廉政、天下大同等思想，都为当今中国国家治理、个体价值观养成提供了重要的思想资源。

当代中国特色社会主义建设，是马克思主义与中国特色社会主义实践相融合的结晶。坚持马克思主义方法论指导，使社会主义建设方向获得长期坚持，立足中国社会主义实践，走中国特色之路，传承弘扬中华优秀传统文化在其中发挥着不可替代的重要作用。但现阶段人们关于中华优秀传统文化的认知、传承和践行显然不及预期。尤其是文化传承，既要增强文化自信，摒弃崇洋媚外的思想，同时也要认识到中华优秀传统文化作为历史的产物，难免存在一些历史烙印，无论内容或形式，都存在些许与社会发展不相适应之处，因此对待中华传统文化有必要坚持公允、科学、理性的立场，要淘汰剔除其中的封建糟粕或存在时代局限性的成分，关注与时代价值相适应、相契合的优秀成分并充分发掘，进行现代化转化。

第四节 本章小结

本章从心理学、教育学、社会学和马克思主义理论等不同角度，对社会主义核心价值观内化的含义进行阐释，必须关注其精神内核即社会主义核心价值观内化，据此总结发现其根本性质和基本特征，准确定义并阐述社会主义核心价值观的科学内涵和实践要求。从概念和本质来看，社会主义核心价值观内化既是一个过程，又是一个结果，是在社会主义核心价值观指导下个体所形成的关于价值、价值关系、价值信念以及价值目标的总的看法和根本观点。从要素与特征来看，主要包括内化者、被内化者（内化内容）、内化载体、内化方法等多种要素。从类型和价值体现的角度进行分析，社会主义核心价值观内化可分为权威型、榜样型和惩罚型三种类型，内化是价值观培育的基本目标和重要标准，是个体生存于社会的必要条件和社会稳定的必然要求，是应对全球化和文化多元化的需要，也是应对网络化挑战和后现代主义的需要。

由于社会主义核心价值观内化概念、要素、类型等存在复杂性，其研究需要从心理学、教育学、社会学、马克思主义视角等角度入手。如心理学关注价值观内化中的结构、过程和功能；教育学关注如何通过教育干预价值观内化；社会学关注社会特征、特殊矛盾和基本规律，社会适应性以及公民内化社会规范、网络伦理等问题；马克思主义则为社会主义核心价值观内化研究提供理论基础，为其提供直接的理论指导。在社会发展过程中，需要把握社会视域中内化思想的核心观点，以此指导社会主义核心价值观内化的创新发展。

本章在梳理中外文化的历史变迁和内化思想发展基础上，深入考察社会主义核心价值观内化研究的思想资源，对中外思想对价值观内化的影响进行了研究和探讨，着力探索社会主义核心价值观内化过程中的思想困惑和时间局限，为后续研究奠定了理论基础。

第三章 儒家仁学思想的历史演变与理论解析

儒家仁学思想理论的产生并不是偶然,它继承了夏、商、周三代文化的精华,是上古先民思想价值观的集大成者。它的产生符合历史发展规律,是当时社会发展的必然结果。孔子作为儒家创始人,在春秋礼崩乐坏的社会情境下自觉地承袭夏、商、周三代文化,归纳编撰了夏、商、周三代文化的结晶"六经",建构了未来千年中华文明一脉相承的仁学思想价值体系。

第一节 儒家仁学思想产生的历史背景

1993年于湖北郭店出土的战国"楚简"中有以下记载。

《礼》,交之行述也。《乐》,或生或教者也。《书》,□□□□者也。《诗》,所以会古今之诗也。《易》,所以会天道、人道也。《春秋》,所以会古今之事也。

这段话说明了战国中期对"六经"的看法。《礼》记述社会各阶层交往的行为规范;《乐》用来教化与陶冶性情;《书》缺字但大抵为记事之言；《诗》为古今诗歌汇总；《易》即司马迁所说用以"通天人之际"；《春秋》记录历史变迁，即"达古今之变"的书。这"六经"包含了夏、商、周三代的器物文化、制度文化、思想文化。《庄子·天运》："孔子谓老聃曰：'丘治《诗》《书》《礼》《乐》《易》《春秋》六经，自以为久矣。'"《孟子·滕文公下》："孔子成《春秋》，而乱臣贼子惧。"孔子把"六经"作为自己治学的楷式、为人处世的规范，也是他教学的根本，一切价值观的来源。他"删述"而成的六经，从方方面面传达了他的仁学思想，客观反映了当时社会的经济、政治、文化背景。儒家仁学思想产生于中国古代时局动荡、形势复杂、政治变化频繁的时期，迅速的经济发展、动荡的社会政治和空前的文化崩坏与争鸣都加速了儒家仁学思想的萌芽与发展。

一 儒家仁学思想产生的经济背景

经济基础决定上层建筑，儒家仁学思想的产生与农业经济的发展息息相关。正是由于农业的发展，给予先民以稳定的食物来源，才有了原始部落氏族社会向奴隶制社会、部落联盟向国家体制转变的可能。儒家仁学思想来源于夏、商、周三代历史文化发展中不断积淀的文化沃土，最终由孔子"述而不作，信而好古"（《论语·述而》），从传统中构建，使儒家在奴隶制社会晚期成为一个学派，仁学思想显现雏形。

早在商之前中华先民已经开始从事农业生产，但由于地理条件限制，无法进行大规模开垦种植事业，因而仍以传统渔猎为主。据已发掘的甲骨文上记载，他们经常进行狩猎，为了寻求更富足的渔猎场所，他们在五百多年的历史发展中至少进行了六次迁都。

周人始祖后稷传说是五帝之一帝喾的侄子，自幼熟悉栽种谷物和麻，成年之后成为商朝的农官，在唐、虞、夏时颇有令名。神话传说中,他被奉为谷神。至公刘迁都,周部落以今天的西安为中心,借着渭水流域开拓了自己稳定的农业基地。依靠农业发展积聚力量,最终联合其他部落一同灭商建立中国历史上第一个真正意义上统一天下的王朝——周朝。周朝的建立标志着以中国农业经济为主的社会开端。

武王逝世后,周公代为执政,确立中国历史上第一个农业制度"井田制"。八家农户各自耕耘外围的8块方地,并共同耕种当中属于公侯的一块"公地",然而土地所有权最终归属于奴隶主,"古者三百步为里,名曰井田。井田者,九百亩,公田居一"(《榖梁传·宣公十五年》)。正是借着这样的井田制度分封建国,广泛地推行了农业,也为后世千年以农立国的中国制度打下根基。

公元前771年,周都遭犬戎袭击,周王室国都东迁,权威丧失,伴随着礼崩乐坏,进入西周时代。春秋前期,土地仍属于统治阶级的奴隶主贵族,奴隶在其土地上为其劳作。但此时随着农业发展,生产力提高,人口日益增多,传统的集体耕作方式已不再适应生产力的发展,已有的土地无法满足民众需求,奴隶、平民大量外逃开垦荒田不受领主管束,原有的生产关系遭到破坏,井田制瓦解。至战国初期出现铁农具和牛耕,农业进一步发展,井田制彻底崩溃,农业生产活动向着一家一户的形式发展,出现了封建土地私有制的萌芽,春秋鲁国的"初税亩"制度基本标志着官方默认这种情形的合法性。此后,阶级关系也产生了变化,除了原有的奴隶和奴隶主以及平民之外,产生了新的地主阶级和农民阶级,社会结构发生改变,逐渐形成了封建小农经济。后来,以家庭为单位、农业和家庭手工业相结合而形成的自给自足的自然经济,成了中国封建社会农业生产的基本模式。正是当时社会重农抑末、安贫乐道的思想观念,奠定了儒家仁学思想的经济基础,"民"的社会地位发生了极大的变化,促使社会生产力的进一步发展。

二　儒家仁学思想产生的政治背景

周王朝是历史上第一个真正实现了家国一体的朝代，其政治制度的正式确立与实施都起源于周公，立国在内以血缘宗法制为其核，分封建国为其制，在外则以礼乐文化为其表，建立血缘宗法体系，并通过实行嫡长子继承制来拱卫宗法制度。然而，在数代世袭之后，诸侯与天子、封臣之间的血缘淡化、亲情疏远，导致礼乐体系的崩坏，从而出现了权力下移的趋势。此后，周王朝社会纷争不断，诸侯争霸兼并土地的战争日益加剧，从而大大地削弱了奴隶主贵族的势力。《说苑·建本篇》："公扈子曰：'春秋，国之鉴也。春秋之中，弑君三十六，亡国五十二。'"其中对儒家影响最大的礼乐制度孕育于远古的祭祀活动，《史记·乐记》中记载，"昔者舜作五弦之琴，以歌南风；夔始作乐，以赏诸侯"。但五帝时代礼乐文化尚处于萌芽阶段，表现为巫祝文化，距最终形成距离尚远。经过夏、商、周不断发展完善，西周发展了夏代祭祀的古朴简约，摒弃了商代的昏庸烦琐，以中庸之道最终定型和成熟，并为后世历朝历代所继承和发展。但在当时，"周道衰陵，乾纲绝纽；礼坏乐崩，彝伦攸斁。弑逆篡盗者国有，淫纵破义者比肩。是以妖灾因衅而作，民俗染化而迁。"（范宁《春秋穀梁传集解》序）天下处于礼乐崩坏、动荡不安的社会状态，世道衰微、邪说有作的各种乱象纷起，新兴封建势力与奴隶主贵族针锋相对。儒家仁学思想也由此应运而生，其主要目的就是恢复社会稳定，复兴礼制，巩固政治统治，加强社会对传统礼仪的重视。从某种意义上来说，周礼的宗法制制度为仁学思想的产生打下了政治基础，其礼乐传统对社会的发展稳定起到了较大的作用，其突出的表现是以"孝悌"为根本价值准则，重视"孝悌仁义"，这也为孔子主张以"仁"治理天下奠定了理论基础。春秋末期，私学的发展逐渐兴盛，孔子顺应时代，借助士阶层的兴起，以礼乐诗书来广收门徒，仁学由此开始生根、发芽并开枝散叶，其弟子及再传弟子广泛传播仁学思想，对后世产生深远的影响。

三 儒家仁学思想产生的文化背景

巨大的社会变革带来了学术思想的萌芽，诸子百家互相攻讦吸收，博采众长，取长补短，文化日益繁荣昌盛。这一切的繁荣都离不开当时教育的发展。

教育的产生可以追溯到五帝时期，《尧典》云："帝曰：'契，百姓不亲，五品不逊。汝作司徒，敬敷五教，在宽。'"按此记载尧时期教育业已产生，契便是最早的教育官员。《孟子·滕文公上》有云："设为庠序学校以教之。庠者，养也；校者，教也；序者，射也。夏曰校，殷曰序，周曰庠，学则三代共之，皆所以明人伦也。"三代各有教育机构，只是名称不同，教育的具体内容始终围绕着"人伦"二字。孟子还提到教授的具体内容便是"父子有亲，君臣有义，夫妇有别，长幼有序，朋友有信"，此五者已可见儒家仁学的雏形。一切"德"与"仁"都离不开"礼乐"的具体体现，因而"礼乐"自然而然地成为教育的核心。这一点对于儒家发展影响巨大，贯穿于数千年儒家思想的始终。

周王朝初期，教育已经具有一定的系统性，构成了一种由上而下的价值渗透体系，不足之处便在于官府、贵族垄断文化教育权，即所谓的"学在官府"。特点之一是"官师合一"，承担教育职责的是大司徒与大司乐，《周礼·地官司徒》中："大司徒之职……施十有二教焉，一曰以祀礼教敬，则民不苟；二曰以阳礼教让，则民不争；三曰以阴礼教亲，则民不怨……"又有《周礼·春官宗伯》云："大司乐掌成均之法，以治建国之学政……以乐德教国子：中、和、祗、庸、孝、友；以乐语教国子：兴、道、讽、颂、言、语。"特点之二是"学仕一体"，教育的一切权利只属于贵族王孙阶级的贵族体系，学成的目的便是治理邦国，或是出仕。《礼记·王制》有以下记载。

> 大乐正论造士之秀者，以告于王，而升诸司马，曰进士。司马辩论官材，论进士之贤者，以告于王，而定其论。论定，然后官之；任官，然后爵之；位定，然后禄之。

西周末年，一直以来被奴隶主贵族所垄断的"学在官府"逐渐转为"学在民间"。在这个过程中，"士"阶层的转变尤堪注意。在周代，士是居于大夫之下的低级贵族，他们同样接受《诗》《书》《礼》《乐》教育。《礼记·王制》云："乐正崇四术，立四教，顺先王《诗》《书》《礼》《乐》以造士。"作为有知识的低级贵族，在西周起初稳定的社会秩序下，他们凭借知识与地位参与政治活动，衣食无忧，并有机会借此施展才能实现晋升。但在西周的动乱时期，这一批人最容易被上层统治阶级抛弃，丧失原有的地位。他们中少数人幸运地上升到卿大夫阶层，但大多数则带着他们的知识技能变成庶人，成了"四民"。《谷梁传·成公元年》记载："古者有四民：有士民，有商民，有农民，有工民。"儒家创始人孔子同样是没落的贵族阶层，处在贵族与庶人之间的尴尬境地。《史记·孔子世家》记载："季氏飨士，孔子与往。阳虎绌曰：'季氏飨士，非敢飨子也。'孔子由是退。"孔子虽然是大夫叔梁纥之后，但由于年幼失父，并没有得到当时贵族的完全承认。在从政时，阳虎甚至公然以孔子的地位身份来羞辱排斥他。大量士沦为"四民"的另一结果就是，知识技能在下层广泛传播，与门第相比，德行和政事成为春秋后期取用人才的主要标准。于是众多没落贵族在社会动荡中创办私学，一方面作为谋生的手段，另一方面希冀通过发扬自身学说，找到解决乱世动荡或求以自保的途径，由此推动了文化教育的平民化。这股潮流为春秋战国时期在社会动荡中产生的各种文化思潮，提供了前提条件与基础，促进了中国历史上第一个百家争鸣的新局面出现。也是在这样的春秋末期，以孔子为代表形成的儒家仁学思想和墨子创立的墨家思想并称为先秦"两大显学"。儒家仁学思想诞生于鲁国，与其特定的文化环境有关，《庄子·天下》篇称："古之人其备乎！配神明，醇天地，育万物，和天下，泽及百姓，明于本数，系于末度，六通四辟，小大精粗，其运无乎不在。其明而在数度者，旧法、世传之史尚多有之；其在于《诗》《书》《礼》《乐》者，邹鲁之士、缙绅先生多能明之。"由此可见，鲁国保留着大量周文化的传统，为孔子创立早期的儒家仁学思想体系提供了条件。

四 儒家仁学思想产生的思想基础

儒家仁学思想的基础可以追溯到远古时代"天"的观念。天作为中华文明中最核心的字之一，它的权威贯穿了中华文化数千年。即便如今，中国乡村仍保留着许多古老的敬天习俗。《商颂·玄鸟》记述了商人的来历："天命玄鸟，降而生商，宅殷土茫茫。古帝命武汤，正域彼四方。"商人乃承天之命而降生，商汤也是因为天命享有九州。又如《周颂·思文》："思文后稷，克配彼天。立我烝民，莫匪尔极。贻我来牟，帝命率育。无此疆尔界，陈常于时夏。"周人的始祖后稷同样是受天命降生，因而奠定了周人的统治基础。周人在最初就继承了商人对于天的信仰，但与商人格外尊神"荡而无静，胜而无耻"（《礼记》）的极端迷信崇拜，每日各种祭祀迎接欢送不同，周人吸取了商过度崇拜祭祀劳民伤财仍难逃败亡的经验教训，只把天看作人的来源，祭祀尊敬但又敬而远之，将它当作人间秩序和价值的源头，认为国家安定在于"宜民宜人"，进而阐发了"尊礼尚德"的主张。到了春秋时期，天道愈发遥远,人道(仁道)成为人间秩序的准则。实现了中国文化思想中"敬天"到"尚德",最终归于"崇仁"的蜕变。子产曰:"天道远,人道迩,非所及也,何以知之?"(《左传·昭公十八年》)吉也闻诸先大夫子产曰:"夫礼,天之经也,地之义也,民之行也。"(《左传·昭公二十五年》)这一思想转变,实现了由神及人的巨大质变,使得中华民族成为世界各族中最早重视人的主体性的民族,也因而构建了最为完整美好的理想化道德体系。

第二节 儒家仁学思想的历史演进

儒家仁学思想自孔子创立以来,一直在不断地发展与演进。以时间为跨度,儒家仁学从萌芽到创立,从壮大到转折,都被刻上了时代的印记,表现出不同的仁学内涵。不同派别的儒学大家从不同角度、不同侧重去诠释"仁",以"仁"为内涵的儒家仁学思想在拓展与创新的同时,也在自我反思中不断超越与成长。

一 萌芽与奠基:儒家仁学思想的开端

春秋前期,社会上已经形成了道德的概念,"仁"的观念也在渐渐萌芽。起初"仁"作为广义的道德范畴,指人与人之间相亲相爱,孔子将其定义为"爱人"。到了春秋时期,"孝"已成为当时社会普遍推崇的道德观念,孔子也将"孝悌"认定为仁的基础,孔子将"仁"与"孝"紧密联系起来,使"孝"成为仁学思想体系的基本支柱之一,在"孝道"思想基础上创立了儒家仁学思想。最终孔子把包括孝、弟(悌)、忠、恕、礼、知、勇、恭、宽、信、敏、惠等在内的诸多思想整合于一体,第一个确立整体的道德规范,形成了以"仁"为核心的伦理思想结构,把"仁"作为最高的道德原则、道德标准和道德境界。

孟子提出的"仁义"思想，荀子提出的"仁礼"思想，都极大地促进了儒家仁学思想的发展。

(一) 孔子"爱人"思想

孔子的爱人思想，是儒家仁学的核心。通过爱的表达传递，使社会构成一个整体。

其一，爱人体现在认同人的价值。孔子所处的春秋末年，是奴隶社会逐渐向封建社会过渡的时期。这时的奴隶主占据一切的社会资料，包括人的劳动力，甚至是生命。这个时代的庶人，在上层社会眼中毫无价值，有时甚至直接当作殉葬的祭礼。《礼记·檀弓下》中有以下记载：

> 孔子："谓为明器者，知丧道矣，备物而不可用也。"哀哉！死者而用生者之器也，不殆于用殉乎哉？其曰明器，神明之也。涂车刍灵，自古有之，明器之道也。孔子谓"为刍灵者善"，谓"为俑者不仁"，殆于用人乎哉。

在此段记载中孔子认为制作草狗、草马的是相对善良的，但制作人形俑殉葬是绝对不仁的，因为俑殉接近人殉。表明孔子对于人的价值的肯定，即便以人形陶俑作为明器也不行。

其二，爱人体现在对于群体的认同归属上。在孔子眼中，人是"能群"的存在，正是能群使人的存在格外珍贵。这一点在后来荀子的思想中发展成系统，认定为人成为万物灵长的根本原因。孔子一直突出自己"人"的身份，认为"人"在"群"中才能获得安顿，这个观点在他和老子隐者的谈话中格外明显。《论语·微子》篇有以下记载：

> 长沮、桀溺耦而耕，孔子过之，……曰："滔滔者，天下皆是也，而谁以易之？且而与其从辟人之士也，岂若从辟世之士哉？"耰而不辍。子路行以告，夫子怃然曰："鸟兽不可与同群，吾非斯人之徒与而谁与？天下有道，丘不与易也。"

长沮、桀溺两位隐者，因为对政治失望而选择避世，认为对于"道之不行"这件事再怎么努力也是无济于事。孔子周游列国，带着失望离开一个国家又怀抱着希望到另一个国度显得格外愚蠢。而孔子却回答："吾非斯人之徒与而谁与"，强烈地认同自己身为人的价值，认为人始终且必须是在社会中存在并必然和其他人发生关系。个人正是在与他人的交往中，确认自身的存在与价值。即便"道之不行"也不能改变其入世济民的坚定信念。

此外，这一观点还可进一步见于《论语·公冶长》：

> 颜渊、季路侍，子曰："盍各言尔志?"子路曰："愿车马，衣轻裘，与朋友共，敝之而无憾。"颜渊曰："愿无伐善，无施劳。"子路曰："愿闻子之志。"子曰："老者安之，朋友信之，少者怀之。"

在这一段对话中，孔门师徒都表达了对于他人存在的关切。从关心朋友到体贴他人内心感受，直至孔子怀仁愿安顿他人生命，都表现出孔子对于他人的使命和责任。人作为群体的一员，和他人之间有着内在和本质的联系，因而决定了人的所作所为绝不能仅为了自己，必须认识到并在生活中确立自己和他人联系的本质存在。但另一方面，孔子又是如此的理性与现实，他提出的爱人，需建立在血缘亲疏之上，因而有了"孝道"思想。

(二)孔子"孝道"思想

孔子的"孝道"思想是为仁之根本、为人的核心。《学而》篇第二章记载:"其为人也孝弟,而好犯上者,鲜矣;不好犯上而好作乱者,未之有也。君子务本,本立而道生。孝弟也者,其为仁之本与!"良好的父子兄弟关系的"孝悌"是君臣关系不犯上作乱的前提,表明君臣关系的伦理是建立在父子伦理的基础之上。父子关系在一切人伦关系中的优先地位,是"为仁之本"。孝顺父母、尊敬兄长、崇尚法律准则与道德规范,就是做人的根本。其主要内容包含以下四点。

一是教养论,指子女对父母的赡养,要建立在真诚尊敬的基础上,主要突出一个"敬"字,意为要尊敬父母,对于父母的供养感恩都是发自内心。子曰:"今之孝者,是谓能养。至于犬马,皆有能养,不敬,何以别乎?"(《论语·为政》)侍奉父母应有以敬爱为前提的精神慰藉。比如,一些关心照顾他们的话语,并以实际行动使父母感到高兴,具体表现为不顶撞、不抱怨父母。子曰:"事父母几谏。见志不从,又敬不违,劳而不怨。"(《论语·里仁》)这种尊敬不仅体现在父母生前,更延续到父母离世后,比起奢华的葬礼、悲痛的外表,更重要的是对于父母尽责供养尊敬后的心安。《阳货》篇有以下记载:

> 宰我问:"三年之丧,期已久矣。君子三年不为礼,礼必坏;三年不为乐,乐必崩。……"曰:"安。""女安,则为之!夫君子之居丧,食旨不甘,闻乐不乐,居处不安,故不为也。今女安,则为之!"

按照习俗守丧三年乃是惯例,但当时遵守的已经寥寥无几。在我看来,按四时更替守丧一年已经足够。孔子则把守丧的重点放在"安"上,三年治丧的真正原因是父母离世,锦衣玉食会让孝子不安,孝是由发自内心对父母的爱而造就的。

二是无违论，是指子女要听从父母有益的教导、教化。因为对于父母来说，子女往往缺乏生活经验和社会经验，而在慢慢地步入社会的过程中，更加需要有经验的父辈指导。指导和教育使他们在面对挫折困难时更有信心和勇气。

三是谏诤论，指子女对父母的错误不仅要直言敢谏，而且也要及时地给予批评。与此同时，父母在听取之后要乐于接受意见，直至改正错误。我们应该明白，谏诤也是一种维护和挽救父母人格的方法，并非是对父母不孝，而是一种真正的大孝行为。

四是不远游论，也指关心、关爱父母的内心世界。子曰："父母在，不远游，游必有方。"（《里仁》）父母年老体衰、丧失劳动能力时，则更需要子女在经济上和人力上给予照料与护理，否则可能会使大量的老年人流落街头，给社会造成巨大的压力。所以，真正的孝道是有原则的，是以是非、善恶、荣辱、廉耻为核心的，强调子女要关心、关爱父母。

（三）孔子"仁礼"思想

"礼之用，和为贵。先王之道，斯为美。小大由之。"（《学而篇》）"礼"作为儒家仁学思想的外在具体表现形式，继承于周，但在孔子儒家学说中有了新的发展，对于后世具有重要的启示意义。春秋晚期礼崩乐坏的情境引发孔子对于"礼"的重新思索，正是在这些思索中，"礼"从天道转移到了人心，并与"仁"紧密地联系起来。由此，"礼"拥有了作为政治和修身原则两方面的新意义，为后来儒家关于"礼"的论述奠定了基础。另一方面，"人而不仁，如礼何？人而不仁，如乐何？"（《八佾》）在对礼的反思中，"仁"正式确立了起来。

"礼"首先是作为最基本的政治秩序而言的。《子路》篇有以下记载：

> 子曰："野哉由也！君子于其所不知，盖阙如也。名不正，则言不顺；言不顺，则事不成；事不成，则礼乐不兴；礼乐不兴，则刑罚不中；刑罚不中，则民无所措手足。故君子名之必可言也，言之必可行也。君子于其言，无所苟而已矣。"

这是孔子晚年在卫国对子路的教导。此时的卫国父子成仇。孔子的正名主张表明他期望以"礼"的原则和秩序来规范政治现实，从而解决卫国争端。在他看来，正名，即合礼是一切的基础，只有符合礼法，秩序、法律、百姓的生命才得以保障。此外，孔子还做了"政和刑""德和礼"两种不同政治原则的对比。照他所言，二者都具有秩序和约束的功能，但相比于"政和刑"，"德和礼"能够到达人的内心深处，是更为稳固和彻底的约束。"道之以政，齐之以刑，民免而无耻；道之以德，齐之以礼，有耻且格。"（《为政》）由此，秩序和人心便产生了联系，奠定了中华民族追求和谐、热爱和平的思想价值观基础。

除此之外，"礼"的另一个重要意义便体现在修身之上，这也是仁学思想中"仁"在个人层面上的直接表现。《颜渊》篇有以下记载：

> 子曰："克己复礼为仁。一日克己复礼，天下归仁焉。为仁由己，而由人乎哉？"颜渊曰："请问其目。"子曰："非礼勿视，非礼勿听，非礼勿言，非礼勿动。"

可见，仁的个人体现包含着对自己的克制约束、战胜邪妄，而礼就是仁的外在直接表现，包括了视、听、言、动四方面，贯彻在为人处世的方方面面。而且，儒家对于人一生的不同阶段提出不同的约束，继而造就生命的整齐,各人守礼则社会和谐。又如《季氏》:"君子有三戒:少之时,血气未定,戒之在色;及其壮也,血气方刚,戒之在斗;及其老也,血气既衰,戒之在得。"除此之外,孔子又指出了礼在一个真正道德圆满的人身上是如何体现的,表达了对于道德教化最终层次文明的追求。《宪问》有以下记载:

> 子路问成人。子曰:"若臧武仲之知,公绰之不欲,卞庄子之勇,冉求之艺,文之以礼乐,亦可以为成人矣。"

子路问孔子怎样做才是一个完美的人。孔子说:"如果具有臧武仲的智慧,孟公绰的克制,卞庄子的勇敢,冉求那样多才多艺,再用礼乐加以修饰,也就可以算是一个完人了。"孔子又说:"现在的完人何必一定要这样呢?见到财利想到义的要求,遇到危险能献出生命,长久处于穷困还不忘平日的诺言,这样也可以成为一位完美的人。"

(四)孟子"仁义"思想

到了孟子的时代,社会更加动荡,价值观前所未有的混乱,"圣王不作,诸侯放恣,处士横议,杨朱、墨翟之言盈天下。天下之言,不归杨,则归墨。杨氏为我,是无君也;墨氏兼爱,是无父也。无父无君,是禽兽也……杨墨之道不息,孔子之道不著,是邪说诬民,充塞仁义也"(《滕文公下》)。在这样一个充斥异端的时代,面对礼崩乐坏的现实和墨家"兼爱"的挑战,孟子不得不接续阐明孔子之道,与各类异端展开辩论,在这之中最具代表性的便是杨朱和墨翟。墨家学儒而后反儒,在了解的基础上针对儒家方方面面的思想展开否定批判,诸如用"兼爱"反对儒家"亲疏之爱",以"尚贤"来否定"亲亲",更有《非儒》对孔子极尽挖苦之能。而过度强调"重生""为我"的杨朱学说,政治上会导致"无君"的产生,个人推脱社会责任。在辩论过程中，孟子意识到不能再安于孔子的内在道德本体之仁，而开始进一步为"仁"寻求内在于心性和外在于天道的终极依据，进而创立了"仁义"学说。仁义间的相互统一，构成新的价值关怀，富有实质性的意义，促使儒家仁学思想成为具有普适性的准则和规范。

孟子接续孔子从内心发掘秩序根源的路径，首先从历史的经验出发，标志性地提出了良心的发现与"性善论"，二者共同构成了孟子的"仁义"思想。在此思想中，孟子认为"仁"是人安身立命的根基，是支撑人的精神家园和生命的保障，是人最高的道德理想和行为原则，而"义"则作为处理各种社会关系行为的最高准则，是一条能够更好地实现人的基本价值的正道之路。

孟子在对历史经验的思考中找到外在天道的终极依据，首先以"仁义"观树立了儒家新的君民观与君臣观。孟子曰："……尧舜之道，不以仁政，不能平治天下。今有仁心仁闻而民不被其泽，不可法于后世者，不行先王之道也。故曰：徒善不足以为政，徒法不能以自行。诗云：'不愆不忘，率由旧章。'遵先王之法而过者，未之有也。"（《离娄上》）我们从这段话中看出，孟子由历史经验总结出了足以效法的先王之道。他认为，天下不可能是私相授受的，尧舜政权交替实质则是"天与之，人与之"，舜继位的前提是拥有仁义之德并得到人民群众的拥护爱戴，记载的禅让不过是个形式。"得天下有道：得其民，斯得天下矣；得其民有道，得其心，斯得民矣；得其心有道，所欲与之聚之，所恶勿施尔也。"（《离娄上》）治理天下的权力是天和人共同赋予的，而天意即在民心之中，只有为民服务才可能享有实质的权力。"孟子告齐宣王曰：'君之视臣如手足，则臣视君如腹心；君之视臣如犬马，则臣视君如国人；君之视臣如土芥，则臣视君如寇仇。'"（《离娄下》）明确地宣称臣子在君主面前并不是完全的被操纵者，二者将心比心，互为依辅。甚至在宣王问卿的时候，进一步提出"君有大过则谏，反覆之而不听，则易位"。由此观之，孟子的忠君绝不是忠于个人，他忠于的是人民群众，而君主作为人民的服务者，臣子作为国家的参与谋划者，其最终目标依然是与民谋福，遇到与民不利的情况甚至可以废君。其后引用鲁缪公和子思的故事，见《万章下：天子不召师》记载：

> 缪公亟见于子思，曰："古千乘之国以友士，何如？"子思不悦，曰："古之人有言曰：事之云乎，岂曰友之云乎？"子思之不悦也，岂不曰："以位，则子，君也；我，臣也。何敢与君友也？以德，则子事我者也，奚可以与我友？"

孟子借子思之言，流露出了作为臣子的傲气，君王欲友之尚未必可得。按照子思的理解，在君臣关系中，君主有位，而臣子有德，二者完全可以分庭抗礼，即"以德抗位"。因此，也就不难解释当宣王召见孟子的时候，孟子辞以疾拒绝去朝王的要求。在他眼里自己是凭借德为君王之位服务，除此之外，二者为人的身份价值可谓平等。

在认识到君、臣、民三者之关系后，孟子继续向内求索，探寻人心的本质。"良心"一词最早见于《孟子·告子上》："虽存乎人者，岂无仁义之心哉？其所以放其良心者，亦犹斧斤之于木也，旦旦而伐之，可以为美乎？"在孟子的仁义观中，认识到心之良善的本质并以此为基础建立起道德的生命和世界的过程就是良心的发现。良心是以仁义为本质的心，即仁义之心，是人与生俱来的，它不会消失，但可能被外物影响而短暂遗忘。"仁，人心也；义，人路也。舍其路而弗由，放其心而不知求，哀哉！人有鸡犬放，则知求之；有放心而不知求。学问之道无他，求其放心而已矣。"(《告子上》)自孟子开始，"仁义"便成儒家核心价值观中人心的本质，仁是心之物，义是心之路。由此而言，良心即是本心。接着孟子便从恻隐之心、羞恶之心、恭敬之心和是非之心四个方面描述人的本心,这四个方面是人在不同情景下仁义之心的不同体现,其中恻隐之心为仁,羞恶之心为义,恭敬之心为礼,是非之心为智,进一步说明仁义礼智等美德都是人所共尊、与生俱来的,即所谓"仁义礼智,非由外铄我也,我固有之也"。又言:"人之所不学而能者,其良能也;所不虑而知者,其良知也。孩提之童,无不知爱其亲者,及其长也,无不知敬其兄也。亲亲,仁也;敬长,义也。无他,达之天下也。"(《尽心上》)

孟子理解的孝敬父母、尊敬兄长如同"鸦有反哺义,羊知跪乳恩",一般都是与生俱来的本能,蒙昧的孩提时代便能做到,这是不需要通过后天的努力学习实现的。而儒家仁义思想的真正目的是让这种亲人之间仁义的本能能够推而化之且保持,做到"达之天下",由基础的亲亲转变为仁民而爱物。

"仁"主要是基于一种亲情之爱的情感,另外再辅以道德原则的理性为诉求。仁与义同样源于内心,二者难解难分,义又与道德自觉、理性化的社会关系有着密切的联系。这一观点主要体现在孟子与告子的辩论上。《告子上》有以下记载:

> 孟子曰:"敬叔父乎,敬弟乎?彼将曰:'敬叔父。'曰:'弟为尸,则谁敬?'彼将曰:'敬弟。'子曰:'恶在其敬叔父也?'彼将曰:'在位故也。'子亦曰:'在位故也。'庸敬在兄,斯须之敬在乡人。"季子闻之曰:"敬叔父则敬,敬弟则敬,果在外,非由内也。"公都子曰:"冬日则饮汤,夏日则饮水,然则饮食亦在外也?"

双方围绕着"仁义"——爱和敬两种对待他人的态度和情感,尤其是"义"的内外展开争论。对应告子主张义外,孟子主张义内,认为义的行为是人内心之敬的外在显现,进一步明确仁义等并不仅仅是人所需要的,更是贯彻生命的事物。这一点在某种程度上也突出了孟子将道德内化的努力。《尽心上》有以下记载：

> 君子有三乐，而王天下不与存焉。父母俱存，兄弟无故，一乐也；仰不愧于天，俯不怍于人，二乐也；得天下英才而教育之，三乐也。

孟子对于抽象的仁义概念在现实中指向两大社会关系——父子与君臣，把仁义提升为君子三乐中第一乐取决于天意，第三乐取决于他人，只有第二乐取决于内心对于"仁义"的追求，是唯一一个可以诉诸己身的。同时仁义二者的关系并非只是简单的并列关系而是更为复杂多样的从属关系。在孟子看来，有着高度的理性自觉的仁，构成了以道德作为整体系统的理论基础，通过人的实际行为表现出来，加强了关于义行为导向最主要的道德规范。同时也正是在历史的反思中，孟子第一次鲜明地表达了君臣一体、君臣平等的观念。因而形成了抽象的道德原则，即仁义思想。孟子学说中提出义利之辩，主要是在富国强兵、穷兵黩武的社会现实和流行的功利主义社会风气的背景之下，他推崇仁义，贬斥利。首先必然是对人民有利，保证了人民的基本利益，从而进一步巩固了国家，从根本上有利于国家。他认为，做有"利"于所有人的事情就是"仁"，以"仁义"为主要内容的教化实践确立了"向善去恶"的根本方向。由此可见，这也十分符合社会的长远发展，使人民、国家与君主互利共赢，最后施以上行下效，必然会起到风行草偃、以德化之的作用。

孟子关于心的学说不仅在于良心，良心只是本心，除此之外，心还有对于色和货等的需求。在孟子的仁义王道理想版图中，他充分地考虑了百姓的民生之心。孟子认为王道的基础在于赢得民心，而赢得民心就必须制民之产，保障百姓日常之用。《梁惠王上》有以下记载：

> 无恒产而有恒心者，惟士为能。若民，则无恒产，因无恒心。苟无恒心，放辟邪侈，无不为已。及陷于罪，然后从而刑之，是罔民也。焉有仁人在位，罔民而可为也？是故明君制民之产，必使仰足以事父母，俯足以畜妻子，乐岁终身饱，凶年免于死亡。然后驱而之善，故民之从之也轻。今也制民之产，仰不足以事父母，俯不足以畜妻子，乐岁终身苦，凶年不免于死亡。此惟救死而恐不赡，奚暇治礼义哉？王欲行之，则盍反其本矣！五亩之宅，树之以桑，五十者可以衣帛矣；鸡、豚、狗、彘之畜，无失其时，七十者可以食肉矣；百亩之田，勿夺其时，八口之家可以无饥矣；谨庠序之教，申之以孝悌之义，颁白者不负戴于道路矣。老者衣帛食肉，黎民不饥不寒，然而不王者，未之有也。

民心归向与否和民众日常生产生活的基本保障与舒适度、幸福度息息相关，礼义王道也无法建立在抽象的理想和原则之上。只有受过教育并拥有高尚道德理念的士才可以做到"无恒产而有恒心"，不被外界环境影响，始终坚持自己的心志。而普通百姓，无恒产便无恒心，只有保障了生存生活之需才可能进一步谈理想道德。孟子在《告子上》中亦曰："富岁，子弟多赖；凶岁，子弟多暴，非天之降才尔殊也，其所以陷溺其心者然也。"孟子借富岁和凶岁子弟的表现，以说明外在环境对于人心的影响。丰年丰衣足食，人多为善；凶年衣食不足，人多为恶。这种不同表现并不是由于"天之降才"的差异，即人性的不同，而是由于所处的环境不同。其后以麦子为例，同样的麦种撒到肥沃的土壤不遇灾害自然能颗粒饱满，收成良好；而放在贫瘠土地自然结果不佳，收成难保，而人与麦种无异。如果想使民保有恒心，君王就必须保障民生，保证百姓的恒产，给予富足生活的保障，才可能得以安定社会、富强邦国。如何保障恒产，孟子对明君提出"制民之产"的见解。百姓的财产必须保障自身的生产生活之需，同时保证家人日常生活饮食并有一定的应对自然灾害的财力。只有生存的基本条件得到保障，实现礼义的教化才能真正地成为可能。在孟子对于儒家理想社会的描述中，一个有着五亩之宅和百亩之田的八口富足之家，老者衣帛食肉，黎民不饥不寒，有着这样的物质基础再加上礼乐教化、仁义自觉、孝悌规约，一个富强文明和谐的社会便形成了。

同样以良心为基础，将其放在政治上便表现为仁政。"王如施仁政于民，省刑罚，薄税敛，深耕易耨，壮者以暇日修其孝悌忠信，入以事其父兄，出以事其长上，可使制梃以挞秦、楚之坚甲利兵矣。"（《梁惠王上》）

孟子以爱民保民为核心，从民心入手，落实到制民之产的"与民偕乐"（《梁惠王上》），从法律、经济、礼乐教化等多方面阐述仁政的具体表现。孟子的仁政观念为中华民族民主意识的觉醒埋下了种子，"民为贵，社稷次之，君为轻"（《孟子·尽心章句下》第十四节）的"民贵君轻说"表明他意识到人民在政治生活中具有重要地位。"得乎丘民而为天子，得乎天子为诸侯，得乎诸侯为大夫。"（《尽心下》）君主权力的最终来源只可能是民。得民者得天下，失民者失天下。

（五）荀子"仁礼"思想

荀子在孔孟仁学的基础上着重发挥孔子"礼"的概念，注重从外在规范上展开，以"礼义"为核心形成了自己的思想体系。和孟子相同，荀子同样是在与诸子的辩论中形成并阐述自己的"仁礼"思想。《非十二子篇》篇首："假今之世，饰邪说，文奸言，以枭乱天下，矞宇嵬琐，使天下混然不知是非治乱之所存者有人矣。"接下来便列举了当时天下主流思想墨家、道家、名家、法家和儒家的十二位代表人物展开批驳。在荀子看来，道家思想"不足以合文通治"（它嚣、魏牟),"不足以合大众,明大分"(陈仲、史䲣);墨家思想"不足以容辨异、县君臣"(墨翟、宋钘);法家思想"不可以经国定分"(慎到、田骈);名家思想"不可以为治纲纪"(惠施、邓析)。荀子针对诸多异说的不足之处提出了仁礼思想,规划了包括礼治、法治、人治的综合性治理,是以儒家的仁礼精神为内在依据,以礼乐、仁治、法治相结合的治理手段进行国家治理。而这之中,荀子重点思索的便是解决人的地位与责任之间关系的问题。如果把道归之于天的话,那么人的地位该如何体现,又需要承担什么样的责任?因而荀子的"仁礼"思想首先便建立在"天人二分"的基础上,他认为天人各有其分,人的治乱与天无关,天的运行与人无关。荀子借此确立天和人的界限,区分出什么是天的职责,什么又是人的职责,继而强调礼治与法治对人世的重要作用。"天行有常,不为尧存,不为桀亡。应之以治则吉,应之以乱则凶。"(《荀子·天论》)这一观点推翻了《中庸》中提到的"唯天下至诚为能尽其性,能尽其性则能尽人之性,能尽人之性则能尽物之性,能尽物之性则可以赞天地之化育,可以赞天地之化育则可以与天地参矣",认为人、物和天地之间存在着内在贯通,可以通过修身来参天地。荀子认为"天有其时,地有其财,人有其治,夫是之谓能参。舍其所以参,而愿其所参,则惑矣"。(《荀子·天论》)对于天地的领域,人是无能为力的,因而也无须操心。人的领域乃是治,即以礼治、法治约束人达到社会安定和谐,是可求可成的。"能参"就是人尽自身所能尽到的"治"的职能,放弃将人世间的福祸寄托于天。

荀子对人性有全面深刻的认识,认为人生而有欲,欲望得不到约束与满足便会陷入混乱中。先王用此礼义来规范人的行为,合理地满足人们的欲望,使人成为道德人、社会人。荀子把情欲视为生命的本始状态,清楚地意识到情欲不可绝,必须去正视和面对,并且治乱与欲望无关。治乱在心，荀子由此提出了"养人之欲"，在人的外物和欲望之间平衡引导与限制人之情欲的途径。这个合适的疏导约束途径，就是礼，所谓"故治乱在于心之所可，亡于情之所欲。不求之其所在，而求之其所亡，虽曰我得之，失之矣。"（《荀子·正名》）

除了强调仁礼约束人欲外，达到社会和谐的另一个重要原因在于人的社会性。"力不若牛，走不若马，而牛马为用，何也？曰：人能群，彼不能群也。"（《荀子·天论》）荀子延续孔子的思想，进一步明确指出人的伟大之处就在于其社会性，即"能群"。而"能群"必须要以明确的等级划分为前提，合理分配社会权力和物质利益从而尽到人"治"的职责，如贵贱有别、长幼有序，即荀子所谓"斩而齐，枉而顺，不同而一，夫是之谓人伦"（荣辱）。因而荀子更看重人的社会性的塑造，通过学习在礼仪、法律等方面遵守规范，成为懂礼、尊礼、敬礼、爱礼、知法、守法的社会人。通过礼义来教化人性，使其向善，约束人的行为，化育人的心灵和精神，形成和谐的社会风气，维护良好的社会秩序，提高全社会的道德文明素质。在此观念的基础上，荀子主张德治，重视礼乐的教化作用，认为人需要具体的外在的约束。在仁礼关系中，荀子强调仁是实现治的根本，礼是节制，是达到治的手段。而作为君主，在社会中占据领导地位，最重要的品质就是"善群"或者"能群"，而能群的"道"便是礼义。"君者，善群也，群道当则万物皆得其宜，六畜皆得其长，群生皆得其命。……道者何也？曰：君道也。君者何也？曰：能群也。"（《荀子·王制》）礼义由此作为君主治理国家和安顿人民的根本原则，成为团结民众、保障和谐的不二法门。对于君主而言，他的"能群"造就了他被人民拥戴而获得的角色，他的角色也决定了他必须通过礼治来处理自己与民的关系，合理地治理和安顿他人。

《礼论》云："凡礼，始乎棁，成乎文，终乎悦校。故至备，情文俱尽；其次，情文代胜；其下复情以归大一也。"荀子在此提出了情文俱尽的学说，认为礼为情与文的统一，是以文统情的表现。并由此主张"仁""义""礼"三者是相通的，有亲爱之情而不合于伦理，则无法称为仁，若仅重礼节而不能和顺人情，则不成礼。《礼论》又云："礼者，断长续短，损有余，益不足，达爱敬之文，而滋成行义之美者也。"其中的断长续短都是针对人的情而言，人身处社会之中，不可能任由个人的情感无节制地表达。礼的作用便是对于情感强烈者的克制约束，与对情感淡薄者的补足，使社会有情有礼有序，人人都怀有爱敬之情，即"达爱敬之文"，追求适宜之美、和谐之美。

荀子以仁义为本，以礼义为用，传承了孔孟仁政思想。荀子从国家的性质谈礼，把"礼"从君子的个人规范扩大到治国的规范，仁礼思想的教化目的在于重建"隆礼贵法"的礼制国家，从根本上讲，这也体现了人文精神和法治精神、以德治国和依法治国的有机统一。荀子的礼义体系是一个以"仁"为基础，包含了仁、义、礼、乐、法、刑在内的体系，注重人道为本的礼义道德，强调体道与修身，发挥礼义的社会政治功能。荀子仁礼的最终理想是实现天下共治，形成和谐稳定的社会秩序。他坚持礼治、人治与治国三者的有机统一，实行礼治是治人、治国的综合需要。

二 形成与确立：儒家仁学思想的构建

汉唐时期，儒家仁学思想在先秦儒学的基础上进行自我适应与新发展，已经具有强烈的时代特征。无论是董仲舒提倡的独尊儒术，还是韩愈以"博爱"为核心的仁学思想，都彰显着儒家仁学思想的政治化色彩。至宋明时期，儒家仁学思想的发展进入了一个全新的发展阶段，宋明儒学逐渐将仁学视角转移到"生生"思想上，展现了儒家仁学思想对生命伦理的重视。

(一)董仲舒"仁学新论"

在吸收了先秦儒家仁学理论的基础上,董仲舒试图构建一个包括形而上天道观和现实政治民生相关联的综合性体系,力求阐明幽远天道与现实人事之间互相影响的原理,即"天人感应"。又以仁为道德核心创立了一套适应封建大一统的仁学新论,确立了儒学在中国传统文化中的独尊地位,实现了儒家政治哲学的重要转型,成为后世儒者的行为准则。他以仁与义的作用为对象,创建了适应时代背景的仁义语境,建立的三纲五常对中国社会的发展有着深远的影响。在社会领域,"以天释仁"等观念为大一统社会所构建的理论基础,演化成诸多具体的社会制度,又反过来维护大一统制度的长久延续。

1. 以天释仁——以人为本,天人感应

在"天人三策"中回答汉武帝关于"天人之应"的问题时,董仲舒提出了"天人感应"的基本理论,在扬弃与发展先秦儒家仁者爱人的思想基础上,构建了一整套系统而完备的新仁学思想。第一篇对策中,董仲舒提出"夫万民之从利也,如水之走下,不以教化堤防之,不能止也"(《汉书·董仲舒传》),重申了儒家最为重要的社会治理方法——教化。他继承了荀子的观点,认为民之本性为趋利,达到国家治理的关键在于避免民众过分趋利,对此有法治与德治两种方案。其中法治不足以杜绝奸邪,社会治理成本过高会导致国家无法负担,反之儒家德治的成本低而成效大。"古之王者明于此,是故南面而治天下,莫不以教化为大务。立太学以教于国,设庠序以化于邑,渐民以仁,摩民以谊,节民以礼,故其刑罚甚轻而禁不犯者,教化行而习俗美也。"(《举贤良对策·第一策》)董仲舒认为,虽然汉武帝励精图治,知人善用,但由于欠缺了对民众的教化,所以没有取得预期中的治理成果。教化之根本在于德治,董仲舒认为汉朝只有从法治为主转向德治为主，才能达到理想中的治世。

第二篇对策中，董仲舒提出德治的具体方法："夫不素养士而欲求贤，譬犹不琢玉而求文采也。故养士之大者，莫大乎太学。太学者，贤士之所关也，教化之本原也。……臣愿陛下兴太学，置明师，以养天下之士，数考问以尽其材，则英俊宜可得矣。"（《举贤良对策·第二策》）这一方法主要是用来解决人才体系的构建问题，从而确保中央的政令有条不紊地切实执行于基层。明君的筹谋能真正执行起来保证治世，方法有二。其一设置太学对人才进行培养，其二改善察举制度以充分发掘民间的人才。但是对于这些现实性较强的对策，当时的汉武帝却明确表达了自己的不满："今子大夫明于阴阳所以造化，习于先圣之道业，然而文采未极，岂惑乎当世之务哉？条贯靡竟，统纪未终，意朕之不明与？"（《举贤良对策·第三策》）历代君王无论治乱，施行的政令大不相同，往往因时而变，而那能够一劳永逸的所谓不易之道，真的存在吗？对于此问，董仲舒不得不在第三篇对策中进一步详细地阐释他的"天人之道"。"春者天之所以生也，仁者君之所以爱也；夏者天之所以长也，德者君之所以养也；霜者天之所以杀也，刑者君之所以罚也。繇此言之，天人之征，古今之道也。"（《举贤良对策·第三策》）人间四季，春生夏长秋刑自有其内在规律，而治国的本质在于治人，人的发展必然也存在一定规律，找到规律施以仁德而辅以刑罚可以成大治之世。又云："古者修教训之官，务以德善化民，民已大化之后，天下常亡一人之狱矣。今世废而不修，亡以化民，民以故弃行谊而死财利，是以犯法而罪多，一岁之狱以万千数。"（《举贤良对策·第三策》）从前圣王的时代设置教训之官用德育来教化引导百姓为善，从而造就和平治世。如今单用刑罚没有德育，民众就会为谋取利益而不择手段，从而导致大量犯罪案件的出现。又进一步论述"灾异""受命""感应"等说法，重建封建社会信仰体系，重释宇宙论图景，启发统治者上承天意、下施教化、敦化民风、制礼作乐、仁爱百姓、回应天意，突出仁爱他人与匡正自我的伦理道德观。① 第三次对策提出了大一统学说，从而真正打动汉武帝，"《春秋》大一统者，天地之常经，古今之通谊也。今师异道，人异论，百家殊方……邪辟之说灭息，然后统纪可一而法度可明，民知所从矣"（《汉书·董仲舒传》）。董仲舒的大一统学说是真正的治国一贯之道，以天人关系理念为前提强调了天的主导性，但最终的落脚点在于人，给予人统一的道德价值观塑造，关注人的道德存在，解决人的实际问题，强调人在完善自我过程中的主动性意义，这些仁学新论最终造就了大一统时代"天下为公"的道德需要、政治需要和精神需要的满足，也为后世选拔贤良人才提供了范本。

2. 三纲五常——虚君立宪，天下一统

在天人感应大一统政治观的基础上，董仲舒进一步细化了个人道德依据。人的道德是效法天地的必然结果，因而道德与天地的品性相配："今善善恶恶，好荣憎辱，非人能自生，此天施之在人者也。君子以天施之在人者听之，则丑父弗忠也。"（《春秋繁露义证》）这段话论证了人的道德情感、道德内容都来自天的授予。而一切道德的基础就是仁："天，仁也。天覆育万物，既化而生之，有养而成之，事功无已，终而复始，凡举归之以奉人，察于天之意，无穷极之仁也。"（《春秋繁露义证》）在天的基础上，董仲舒进一步划分出五行，并用他们之间的生化阐明忠孝之道的天然合理性：

> 天有五行：一曰木，二曰火，三曰土，四曰金，五曰水。木，五行之始也；水，五行之终也；土，五行之中也。此其天次之序

---

① 肖雁：《西汉天命神学和儒学的选择及融合》，《华中师范大学学报》（人文社会科学版）2018年第6期。

也。木生火,火生土,土生金,金生水,水生木,此其父子也。木居左,金居右,火居前,水居后,土居中央,此其父子之序,相受而布。是故木受水而火受木,土受火,金受土,水受金也。诸授之者,皆其父也;受之者,皆其子也。常因其父以使其子,天之道也。是故木已生而火养之,金已死而水藏之,火乐木而养以阳,水克金而丧以阴。土之事天竭其忠。故五行者,乃孝子忠臣之行也。

在此五行学说中子对父称孝,臣对君曰忠,一方面是对庶民百姓忠孝之道价值观的树立,另一方面也是为确保中央集权对地方诸侯的交往给予明确的行为规范。

"三纲"思想萌芽于先秦时期,正式确立于董仲舒,并用"天人合一""阴阳五行"之说进行逻辑上的阐述,强调君权、父权、夫权的天赋性质,突出其神圣性和不可动摇性。其后也是汉代以来儒家学说的重要内容,尤其是宋明儒家思想的集中体现。《春秋繁露义证》有以下记载:

> 凡物必有合,……有寒必有暑,有昼必有夜,此皆其合也。阴者阳之合,妻者夫之合,子者父之合,臣者君之合。物莫无合,而合各有阴阳。……君臣、父子、夫妇之义,皆取诸阴阳之道。君为阳,臣为阴;父为阳,子为阴;夫为阳,妻为阴。……王道之三纲,可求于天。天出阳,为暖以生之;地出阴,为清以成之。

董仲舒由天划分阴阳,使二者处于不同的位置,阳为主导地位,阴为从属地位。具体体现在君臣、父子和夫妻关系之中,就是君、父和夫处于主导之阳位,而臣、子和妻处于从属之阴位。"三纲"对于国家的政治管理和社会管理起着十分重要的作用。与此同时,董仲舒将

"五常"（仁、义、礼、智、信）之道作为帝王执权和国家政治追求的唯一目标。《汉书》卷五六《董仲舒传》有以下记载：

> 夫仁谊礼知信五常之道，王者所当修饬也；五者修饬，故受天之佑，而享鬼神之灵，德施于方外，延及群生也。

董仲舒认为如果君主能以仁、谊、礼、知、信五常之道涵养身心，那么不仅能使得社会平定，而且能受上天鬼神的佑护，实现真正的王道。西汉承袭秦制后，董仲舒建议用"仁""义""礼""知""信"五常之道教化民众，实现国家的善治与人的常德。董仲舒赋予"五常"伦理学、天明学属性，对人们和社会起着一定程度的约束作用，有利于当时社会的进步与稳定。董仲舒提出的"三纲""五常"形成了中国古代社会最基本的道德规范，也为后期整个封建社会的核心价值观念提供了理论原型。朱熹曾说过："三纲五常亘古亘今不可易。"（《朱子语类》）

3. 仁义之分——仁在爱人，义在正我

董仲舒的仁学思想集中体现在他对仁与义的明确区分。区别于孔子的仁义趋同，也不同于孟子从意识与行为角度区分仁与义，为了维护封建社会"大一统"，维护封建社会的长治久安，董仲舒从"人"与"我"之分指明了"仁"与"义"既对立又统一的关系，他认为仁与义的根本区别在于"仁在爱人，义在正我"。"仁"应取远舍近，爱他人而非自己，将自己的恩泽尽可能地向外、向更远、向广大的人群扩散、输送与蔓延，广施博济。体现在君王方面则是君王有感化万民的能力，在百姓道德修养教化上起带头作用，"君者，民之心也；民者，君之体也。心之所好，体必安之；君之所好，民必从之。故君民者，贵孝弟而好仁义，重仁廉而轻财利，躬亲职此于上，而万民听，生善于下矣"（《春秋繁露义证》）。君民关系就如同心与体的关系，心之所想，体必行之，只要君王进行道德上的修养，那么民众就会紧随其后。君主通过自身修养从而在道德的教化方面，促进整个社会道德境界的完善。"义"则相反，由内而外，要用客观的社会准则规范匡正自己，从我做起，从近处做起，要严于律己。义是自我成仁的必要条件，只有对自己严格要求，才能做到对别人宽厚；反言之，要对别人施以仁爱，首先必须严格要求自己。董仲舒的思想体系以天、君、民三个基本点为中心，表现为"以人随君，以君随天"（《春秋繁露义证》）。他关注社会整体的效应，将君王放在看起来至高无上的地位上，表面上似乎忽略了民的权利，但实际上人间灾祸、政治得失都是建立在民生之上。董仲舒把君王放在治理体系中最关键的位置，一方面出于大一统政治格局对社会稳定的需求，另一方面给予君王以重担，使君王意识到自身责任义务从而严格要求自我仁爱百姓。仁义之分也从政治上要求统治者施德治于人民，经常反省自己的行为是否合乎仁义。武帝一朝，边疆战事频繁，财政支出骤然增多，赋税重担施加于民。董仲舒对此局面深感忧虑，提出了影响深远的经济观点："古者税民不过什一，其求易共；使民不过三日，其力易足。民财内足以养老尽孝，外足以事上共税，下足以蓄妻子极爱，故民说从上。……盐铁皆归于民。去奴婢，除专杀之威。薄赋敛，省徭役，以宽民力。然后可善治也。"（《汉书》卷二四上《食货志》）大体而言有三点：一为减轻农业赋税，二为减少土地兼并，三为取消盐铁专卖。另外，还取消了奴婢制度。他认为国家富强安定的前提，首先，要减少赋税，减轻农民负担，坚决避免出现农民抛弃土地的局面；其次，农民不抛弃自己的土地，大规模的土地兼并就不会发生，豪强也不会出现，百姓有安居乐业的根本；最后，没有土地兼并，也就不会有大量农民为奴为婢，保障国家基础农业的健康发展。董仲舒的仁义思想有助于限制统治者为所欲为，减轻统治者对劳动人民的剥削与压榨，对维护封建社会的稳定发展有着积极作用,在后世也起到积极的借鉴作用。

(二) 韩愈"仁义"思想

韩愈作为唐代反佛尊儒的代表人物,对于唐代儒家仁学思想的振兴以及后世理学思想的形成具有重大意义。他倡导古文运动,以博爱论仁,将仁义与道德结合,在继承先秦儒家仁义之道的基础上,提出道德仁义向仁义道德的转变,突出仁义的核心地位。他是儒学史上有重大影响的文学家兼思想家。他主张以反佛来维护儒家思想的独尊地位,思想上承先启后,上承孔孟儒学,下启宋明理学,他强调君子的仁义之道,对内修身立德,对外治国安邦,表明了他期盼社会政治清明、百姓幸福、儒道恢复的现实愿景。

1. 实现"道德仁义"到"仁义道德"的转变

中唐时期,历经安史之乱后,社会问题层出不穷。经济凋敝、藩镇割据,统治阶级内部互相倾轧,国家随时可能分崩离析。在意识形态领域里,佛老势力恶性膨胀扰乱儒家道统,有占据主导地位之势。韩愈针对当时的社会乱象提出复兴儒学,直接正面与佛老学说对抗,借"古文运动"揭露了佛道学说的荒诞及其所带来的社会危害,树起继承儒家道统的大旗。作为"先王之道"的继承者和捍卫者,借文章与政治活动提高儒学地位。他曾说:"天,如使兹人有知乎,非吾其谁哉!其行道,其为书,其化今,其传后,必有在矣。"(《韩昌黎文集·重答张籍书》)韩愈认为"先王之道"本是一脉相承的,从尧开其端,一直传到孔、孟,未曾间断,到了中唐时期,这个人非他莫属。韩愈为了从理论上与佛教抗衡,借佛教模仿世俗门阀士族的宗法族谱制定而成的宗教法统,制造了圣人传道的道统,表示自己所继承的孔孟儒家思想源远流长。这个道统即以"仁义"为核心的中国传统的圣王之学。在韩愈看来,仁义是儒家学说与佛老宗教学说的根本区别,是圣王教化万民的根本方法,"有圣人者立,然后教之以相生养之道。""为之礼以次其先后,为之乐以宣其一郁,为之政以率其怠倦。为之刑以锄强梗。"(《原道》)人类历史发展中物质与精神财富生产活动的发明、创造和推进,也都是圣人推行仁义教化的结果。上至国家的政治法令、社会的伦理法规,下至百姓的生存生活方式,无不是由圣人创立的。继承了孟轲的劳心、劳力说与社会分工论后,韩愈以其道统论思想树立了圣人史观。

作为倡导古文运动的思想家,韩愈不仅是唐代儒家思想复兴的拥护者、发扬者,还是补充者。韩愈在《原道》中以"仁""义""道""德"作为论述基点,将其阐述为"定名"与"虚位",认为仁义是实(定名),道德是虚(虚位),① 主张去虚留实,合仁义。超越道家的"道德仁义",提出"仁义道德",充分论证儒家"仁义"之道的重要价值。他认为,博爱就是"仁",行为得当就是"义",讲仁、讲义就是"道",思想行为始终坚持道就是"德"。具体表现为两方面。一方面,以"博爱"诠释"仁义",区别于墨家的"兼爱"思想,韩愈以"博爱"实现了"人之为人"教化实践的细化与创新;另一方面,从"人性"角度论证"仁义",在承认人性先天性与差异性的基础上,倡导大众可以通过加强自身道德修养改变自身行为,突出"仁义"的核心地位。具体表现为韩愈在教育中把道德教育放在首要地位,培养的人才需要具备"德艺"两方面的条件。其中德是思想的基础,具有根本的地位,艺是表现德的方法手段。"夫所谓文章者,必有诸其中,是故君子慎其实。实之美恶,本深而末茂,形大而声宏,行峻而言厉,心醇而气和。"(《答尉迟生书》)写文章只有重视道德修养,才能写出厚重醇和的好文章。

---

① 万光军、丁乃顺:《从道德仁义到仁义道德》,《贵州社会科学》2011 年第 12 期。

2. 崇尚儒家"仁义"之道，强调内仁而外义

摒弃道家"只讲道德、轻视仁义"的观点，批判佛家"只重个人修行，忽视家国伦理"的主张，韩愈认为应该崇尚儒家"仁义"之道，内仁而外义，阐扬了儒家仁学思想的教化地位。他认为根源于人性的道德，由仁、义、礼、智、信五项道德准则组成，而这五项中最关键的便是仁义。衡量一个人德行高尚与否，要看他的言行是否符合仁义的规范，"内仁而外义，行高而德巨"（《上兵部李侍郎书》）。

韩愈认为"仁义"内化为德就是个人修养，外化为道就是推行仁政，将个人的"修身"推至"齐家、治国、平天下"，将"仁义"道德贯通于内外两个方面，不仅是个人的修身之道，而且也是国君的治国之道。其中于内主张继承孔丘"躬自厚而薄责于人"的思想，提出"古之君子，其责己也重以周，其待人也轻以约。重以周，故不怠；轻以约，故人乐为善"（《原毁》），并进一步提出"思省自勉"，认为提高道德修养的关键在于个人深刻的自我反思。只有这样才能正确地对待自己与别人，形成良好和谐的人际关系，从而提高自己的道德修养并导人行善，最终构建和谐社会。

韩愈从社会政治、经济、伦理层面解析仁义之道，既强调对内的个人修身，关注平常百姓的伦理生活；又强调对外的定国安邦，落脚君王的治国之纲，他认为这才是君子应当实现的"仁义"之道。

（三）以二程、朱熹和王阳明为代表的"生生"思想

儒家仁学经过先秦孔、孟、荀，西汉董仲舒和唐代韩愈的发展，已经形成了较为完备的仁学伦理体系。整体上看，从汉朝到唐朝，儒家仁学主要以继承为主，创新较少。但是到了宋明时期，以二程、朱熹和王阳明为代表的儒学家，吸收佛道思想，将"生生"思想与"仁"相结合，将仁学由儒家伦理学范畴提高到生命哲学的高度，推动

了儒家仁学的创新与发展。

1. "生生"思想的内涵

《尚书·盘庚》《诗经·大雅》《论语·述而》《周易》均提到了"生生"思想,"生生"思想是儒家思想的灵魂,是儒家解决问题的根本方法。瞬息万变的宇宙万物都具有"仁","仁"是德,"仁"是善,"仁"是爱,宇宙中的万物是"生生"的整体。"生生"是一种自然的运化,宇宙万物的形成、结构都处于舍旧生新的变化过程之中。"生生"既是儒家仁学理解宇宙万物的根本方式,也是儒家仁学解决问题的根本方法。以程颢、程颐、朱熹和王阳明为代表的学说与儒家的"仁"相结合,从不同维度解释了"仁即生生"的观点,将儒家仁学思想由伦理学范畴提高到哲学本体的高度,儒家仁学思想被"生生"思想赋予了生命哲学的精神内核和丰富的宇宙情怀。①

2. 二程:"天理""万物一体"论"生生"

二程(程颢、程颐)兄弟提出的"天理"是宋明理学的核心理论,"生生"则是这个概念的总体内涵。程颢基于内心求理层面,用"天道"来阐述"生生",认为"天道"即是"天理",将"天理"的内涵理解为世界的本源,认为其存在的形式也是多种多样的,主张"天理"有"善""恶",他认为"天道"生生不已。程颐用辩证法思想看待"天理",用"气化"来阐述"生生",将理看作形而上的,气是形而下的②,认为"生生"精神对于人的生命而言,是生生不息的生命延续。

二程兄弟最早将"生"与"仁"联系起来,认为"生生"意味着"天理",是不断循环和生生不已的。生生之理是天地的根本,程颢说:

---

① 陶新宏:《"生生":儒家对生命的诠释》,《广西社会科学》2017年第5期。
② 杨孝青:《儒家仁学思想的演进与超越——论仁孝、仁生与仁创》,博士学位论文,中国科学技术大学,2015年。

"静后,见万物自然皆有春意。"(《二程集》)春意是天地生生不息的一团暖意,"继之者善也""成之者性也",天地这生生不息之理,由春的生意转化为善,善也是仁的本质。万物在生生之理之下有生有死,有长有消,但无断绝之时。因而由之生发的善与仁,也与之生生不息,构成了万物,细化了关于"天理"问题的讨论,并将以"生生"之理为本的"天理"问题进一步扩展到人间的万事万物之中,认为人的最高境界就是通过"识仁"认识到"万物一体"。主张人的每种行为都符合"生生"之道。提倡与人为善,将"生生"之原则推己及人,实现忠恕之道,实现人与人关系的和谐有序化。①

3. 朱熹:"理气""体用言仁"论"生生"

作为二程的四传弟子,朱熹是宋代儒学的集大成者,他的思想是宋代儒学发展的高峰,被后世尊称为朱子。他耗费毕生心血修改的《四书章句集注》,对四书集结、章句、注释、解说,成为后世教材。朱熹的哲学观念与二程的思想基本一致,并在其基础上进行发展与延伸。"理气"是朱熹"生生"思想中十分重要的概念,他认为天地之间既存在着"理",也存在着"气"。"天,即理也;其尊无对,非奥灶之可比也。逆理,则获罪于天矣,岂媚于奥灶所能祷而免乎?"② 理是宇宙的普遍法则,所以其尊无外物可比拟,理在社会中的体现就是社会规范的原则。人是在天将理赋予人的过程中拥有自己的性,要谨慎地、敬畏地保留,同时言行中只能顺理而动,不能逆理而行。而克己复礼达到的仁,并不是克制约束自己的结果,而是除去了后天形成的私欲,使得心中保有完全天理,从而达到天理浑然、自然没有私欲的状态。朱熹继承了二程的"天人一气相通"的说法,认为气是天地

---

① 吴鹏:《"生生"之仁与程颢"万物一体"之乐探微》,《上海文化》2017年第12期。
② (宋)朱熹:《四书集注》,商务印书馆2016年版,第65页。

间与生俱来的，人禀受天地正气而有生命，所以人本来就拥有浩然之气。"盖天地之正气，而人得以生者，其体段本如是也。惟其自反而缩，则得其所养；而又无所作为以害之，则其本体不亏而充塞无间矣。"① 如果人在生存中善养"仁义"不去戕害，那么这股浩然之气就不会损伤。反之，如果人有私心，那么必然会损害浩然之气。理是化生万物的根本，气是产生万物的工具，理气不分先后顺序，不能分离。朱熹认为，万物的演化是"理"通过"气"作用的结果，气分为阴阳二气，和五行之气（木、火、土、金、水）而散为万物，宇宙万物皆是理和气相统一的结果。

二程以"仁"为"体"，既强调"仁"是人心所本有，不待外求，又突出"仁"比其他德目（义、礼、智等）更为根本的地位。虽然二程已将"仁"上升到"体"的层面，但是二程关于体用的论述不多，含义也不够明晰。在继承程颢"生生言仁"和程颐"生意言仁（生意指天地万物生生不息的生命力）"思想的基础上，② 朱熹着眼于宇宙万物和人之心性两个方面。他既吸收了气化流行的思想资源，又将理与"阴阳之气""五行之气""太极""心性"相连，将仁与生生联系起来，认为仁既是天地生生之理，又是心之本性，构建了"仁—生—理"三位一体的仁学思想主线。而对于达到最终境界的方法，朱子在《四书章句集注》中强调"格物致知说"并在经一章中阐释了"格物致知"的具体含义。"致，推极也。知，犹识也。推极吾之知识，欲其所知无不尽也。格，至也。物，犹事也。穷至事物之理，欲其极处无不到也。"朱子以知为识，以物为事，认为"致知"就是把自己的知识扩充到极致，"格物"就是穷究事物之理，这

---

① （宋）朱熹：《四书集注》，商务印书馆2016年版，第231页。
② 白奚：《从孟子到程、朱——儒家仁学的诠释与历史发展》，《首都师范大学学报》（社会科学版）2003年第6期。

解释既符合古训，又简明清晰。"圣者，大而化之。仁，则心德之全而人道之备也。"朱子以生释仁，将仁当作诸德之首，不仅将生生视为天道最高的品格，而且视作仁之本质，实现生生之仁，达到天人之间存在与价值的统一。①

4. 王阳明："良知""一体之仁"论"生生"

"良知"是王阳明"生生"思想的本体。他认为良知是生生不息的，良知是天地万物存在的根源，生生是良知的存在形式。王阳明的良知思想承自于孟子，"心自然会知，见父自然知孝，见兄自然知弟，见孺子入井自然知恻隐，此便是良知，不假外求"②，但起初并不完善。在王阳明的良知本体论中，一方面，认为良知是人心之本体，良知是建立社会道德观念、一般是非善恶、价值判断的客观标准。另一方面，主张良知是天理，良知作为内在的道德意识和准则，以天理为内容，良知等同于作为道德法则的天理。良知是天理在人心中自然显现的事物，而人是凝聚的天地法则，是天地之心，心是法则的表现，通道是人的本质表现。道德作为人最本质的属性，与道德行为不可分割。心作为道德的内在动力，使道德成为一个主动显露的真正主体。王阳明的良知说主张把道德规范和主体意识统一起来，将外在的道德规范内化为主体自觉的行为约束，突出了主体的自律性和教化的规范性。③

王阳明主张"一体之仁"。王阳明将"良知"与"仁"等同，使得"仁"与万物浑然一体，从而得到"一体之仁"的概念。然而"一体之仁"来自人的何处呢？王阳明认为人与天地万物本来就是一体的，

---

① 张克宾:《论朱熹易哲学中的"生生"与仁》,《中州学刊》2001年第1期。
② （明）王守仁:《传习录上》,载《王阳明全集》,中国书店出版社2014年版,第6页。
③ 张江波:《儒家仁学思想及其当代价值研究——基于现代思想政治教育视域的分析》,兰州大学,博士学位论文,2017年。

由于人心独具灵明，所以"一体之仁"发自人的良知，良知的本性是"生生不已"，也就是"仁"，从而得出"仁即是生生"的观点。① "一体之仁"规定了良知"生生"的普遍性和差异性，普遍性表现为良知生出对万物普遍的同情，差异性表现为"生生"过程的渐进性及情感厚薄差异。②

三 冲击与转折：儒家仁学思想的发展

儒家仁学思想发展至明清时期，乃至近现代，在思想形态和教化实践中出现了一定时期的衰落。面对新时代思潮的冲击、新文化理念的撞击，儒家仁学思想仍在批判中谋发展，在历史转折中求创新，特别是清代"维新"仁学和以熊十力、牟宗三、杜维明为代表的新儒学的诞生，持续推动着儒家仁学的近现代发展。

（一）近代"维新"仁学思想

明末清初的思想家均有论"仁"，顾炎武主张的"仁以行之"，对整个社会教化环境有着积极的影响。黄宗羲提倡"君之仁道"，建议君主推行仁政。王夫之将"人之为仁"的教化目标与国家发展、社会稳定紧密结合起来。在西方文化浪潮的冲击下，晚清时期是中国近代政治思想史上的重要转折点，从某种意义上来说，儒家仁学在近代中国进行了一定程度的践履与革新。维新变法时期，最具代表性的谭嗣同的仁学思想哲学被看作新儒学，构建了"仁—通—平等"的仁学体系。他认为"仁"的核心是"通"，"通"是实现"仁"的途

---

① 杨孝青：《儒家仁学思想的演进与超越——论仁孝、仁生与仁创》，博士学位论文，中国科学技术大学，2015年。
② 赵文宇、曾振宇：《"有感则生生不息"：王阳明良知"生生"探析》，《华侨大学学报》（哲学社会科学版）2019年第4期。

径,"通"的目的在于"变"。谭嗣同用"以太"思想阐述"仁","以太"是物理学概念,指能量的媒介或是载体。① 他认为"以太"是世间万物沟通的介质,以"通"致"仁",倡导"平等",认为"平等"是实现"仁"的终极目标,猛烈地抨击了中国两千年来的封建专制制度。

(二) 熊十力"体用不二"思想

20世纪30年代以来,现代儒家新思想将"生生"与"创造"联系起来,通过"仁心本体"重新构建了新儒学的哲学体系。其中,熊十力在《新唯识论》中提出的"体用不二"等观点被誉为新儒学的开山祖师。熊十力自小受佛学熏陶,后接触到陈白沙、王船山的思想获得启迪,并在钻研佛学的过程中发现佛学唯识学的不足,自此坚定地站在儒家思想的立场,融会贯通儒、佛两家而独辟蹊径。熊十力一生以探究宇宙人生的本源为己任,著作《新唯识论》以"重立大本"为要旨,认为大本与大用相互为用、彼此交融,"以体用不二为宗极"为思想核心创立"体用不二"的儒学思想体系。"体用不二"思想,起源于《孟子·尽心上》的"万物皆备于我矣。反身而诚,乐莫大焉。强恕而行,求仁莫近焉",经由历代发展,到熊十力则继承儒家传统思想,认为人与天地万物具有同构性,认为本体是创造之源,本体与客体并没有明确的界限,本体是建构新哲学思考的中心问题。他认为只有将哲学与科学划界,消解认知主体与认知客体的隔阂,才能解决人与自然对立、人与人对立的问题。"体用不二"是指"体"(本体,指儒学精神)"用"(指儒学精神的诸多社会实践)密不可分,更强调"用"无处不在,即社会诸多实践在各个领域、各个层面都自然散发着

---

① 郭亚萍:《维新变法时期谭嗣同"仁学哲学"思想探析》,《兰台世界》2014年第25期。

儒学精神的气息。① "一、本体是备万理、含万德、肇万化，法尔清静本然……二、本体是绝对的，若有所对，便不名为一切行的本体了。……六、若说本体是不变易的，便已含着变易了，若说本体是变易的，便已含着不变易了，他是很难说的。"② 熊十力关于本体的论说有六点，他认为本体是形成宇宙间万事万物的本源。作为本源的本体是圆满无缺的，是绝对的，是无形无相的，是变和不变、有与无的统一。而用和体之间并没有非此即彼的关系，所以熊十力的"体用"可以理解为一个东西的两个称谓。按照熊十力在《新唯识论》中的比喻来说，即用是众沤，体是大海水，大海水和众沤并无本质区别。尽管中国传统哲学很少关注"创造"，但是熊十力从中国文化本位论出发，从维护儒学道统的角度出发，主张宇宙万物处于"生生"之无穷变化中，发挥人的创造力就要归"仁"，只有充分发挥其创造力才能实现真正的"仁"。③ 依熊十力的"生生观"来看，大生的洪流在每一瞬间，均有前流顿起顿灭，复有新流继前而起。因此生命总是瞬间的新陈代谢。以如此的观点来观照生命，我们即可一望而知，生命绝没有最后灭尽而归于空无的末日。④ 熊十力用辩证的眼光看待中西学术之间的本质差异，从本体创造论的儒学角度重新诠释了传统儒家哲学，凸显儒家仁学思想积极向上、勇于创新的理论特质。熊十力去世后被推崇为新儒学第一代代表人物、新儒家哲学形而上学的奠基者，他的思想对中国的香港和台湾，以及海外的影响逐渐扩大。

---

① 黎学军：《熊十力历史观"体用不二"原则的在场性及其澄明》，《学术论坛》2020年第4期。
② 熊十力：《新唯识论》，上海古籍出版社2018年版，第313—314页。
③ 张江波：《儒家仁学思想及其当代价值研究——基于现代思想政治教育视域的分析》，博士学位论文，兰州大学，2017年。
④ 胡军：《中国儒学史》现代卷，北京大学出版社2011年版，第119页。

(三) 牟宗三"心性"思想

作为熊十力的弟子,在继承与发挥熊十力"仁心本体"思想的基础上,牟宗三从本体论的高度进一步阐释了"心性"思想,重释了传统儒学的基本概念"道德的形而上学"。"道德的形而上学"包含本体论与宇宙论,重点在形而上学,也是"心性"问题,"心性"与"天命"实体合而为一。在牟宗三看来,"仁"乃宇宙万物的"本体",仁体即道体,心的"内容的意义"与性的"内容的意义"完全相同,可以说"本心即性"。本心既是道德的,也是形上的,具有绝对的普遍性。心体与性体实则为一,只是言说的角度不同。因此,仁体、心体、性体皆为道德实体,仁的全部含义皆蕴藏于道德本心之中,"仁"作为一切道德之源,是人的性体之实。① 此外,在现代新儒家代表中,牟宗三非常重视科学知识的作用与影响,注重"智",强调"转仁成智"。他确立了知识理性在儒家文化中的地位,建立西方启蒙现代思想,将西方文化重智的理念融入儒家道德的形上学,奠定了儒学在新时代的创造性发展。

(四) 杜维明"天人合一"思想

作为现代新儒家的代表人物,杜维明一直致力发展第三期儒学,着重研究儒学和西学的对话,致力当代儒学的现代化,促使儒学从现代化走向全球化。杜维明基于儒家"天人"视角探讨天与人的创造力,重新提出了"天人合一"的思想观念。基于儒学视角,他认为天的"生生"进程与人的创造力之间是相互关联的,天的创造力本质上是一个生生的过程,人只有通过修养、修身、修炼等方式效仿天的创造力,

---

① 杨孝青:《儒家仁学思想的演进与超越——论仁孝、仁生与仁创》,博士学位论文,中国科学技术大学,2015年。

才能悟得真正的创造之道。杜维明用"天生人成"解释"天人合一"的创造观，既强调了人的创造力来自天，又强调人能够积极地参与天的创造过程，天与人的创造性是动态的进程，二者紧密联系。在"天人合一"思想的基础上，杜维明进一步阐述了"多元共享"的理念，他主张构建人与人之间的理解，人与自然之间的共生共处。认为人的创造力发挥不应该破坏地球的微妙平衡，在多元的社会应该培养共享的价值。

四 反思与超越：儒家仁学思想的实践

儒家仁学思想的实践，实际上是仁学的知行合一论。面对时代变迁和社会发展，唯有实践才能真正体验和领悟到儒家仁学思想可能遭遇的道德困境，因此需要重新反思儒家仁学思想的现代性范式，努力为儒家仁学思想的创造性转化和创新性发展寻求一条适宜可行的道路。儒家仁学思想要想屹立于民族之林并体现时代性要求，以新的中国现代性价值影响世界，就需要儒家仁学思想从思想层面转移到实践层面，进行传承与发展，即本土化实践和全球化对话。[①]

（一）传承与转化：儒家仁学的本土化实践

儒家仁学思想在几千年的中华历史长河中已经完成了思想构建，当下亟待解决的是儒家仁学与现代世俗价值互相碰撞、互相融合的社会价值实践问题。只有该思想在本土化实践中被民众所接受，才能让儒家仁学思想走向民间、走向民众、走向社会。

儒学本土化实践的路径有两个。一是儒家仁学思想自身的新传统化过程；二是儒家仁学思想在社会实践层面和现代世俗价值的融

---

① 沈小勇：《现代新儒家儒学现代化思想论衡》，博士学位论文，苏州大学，2011年。

合与互动，即接受当代中国社会建设发展的检验。所谓儒家仁学思想的"新传统化"，实际上就是基于儒家仁学思想的普适化改造，使儒家仁学传统重新回归社会并产生作用。儒家仁学思想需要符合中国现代化的要求，成为现代化过程的一部分，并充分凸显其普适性价值的一面。在充分面对现代西方价值、现代世俗价值的过程中，儒家仁学价值才能站住脚，才能为现代民众所接受认同。同时，儒家仁学要想抽绎出当代中国现代化建设所需要的养分，就必须深入现代社会的各个领域，例如，推动儒家仁学与经济生态、自然环境、生命伦理、国际交往等领域的对话，推动儒家仁学思想与现代民主和公民社会方方面面的紧密联系，使儒家仁学思想最终服务于中国特色社会主义建设。

（二）创生与发展：儒家仁学的全球化对话

儒家仁学思想从近代开始，就已经具有世界视野。"创生"是儒家生生思想中的核心理念之一。对儒家而言，创生是创造生命，不仅是自然权利，也是神圣责任，更是至上美德，揭示了儒家创生理念对于当代社会所具有的重大意义。儒家仁学的当代创生不仅应当具有时代性视野，在本土社会得到民众的情感认同，还需要能够接上世界的轨道，让它拥有源源不断的生命朝气，从容回应全球化的挑战。

儒家仁学的全球化对话的含义是在本土实践中获得现实价值认同的基础上，儒家仁学思想实现了与世俗精神的融合，它反思甚至超越了西方的现代性，因而它具备了普适的价值基础。全球化对话不仅代表了一种新的儒家仁学普遍精神，更体现着中国文化的"软实力"，体现了中国文化的普适价值，甚至可以进行文化输出并影响世界文明，超越和检验西方的现代性弊端，让中国文化不仅得到西方社会出于礼貌性的态度认同，而且在思想上也得到认同。① 儒家仁学的全球化发展的关键在于，融普遍性与本土化于一体，在本土化价值认同的基础上创造影响世界的现代文化，并以文化自觉与自信引领中华民族的伟大复兴。

第三节　儒家仁学思想的理论解析

儒家文化是中国传统文化的重要组成部分，仁学思想作为儒家文化的内核，几千年来影响着中华文明的发展。儒家仁学思想是一个内涵丰富的理论体系，以人性论为基础，从"孝"出发，在整个价值追求过程中始终贯穿着"爱人"这一主体精神。同时，儒家仁学思想又以"仁、义、礼、智、信"为基本要素，不断诠释着其仁学思想的理论实质。

一　儒家仁学思想的理论基点

人性论作为儒家仁学思想理论建构的逻辑起点，已成为几千年来中华民族个人修养和国家治理的重大思想指引。② 尽管人性论在不同时期、不同儒家学派间呈现出不同的时代内涵，但是无论哪种人性论的建构，均以"仁"为核心，以完美的人格塑造作为根本目标。通过"仁者爱人"，由"修德"引出"孝悌"这一基本概念，进而以"孝"作为儒家仁学思想的出发点，将道德自觉外化实现"爱人"。"爱人"作为儒家仁学思想的主体精神，是"孝悌"之情感道德的升华与外延，贯穿于整个儒家仁学理论体系。

---

① 沈小勇：《现代新儒家儒学现代化思想论衡》，博士学位论文，苏州大学，2011年。
② 王敏：《"人之为人"的道德涵育——论儒家人性论与现代公民道德建设》，《人文杂志》2020年第1期。

(一) 儒家仁学思想的人性论基础

人性是对人存在的本质性规定，儒家以人性论明确了善的基础地位，同时提倡为善去恶的能动性。① 人性论是儒家仁学思想中最重要的内容，是儒家政治制度、社会伦理、经济理念的理论基石。儒家仁学思想从伦理道德的角度出发，重点回答了关于人性论的两个问题，即"人之为人"（人为什么是人）和"人之为仁"（人应当成为什么样的人）。

1. 先秦时期的人性论

作为儒家仁学宗师的孔子，没有像孟子、荀子一样，对人性善恶给出明确的阐释和论断，但是他关于人性的学说却是后世儒家人性论的基源。孔子认为人性在本质上具有相通性，但是习惯的不同又会导致相异性。他承认客观外物对人性变化的作用，人性存在可变动性（能好能坏、能善能恶），因此人必须受教育，即"有教无类"②。他的这一观点为后世研究人性指明了方向，同时也提供了创造性空间。尽管孔子没有提出系统化的人性论，但是他给出了评判人性善恶的标准和改造人性的途径，即"仁"和"礼"，提倡通过内在养心得"仁"，制外以"礼"塑造完美人格。孔子"仁"的基本内涵是"爱人"，从爱人如己到推己及人，仁爱精神是孔子关于人性论的基本主张。孔子将"礼"作为外在的社会道德规范，提出君子应当"克己复礼"，用"礼"来约束人的行为。

孟子把"仁"看作"性"，最早明确而系统地提出了"性善论"。

---

① 乐爱国、盛夏：《儒家人性论：从理性原则到实践法则》，《学习与实践》2021年第5期。

② 王丽珍：《"人道"与"孝道"——儒家核心伦理的省察》，博士学位论文，南开大学，2014年。

在孟子看来，"仁、义、礼、智"四种道德品质是人与生俱来的天性，并非后天雕琢而成，成为"仁者"的关键在于保持人先天本有的善性。孟子认为的"性"不仅指"仁、义、礼、智"四种善端，同时也指耳目口腹和四肢等身体倾向。他把人天性共有的耳目口腹及四肢等生理欲求——人的自然属性称为"小体"，将仁义礼智等心理欲求——人的社会属性视为"大体"。① 孟子强调天命是自律道德的源头，主张人要服从命运的安排。他将"小体"归于性，认为"大体"是人之本性所固有的，要求抵挡住外界诱惑，心中存善，最大限度地发挥主观意识的作用，存养本心，普通人实现自律道德，统治者施行仁政。

荀子主张"性恶论"，强调后天环境（主要是指礼义和法治）和教育对人性的影响。荀子依据其"天人之分"观念，提出"性""伪"之分。② 他认为人性是先天固有的，用"性"来指称人的自然欲望和生理需求；而礼义道德等社会规范不是人与生俱来的，用"伪"来定义心的认知能力及其实践功能的体现。荀子主张"恶"的来源就是"人之性"，而"善"的来源则是"伪"。正因为"伪"的存在，人们才更需要通过后天学习礼法、遵循社会秩序从而创造出"善"。③ 受到孔子"习相远"观点的影响，在继承儒家礼治思想的基础上，荀子强调习俗环境和"修善"的重要性，提出"化性起伪"，即对本性加以必要的矫正和改造；倡导"隆礼重法"，明确了礼在修身、治国方面的规范性与约束力，加强法对社会现实恶行的防范与惩戒，教化人们避恶趋善。

---

① 金永健：《先秦儒家人性论演变的理论渊源和现实依据》，《扬州大学学报》（人文社会科学版）2005年第5期。
② 张江波：《儒家仁学思想及其当代价值研究——基于现代思想政治教育视域的分析》，博士学位论文，兰州大学，2017年。
③ 王敏：《"人之为人"的道德涵育——论儒家人性论与现代公民道德建设》，《人文杂志》2020年第1期。

2. 汉唐时期的人性论

汉代自董仲舒把"阴阳说"引入人性理论后,开始从"善恶"方面言"性情",认为"性"属阳而"情"属阴,阳尊阴卑,故性善而情恶。至魏晋时期,何晏进一步从理欲方面论性情,认为性从理而情从欲。二者虽表述不同,但本质上都构成性情二元论的说法。此后王弼扬弃汉魏以来就事论事或具有经验论色彩的人性理论,在探究人的本质的基础上衍生出了具有本体论意义的人性论。王弼认为"性者生也,情者成也""性无善恶,而有浓薄""情是有欲之心,而有邪正"。[1]"生"强调先天性;"成"强调后天性。通过"以性统情"或"以情近性"的手段,使欲望在性的控制和约束下恢复正常,那么有欲也不妨碍人性的美好。

唐代韩愈继承孟子"性善论",提出了以"仁义礼智信"五常作为人性内涵的"性三品"理论。他认为:"性也者与生俱生也,情也者接于物而生也","性"是先天的、与生俱来的,分为上中下三品;而"情"则是后天人的感官接于物后形成的,与"性"对应。"上焉者,善焉而已矣;中焉者,可导而上下也;下焉者,恶焉而已矣"(《原性》),一方面承认人性有差别,另一方面也指出了上下品虽难移,但按照封建道德标准改造占据绝大多数中品人性的可能性。与生俱来的"性"便是五常,后天形成的"情"具体包括喜、怒、哀、惧、恶、欲。性有三品,情与之对应,上品之情表达情感比较适中而合乎理性;中品之情对情感许多方面表现极不均衡,不是太为过分,就是不够充分,但仍趋于中庸平和;而下品之情对情感的表现即肆情纵欲,不加节制。

---

[1] 冯建军:《当代主体教育论》,江苏教育出版社2004年版,第263页。

3. 宋明儒家的人性论

宋明儒家的人性论实际是孟、荀二者人性论的综合与衍化，这一时期的人性论取得了较大的发展。其中，以二程（程颢、程颐）、朱熹、王阳明为代表。

二程提出人性二元论，即"天地之性"和"气质之性"，并以此来论证人性善恶的来源。关于"天命之性"的提法，程颢主张"性"存在于人与万物存在之前，具有至善性，这种性与天命、天理、天道是一致的。关于"气质之性"的提法，程颐认为"气"是万物生命的构成物质，"性"有善恶区别，源于"气"有清浊之别。二程的二元论恰好弥补了历史上人性善恶的理论分歧。①

朱熹在继承孟荀人性论的同时，吸收了二程的人性观点，同时又对他们的人性学说进行了修正与补充。他从宇宙论思想出发，将天性赋予善恶的道德意义，认为天地间"理"与"气"共存，"理"与"气"相互结合才能构成人性。朱熹试图构建一种理想人性，期望人们为善去恶，使人性在向善的过程中逐渐升华。

王阳明接纳了宋儒的理气观点，但重点放在心之所发处。他主张人性一元论，认为天地万物一体，将"天地之性"和"气质之性"合为一体。王阳明认为"性"在情中，道德心不能脱离感性生命，将心体诠释为无善无恶的存在，意念是有善恶的，并强调人性是一个不断变化生成的过程，指出人们的善恶意念会受到后天环境的影响。因此，王阳明主张只有不断修炼心体、存养良知，才能复原本性。

4. 清代以后的人性论

宋明理学之后，明末清初关于人性论的探讨出现了一些新颖的观

---

① 张江波：《儒家仁学思想及其当代价值研究——基于现代思想政治教育视域的分析》，兰州大学，博士学位论文，2017年。

点。以王夫之、颜元、戴震等为代表的早期启蒙思想家们提出了自然人性观点，认为人性是在后天生长变化过程中形成的，将中国古代人性论的发展提升到了较高水平。针对理想人格塑造论，王夫之提出"习与性成"之说，颜元提出"气质之性即性"观点，戴震提出"血气心知即性"理念，① 他们都较为关注人性向"善"发展的途径，强调后天的教育对善性养成的重要性。

中国近代，面对西方文化思潮的冲击，儒家仁学思想家们对于人性的讨论不断做出积极的尝试和回应，这一时期的人性论展现出新的形式，其中有严复基于进化论的"性无善恶论"，梁启超的"个性中心论"和章太炎的"善恶同时进化论"等②，这些现代人性理论为当时社会的道德生活和道德秩序重建提供了有效借鉴，突显了儒家仁学思想的时代价值。

（二）仁学思想的出发原点："孝"

《论语·学而》中指出"孝悌"是"仁"的根本基础。"孝悌"是指孝敬父母、尊重长辈、爱护兄弟姐妹。仁学思想从"孝"（孝悌之爱）出发，不断探求"仁"的本真含义。在孝与仁的关系上，儒家开启了仁孝互释的话语方式。孔子认为"孝"是一切德行的根本，是教化的源泉。孔子把孝与仁结合起来，以孝释仁，把仁爱建立在血亲之爱的基础之上；又以仁释孝，将人的血亲之爱扩展到血缘关系之外的广大人群之中。③ "孝"作为"仁"的原始起点，以仁为范畴，将亲亲之爱向外拓展，进一步推广至家庭血缘关系之外的一切社会关系之中，

---

① 王敏：《"人之为人"的道德涵育——论儒家人性论与现代公民道德建设》，《人文杂志》2020年第1期。
② 王丽珍：《"人道"与"孝道"——儒家核心伦理的省察》，博士学位论文，南开大学，2014年。
③ 吴凡明：《论儒家仁孝关系的内在逻辑》，《伦理学研究》2016年第85期。

从而形成和谐稳定的社会秩序。

1. "孝"是个人仁德修养的基础

孔子思想最具代表性的观点是"仁","仁"涵盖了一切道德观念与行为规范,而"孝"承担了将"仁"贯彻到具体行为中的责任。"孝"成为每个人具体行为中的特殊规范,用来实践"仁"。"仁"通"人","孝"是"仁"之根本,也可理解为"孝是做人的根本"。"孝"起于"亲亲"之爱,发展到社会上的建功立业,最后到仁爱万物,都是君子立身之道的根本。

2. "孝"是君子施行仁政的基础

孟子用"四端"(仁、义、礼、智)来审视"孝",认为其核心就是"事亲"和"从兄","孝"源于人的良心"四端"。孟子主张施行"仁政"来治理天下,主张君主除了"制民之产"外,还应该开设学校,以"孝悌"之义教育百姓。孟子的"孝"起于"亲亲",过渡到"仁民",再上升到"爱物",最终演化为以民为本的"仁政"思想。

(三)仁学思想的主体精神:"爱人"

如果"孝"作为"仁学"的出发原点,那么"爱人"贯穿于整个仁学历史,体现了儒家仁学思想"人之为人"的精神自觉和人道主义情怀,同时也启发了"人之为仁"教化实践的人本理性思维[1]。自孔子开始,"爱人"思想便贯穿在儒家思想体系当中,"爱人"是伦理道德规范的最高准则,他希望人们都能从自身出发,以仁爱之心来对待人与人之间的关系。[2] 历代儒学大家释"仁"都离不开"爱人","仁

---

[1] 张江波:《儒家仁学思想及其当代价值研究——基于现代思想政治教育视域的分析》,兰州大学,博士学位论文,2017年。
[2] 李兵:《先秦儒、墨两家的"爱人"思想及其当代价值》,《人文天下》2017年第97期。

者爱人"这一观点得到了普遍认同。这种情感始于自爱，其次是爱亲、孝敬父母、尊敬兄长，再到爱众，最后上升到爱生命万物，达到仁者与天地万物融为一体的境界，这也对应了人与自身、人与他人、人与社会、人与自然之间的关系。

1. 自爱

儒家多以人释仁，以仁作为人之为人的本质特征，其根本意义在于肯定人的价值，承认人的独立人格。孔子指出仁爱要从自爱开始，以自爱为起点，进而不断扩充。自尊自爱是关爱他人的必要前提，具体表现为两方面。一是自爱与爱人是相通的。按照推己及人的原则，一个人只有自爱，才能有自己的情感体验，才能够爱人；二是实现被他人尊重的需求。自爱不仅是自己对自己的事情，它也要在"人—我"关系中实现被他人尊重的需求。①

2. 爱亲

孔子主张一切伦理关系始于孝悌，惟有能行孝悌者，才能去爱他人。孟子认为仁爱始于亲亲或事亲，包括爱自己的父母和爱其他的亲属。在儒家看来，儒家仁爱思想是从家庭血缘亲情中引申出来的。个人只有先爱自己的亲人，才会去爱无血亲关系的他人。离开了亲情之爱，仁者之爱就会成为无本之末或是索取之爱。爱亲始于人的原生情感，是人情之本能。

3. 爱众

由亲情之爱向外延展，儒家要求人与人之间要充满爱心。就普通百姓而言，"爱众"即爱一切人，具有广泛性，类似孔子提倡的博爱，是一种可贵的人道主义精神。在孟子看来，"爱众"也是一种"互爱"，教导人们要与他人友爱、尊重、和谐相处。对君主来说，孟子将

---

① 韩星：《仁者爱人——儒家仁爱思想及其普世价值》，《梧州学院学报》2013年第4期。

爱人推向仁政，主张君主要仁爱百姓，君主的"爱众"思想便和整个国家的命运紧密联系起来。

4. 爱物

由于"爱有差等"，从爱亲到爱人，最终将引导人们爱物，将这种情感表现为对天地宇宙万物的大爱，对自然生命的敬畏。"爱人"能够使社会生态得到平衡，"爱物"则使自然生态平衡，把天地万物看成有生命的统一整体，程朱理学和阳明心学的"天地万物一体之仁"之说就体现了该观点，将先秦儒家的仁爱思想发展到了一个更高的阶段。

二 儒家仁学思想的价值追求

在纷繁变幻的时代洪流中，任何价值观念的普及与传承，都会经历一个长期演变的过程，为了做到以不变应万变，儒家仁学思想的发展就需找到强大的力量之源、应对之法和处世之道。在儒家仁学思想长期的历史发展中，"德性"成为具有"普遍价值"的理论核心，并由此形成了普遍认同又独具特质的价值目标和价值取向。

（一）价值核心：德性

"德"与"性"在《论语》中作为两个独立词分别出现，在孔子思想中"德"与"性"基本没有内在联系，"德"更多地是与"道""天"等终极概念相结合。孟子将"德"与"性"联系起来，认为"德"是"性"的重要组成部分。① 但是，"德"与"性"真正合体，成为"德性"这一概念，最早出现在《中庸》之中。"德性"概念被儒家第一次使用，它指人先天具备的自然禀性。自此，"德性"成为儒家仁学中非常重要的概念，成为中华传统价值体系的精神内核。

---

① 宋丽：《儒家"德性"概念的文化诠释》，《玉溪师范学院学报》2009 年第 7 期。

1. "德性"的伦理范畴——孔子之仁

德性属于伦理学的基本范畴,在中华早期文化中已经逐渐形成了以重"德性"为核心的伦理精神。孔子把"德性"视为人存在的意义和本质,在深刻把握中华文化"德性"根本的基础上,创立了以"仁"为核心的儒家"德性"精神思想系统。他主张"仁"是人之"德性"的根本,将"德性"由私德向公德转变,将"仁"从血亲宗族伦理转变为以孝悌为实践基础的社会人际伦理。"德性"是人之根本,是人性存在之源,亦是人性的成就标准。"德性"既是成己的内心信念,也是成人的行为品格,通过成己、成人,体现人之为人的品格,从而达到高尚的思想道德境界。①

2. "德性"的政治向度——孔子之礼

在孔子思想之中,提及最多的是"仁",然而最得重视的却是"礼"。孔子关于以"仁"为主体的德性观具有强烈的现实关怀,这种关怀体现在政治领域之中即为政之德。孔子认为君主作为最高统治者应该恪守本分,做到维护礼制,敬德爱民。② 在他看来,为政之德既是对统治者道德品行与行为规范的要求,又深切表达了对为政者爱民护民的期盼。这里的"德性"展现出"礼"的等级判别与秩序规定属性,表现为一种政治道德。面对周礼的崩坏,孔子期望依靠"德性"重建政治等级秩序、恢复社会安宁稳定。

(二)价值目标:内圣外王

"内圣外王"思想虽然不是儒家首先提出来的,却被儒家发扬光

---

① 梁红军:《儒家德性精神与社会主义核心价值观涵养》,《深圳大学学报》(人文社会科学版),2015年第3期。
② 任凯龙:《德性与德化:儒家伦理特质研究》,硕士学位论文,山东师范大学,2018年。

大。"内圣外王"作为中国传统伦理文化的核心理论,一直被儒家仁学思想用来强调经世致用,既追求"修身以立人"的理想人格,也追求"治国以安天下"的政治抱负。"内圣外王"思想实现了个人价值和社会价值的统一,突出了人格理想和政治理想之间的联系。

1. "内圣外王"的思想内涵

"内圣外王"的思想内涵需要从"内圣"和"外王"两个层面进行剖析。"内圣"指的是个体内在的德行修为,在儒家看来,"内圣"是一种理想人格,孔子思想的核心"仁"就是修身养性的终极目的。"外王"是一种政治抱负,指的是由个体内在德行修为达到圆满后的外化表现,具体就是齐家、治国、平天下。① 《大学》中指出,"修身"是"内圣"之法由"格物""致知""诚意""正心""修身"逐级展开,并由此推向"外王"之路"齐家""治国""平天下"。由此可见,儒家"内圣"所指向的关键还在于"外王","内圣"的价值理想最终落实于社会政治事务中,即修身之目的在于外在的宏图伟业,在于整个社会的升平大治。②

2. "内圣外王"的历史发展

"内圣外王"一词最早见于《庄子·天下篇》。"内圣外王"作为儒家仁学思想的精神内核,经历了先秦儒学、宋明儒学、清初实学、近代以及现当代新儒学的发展历程。③ 儒家仁学创始人孔子虽然没有明确提出"内圣外王",但是,他在《论语·宪问》中"修己以敬""修己以安人""修己以安百姓"的观点,奠定了儒家仁学"内圣外王"的理论基础。自孔子之后,孟子以"性善论"为基础,强调人内在的

---

① 何昊纯:《儒家"内圣外王"思想及当代价值》,硕士学位论文,沈阳师范大学,2017年。
② 唐春玉:《先秦儒家内圣外王的思想内涵及其现代价值》,《萍乡学院学报》2020年第4期。
③ 迟成勇:《论儒家"内圣外王"与社会主义核心价值观》,《船山学刊》2016年第5期。

道德品性，突出"内圣"。荀子基于"性恶论"，将"礼"作为修身治国的根本，主张通过礼法来约束、教化和改造人性，实现"外王"。直至《大学》中架构起的"三纲八目"，才较为完善而系统地阐述了"内圣外王"之道。至汉武帝时期，施行尚德之政，董仲舒结合"天人感应"发展儒家仁学，认为圣王之道应通过天地的基本感应原则实现。"故圣人法天而立道，亦溥爱而亡私，布德施仁以厚之，设谊立礼以导之"（《汉书·董仲舒传》），《春秋》中叙说天有四季，春生夏长秋刑，圣王法天，以生长为主而辅以刑罚。宋明时期的儒学大家多偏重于"内圣"之学，在"外王"方面少有突破。直至明末清初形成实学，黄宗羲凸显了"外王"理想，将"外王"理想提升到一个新的高度。王夫之则强调了"内圣"与"外王"并重。近现代学者仍然用"内圣外王"表达儒家仁学的学术宗旨，康有为视"内圣"为"精粹"，视"外王"为"粗迹"。梁启超认为儒家仁学思想的最高目标就是"内圣外王"。在现当代新儒学研究中，无论是熊十力还是牟宗三，均主张"内圣"且"外王"，即在保存中国传统文化价值的同时，开创出一条民主科学之道。

（三）价值取向：讲仁爱、重民本、求和同

"内圣外王"作为儒家仁学思想的学术命题，其思想特征凝聚了中华文化价值追求的基本精神，同时也折射出儒家仁学思想的基本价值立场，为每个历史阶段社会生活具体领域的核心价值观提供了理论依据，成为中国特色社会主义共同理想的思想源泉。

1. 讲仁爱

仁是儒家仁学思想的精髓，爱人是儒家仁学思想的主题精神，因此，仁爱当之无愧是儒家道德价值的本源。在儒家仁学的价值观中，仁爱是较为重要的价值内核，是一种思想追求，强调仁者爱人，与人为善。对于老百姓而言,讲仁爱是爱己爱人,修己利他,为善举义;对于统治者而言,讲仁爱是施行仁政,为民谋福,与民为善。仁爱以血亲人伦关系为原点,层层拓展,辐射到整个社会,乃至天地万物,鼓励个体对他人、社会,乃至自然达成情感共鸣。儒家仁学的仁爱价值取向已成为中华民族几千年的主要价值观,在当今社会,可以将仁爱引申为社会主义核心价值观中的"友善"。

2. 重民本

儒家仁学的民本思想是一种仁政思想,表现为执政者对下层民众的重视和爱护。"重民本"的价值诉求主要体现在三个方面。一是政治上注重民意。儒家仁学思想认为统治者要把百姓利益看作国家稳定的基础,统治者在决策时要集中民智,在执事时要听取民意,这样才能获取民心。二是经济上注重民生。在社会生产发展过程中,解决民众衣食之需是民本思想的重点。解决民生问题,重在富民、安民。富民才能安民,安民才能成为明君。① 三是思想上注重教化。通过教化规范民心是实现天下大同的主要途径,儒家仁学思想重点是引导、教化人们懂得礼义廉耻,从而实现"人之为仁"。

3. 求和同

无论是推己及人的忠恕之道,还是内圣外王的理想境界,抑或是天下一家的旷世情怀,儒家仁学归根结底都要立足于"和""同"二字。如董仲舒的"大一统"思想,其实质就是实现国家地域、政治、经济、思想、文化等层面的统一。儒家的和谐思想除了指协和万邦,还包含身心和谐、人际和谐、天人和谐,突出整体的动态平衡性。"和同"是一种中庸、和合思维,表现为人与人、人与自然、人与天地万

---

① 张江波:《儒家仁学思想及其当代价值研究——基于现代思想政治教育视域的分析》,博士学位论文,兰州大学,2017年。

物之间的相辅相成、相互融合。

三 儒家仁学思想的基本要素

儒家仁学思想是一个庞杂的思想体系,仁学是儒家思想的核心内容。经过儒家学者的不断丰富发展,仁学思想内容不断完善,"仁、义、礼、智、信"作为仁学的五个基本要素,贯穿于整个中华伦理的发展过程中,成为中国价值体系中的核心因素,也成为当今社会最普遍的道德标准。

(一) 仁：仁者人也

1. 仁的起源

不少学者认为"仁"的观念最初源于周代初期的"尸祭礼",表现为"孝"的本意,即对逝者或先祖的哀悼和敬重,还表现为当时统治者对道德天命的敬畏意识。① 然而西周末年,礼崩乐坏,原有的天命价值观发生了裂变,人们开始对天命产生怀疑并进行评说,逐渐开启了对人的全新价值的探索。到了春秋时期,"仁"字在《国语》和《左传》里多次出现,"人之为人"的思考开始通过"仁"展开。直至孔子将仁学系统化,创建了以仁学为本位的一系列道德思想理论,标志着儒家仁学思想的诞生。

2. 仁的内涵

《孟子·尽心下》中提到"仁者,人也",儒家仁学思想始终围绕人来立论,各种道德规范都是围绕"仁"来展开的。广义的仁是全德之称,既是一切道德的根源,又是一切道德的总纲。仁可以概括中国

---

① 顾俊灵：《儒家"仁学"思想的当代德育价值研究》,硕士学位论文,河北科技大学,2010年。

传统儒家伦理的所有德目,与其他德目是全体与部分、支配者与被支配者、纲和目的关系。狭义的仁是指"四德""五常"之一的仁,其内涵是"爱人"。[①]"仁"是一种由内而外的道德情感的自觉要求,内以修心,外以应物,亲亲仁民,仁民爱物;"仁"又是人们社会关系和相处方式的表征,表现为修己安人,天下归仁。"仁"既是儒家思想的核心观念,也是传统伦理倡导的终极目标,奠定了中国文化的精神根基。

(二) 义:仁之节也

1. 义的含义

《礼记》有云:"义者,艺之分、仁之节也"。从字源上理解,义是"宜""当",是行为的价值标准,即指处事时采取最为适宜、恰当的行为。儒家仁学思想中的"义"具有社会属性,主要指一种外在的社会制约规范,象征等级秩序的仪礼,是遇事遵从的等级秩序规范原则。"义"既是一种规范,也是一种美德。在孔子看来,百姓的生存与福祉、社会的和谐与稳定都离不开"义"的宗旨。自孟子开始,"义"的地位进一步提升,孟子开始以"仁义"阐释儒家仁学道德,提出了"居仁由义"的教化实践。

2. 仁与义的关系

关于"仁"和"义"的辩证关系,大体上有三种最具代表性的看法。第一种是《中庸》提出的"仁义并举"。"仁"是内在的道德要求,而"义"则是外在的伦理要求。《中庸》指出"仁"是体,而"义"是仁之发用和铺陈的表现,因此不仁也就不义;同时,"义"是"仁"的发用,没有"义",人性之"仁"就只能抽象地存

[①] 雷震:《中国传统儒家伦理的逻辑》,博士学位论文,黑龙江大学,2011年。

在，无法显现。① 第二种是以孟子为代表提出的"仁义内在"。孟子的仁义观着重探讨行为的实践基础。他认为仁义在心，行善的动机源于"心"。第三种是以董仲舒为代表提出的"仁外义内"。在董仲舒的仁义观中，重点区分仁与义的对象。"仁"是针对他人行为的要求，"义"是对自我的要求。"仁"的实践行为是"爱人"，对普通人而言是友爱他人，对统治者而言是仁民爱物；"义"的实践行为是端正自我、尽其本分。

（三）礼：仁之貌也

1. 礼的含义

中国传统儒家伦理是从恢复并继承周礼开始启蒙的，礼在几千年的社会演变中强烈地影响和制约着人们的思想与言行。作为中国传统伦理道德的重要组成部分，"礼"以礼貌礼节、道德标准、社会规范、法律制度等不同形式表现出来。"礼义之始，在于正容体、齐颜色、顺辞令"（《礼记·冠义》），强调人与人交往要注重行为举止、容貌颜色；"君臣正，亲父子，长幼和，而后礼义立"（《礼记·冠义》），强调了人与人交往应注意礼貌礼节。"克己复礼"一词指出了"礼"关乎人们日常行为的准则，凡事都需要符合道德标准。"礼之用，和为贵"表明礼是调节人际关系的一种有效手段。同时，"礼"作为一种法律制度，成为维护社会稳定、确保国泰民安的重要保障。

2. 仁与礼的关系

儒家仁学思想中的"仁"和"礼"是不可分割的关系，二者相互作用、相辅相成，缺一不可。"仁"是内在的道德修养，"礼"是外在

---

① 高立梅：《儒家"仁义"思想的形成及其意义》，硕士学位论文，陕西师范大学，2003年。

的制度约束,"仁"是"礼"的内在精神和价值源泉,"礼"是"仁"的表现形式和现实标准,君子通过践行"礼"而实现"仁"。相对于"礼","仁"侧重人的本性表现和情感凝聚。"仁"作为价值目标,需要通过"礼"的规范和制约。没有"礼","仁"就无所依托,难以落实。同时,"礼"作为社会行为规范和道德评判标准,需要得到"仁"的引导,没有"仁","礼"就徒有形式,失去了价值方向。

(四) 智:知者利仁

1. 智的含义

儒家曾将"智"列为"三达德""四德""五常"之一,也是中国传统儒家伦理道德的重要德目之一。"知"与"智"是一对古今字,"知"是古字,本意包含"智","智"是今字,是"知"的引申义。"知"偏重于知识性、认知性,而"智"偏重于道德性、实践性,二者虽不等同但又共通于"智慧"。[①]"智"是实现"仁""义"的重要手段,是理性的代表。

2. 智的途径

"智"不仅指智慧,而且要具备智的能力,还需要做到以下四点。一是甄别利害。依据道德原则对言行做出相应的判断,主要体现在对道德规范和道德行为的正确、合理把握,即"明是非"。二是辨明善恶。要求人们在获得道德认识的基础上,树立正确的善恶观念,即"辨善恶"。三是自知与知人。"自知"是指对自己有正确、清醒、客观的认识,既看到自己所长,又能了解自己所短;"知人"表示善于认识、鉴别并理解他人,正确做到爱人,做到适

---

① 张江波:《儒家仁学思想及其当代价值研究——基于现代思想政治教育视域的分析》,兰州大学,博士学位论文,2017年。

宜地处理好人与人之间的关系，成己成人。四是勤于学习。中国儒家仁学思想特别强调勤学对智的重要意义，这种学习不仅停留在理论层面，还体现在待人、接物和处事上，需要在实践中不断学习、培养和磨炼。①

（五）信：无信不立

1. 信的含义

子曰："民无信不立。"（《论语·颜渊》）但"信"作为具体的德性，又具有向"善"、向"真"的内驱动力，是"仁者立身仁"最高形式的道德原则。"信"是儒家仁学十分重要的道德要求，对于百姓而言，"信"是个人立足社会、为人处世的准则；对于君主而言，"信"是取信于民、关乎国家存亡的准绳。儒家仁学思想对信的具体要求是所言可靠、待人诚实、言行一致，做到心、口、行三者一致，这也是中国传统伦理对信德的要求。

2. 信的发展

"信"作为一种重要的道德规范，早在春秋时期就已出现并在社会上广为流行。起初，信的要求主要是见信鬼神、邻国、盟主，后来逐渐扩大到一般的人际交往。孔子关于信的观点主要是提出"信德"，"信德"的要求不止面向个人行为，还针对国家的治理过程。孟子继承孔子的思想，把信归于"五伦"，将信视为人际关系中必须遵循的基本道德规范。汉初的贾谊将信列为"德之六美"之一，并将"信"与"仁义礼智"并重。之后，董仲舒正式将信纳入"五常"，进一步充实了"信"的内涵，把"信"上升到儒家伦理道德的基本规范之一。

---

① 雷震：《中国传统儒家伦理的逻辑》，博士学位论文，黑龙江大学，2011年。

四 儒家仁学思想的理论特质与实施原则

儒家仁学思想在中华传统文化中长期占据主导地位，必然存在区别于其他学派的理论特质和实施原则。无论是作为个人道德言行规范的指引，还是作为国家政治思想理论的基础，儒家仁学思想都有一套自己特有的经世致用的方法和自我调适的实施手段，促使其经久不衰、常变常新，保持较强的生命活力。

（一）儒家仁学思想的理论特质

儒家仁学思想在长期的历史发展中，形成了自身独有的理论特质，不仅保持了仁学理论的自足性，而且在现实社会生活中发挥着组织、建构、引导的积极作用，成为人与人之间一种有效验的规范。[①] 具体而言，主要体现在以下几个方面。

1. 权威性

儒家仁学思想所倡导的权威主要有两种，即家长权威和君主权威。家长权威的基础来源于血缘亲亲关系，并借助宗法、血缘的非选择性和不可逆性不断强化家长的主导地位。家长权威建立在自身的道德修养之上，并将"仁"之道德理性不断内化、内置于家庭成员，从而使家长权威在维护秩序稳定中发挥重要的基础性作用。君主权威是家长权威与政治主体的对接，君主作为政治秩序的枢纽，要求臣民像对待家长一样，自愿地认同、服从自己。对于君主而言，需要拥有权威的人格和魅力，才能自然而然地实现道德权威、政治权威、思想权威多个维度的统一，从而获得普天之下臣民的整体认同，并对君主心甘情

---

① 张江波：《儒家仁学思想及其当代价值研究——基于现代思想政治教育视域的分析》，博士学位论文，兰州大学，2017年。

愿地服膺与拥护。

2. 批判性

儒家仁学思想历来都具有批判性，这种批判性既表现为对世俗社会风气、政治上的不合理之处展开批判，也表现为对儒家仁学以外其他学派思想的批判，更表现为对儒学内部不同传统的批判。① 正是这种批判性，使得儒家仁学思想可以薪火相传、生生不息。儒家仁学思想的批判性不是目的，批判是为了创新，为了发展，为了延续。儒家仁学思想的批判精神源自孔子，不同时期、不同儒学思想家对仁学思想的继承与发展，都带着批判性的思辨能力，其中包含批判儒学。如近代维新派期望通过革新儒学改变封建专制制度，这种由批判儒学演变而出的改良儒学和革命儒学，展示了儒家仁学思想蓬勃的生命力。

3. 教化性

儒家仁学思想把人们道德修养完善的希望寄托在教化上，认为教化使人明德，培养人格的至善。在某种意义上，道德教化是一种政治行为、教育行为和社会行为。对个体来说，教化是把儒家思想中推崇的价值和道德规范施于人心，人们在潜移默化中认同并接受这些规范和价值，培养美好的品行，达到至善之境。对于上层统治者而言，教化是上层统治者通过特定的方法和手段对个体有组织地施加价值导向，倡导一种社会理想，培育出所需的人才。② 教化的重心在于个人理想人格的塑造和社会的稳定和谐，其目的是突出伦理教育和感化从而达到政治秩序稳定。

---

① 吴根友：《儒学的批判性与批判儒学》，《孔子研究》2013年第2期。
② 宋新雅：《圣人之教——先秦儒家道德教化范式及其现代价值》，博士学位论文，陕西师范大学，2016年。

(二) 儒家仁学思想的实施原则

儒家仁学思想在传统社会中长期占据社会教化的主导地位,并成为汉代之后的政治统治思想,这源于儒家仁学思想在教化制度和运行中有一套自我调适的实施原则,其实施原则主要体现在两个方面。

1. 过程与结果的统一

"仁"是不断发展变化的,主体对仁的内化与外化也是一个不断变化的动态过程。仁的构成会受到诸多因素的影响,教化实践也会随之不断变化与调适,从而不断促使人们对思想道德行为的内化,沉淀为主体内心的力量。① 因此,儒家仁学"学以致用"就体现了构成与作用互为过程与结果的统一。

2. 继承与创新的统一

人们对仁的内化过程奠定了儒家仁学思想的合法性地位,同时又在不断反思中,积累了下一次沉淀的内容和理由。每一次仁学思想的发展都是在继承中实现了对现实生活与道德理性的升华,在真实人际关系中获得了教化理论与教化实践的创新,也因此,儒家仁学思想随时代变化而枝繁叶茂、生机勃勃。

第四节 儒家仁学思想的内蕴张力与思想局限

儒家文化在中国封建时代被历代君王推崇并成为社会主导思想,儒家仁学思想因其独特的思想内蕴和理论张力,表现出强大的生命力,塑造了中华民族的道德标准和处世哲学。然而,任何一种思想的发展

---

① 张江波:《儒家仁学思想及其当代价值研究——基于现代思想政治教育视域的分析》,博士学位论文,兰州大学,2017年。

都会受到各种限制,在特定范围内会产生不同程度的思想局限,儒家仁学思想也不例外。

一 儒家仁学思想的内蕴张力

在时间的推移与社会的演变过程中,儒家仁学思想始终显示出蓬勃的理论张力,为后来社会的伦理观、价值观提供了重要的理论支撑和思想资源,其理论精华铸就了当代中国人特有的道德观念和行为方式。儒家仁学思想的内蕴张力主要体现在三个方面。

(一) 以"仁"为核心

儒家仁学思想的核心是"仁"。无论是从创始人孔子那里,还是后来的儒家仁学代表,其思想理论中都蕴含着仁的因素,为之后儒家思想的发展奠定了伦理道德基础。孔子的仁学思想是一个系统而庞大的思想体系,他的思想起点立足于人,突出"仁"是人之所以为人的内在本质。他将爱人思想贯穿始终,不断实现行仁、践仁的道德行为要求,最终达到安仁、成仁的理想人格,乃至"天下归仁"的社会追求,终极目标是实现个人的理想人格和社会的和谐统一。孔子的仁学具体表现为两个方面。一是以修己为基础。在很多学者看来,孔子的仁学即为人学,是一门关于人的学问。仁是通过人的个体表征表现出来的举止言行。因此,人的自我修养提升,才是孔子仁学思想的前提和基础。[①] 二是以爱人为核心。具体表现为仁者爱人。爱人被孔子视为行仁、达仁的第一要义。孝悌为仁之根本,始于爱亲,其次推己及人、爱他人,使仁爱之情充盈于人间,实现社会的和谐统一。

自孔子之后,孟子和荀子均从不同侧面继承与发展了孔子仁学思

---

① 闫文婷:《孔子仁学思想及其现代意义研究》,硕士学位论文,黑龙江大学,2016年。

想。无论是董仲舒对仁学思想的改造，宋明理学对仁学的拓展，还是近代学者对仁学的扬弃，都是站在他们所处的时代背景，直面仁学所面临的现实困境，从不同的角度对孔子仁学思想进行解读和发展，从而推动着社会的道德进步。

(二) 以"中庸"为方法论

所谓"中庸"，谓不偏叫中，不变叫庸。① 孔子认为中庸是一种最高的美德，是区分君子与小人的一个重要标准。孔子所创立的"中庸"思想，内蕴的含义就是要合于"礼"，即言行举止都要合乎礼，这样才能做到"诚于中，形于外"（《礼记·大学》）。而孟子所说的"中道"、荀子所说的"中事"，都讲求做事要把握一个"度"，符合一定的标准。所以，中庸作为一种道德伦理准则，表现为合宜的规定性，即做事要合乎一定的标准或法则。宋代二程认为中庸是不偏不倚，无过无不及，是天下的正道和定理，是既精微而又平常的道理。②

儒家仁学创立的"中庸"思想，强调"约之以礼"，这既对君主提出了要求——君主不仅要维护政治统治，而且要以提升自身修养、以仁爱之心、以礼待百姓为前提；也对百姓提出了要求——百姓既要遵守相应的社会道德规范，以礼约束自己的行为，也要具备一定的维持生活的权利。因此，追求知修与德行合一就是儒家思想所主张的"中庸"原则。

(三) 以和谐为最终目的

儒家仁学思想大多主张以"和"为贵，突出"和"的重要性。儒

---

① 王传涛：《近现代中国仁学研究》，硕士学位论文，山东师范大学，2011年。
② 卢有志：《儒家思想政治教育理论研究》，博士学位论文，东北师范大学，2016年。

学大家主张的"仁"最终以和谐为目的,在人际交往和治国中均发挥着重要作用。在人际交往方面,主张尊重他人、爱人,加强自身道德修养,设身处地为别人着想,达到人际关系的和谐。从治国的角度来看,倡导统治者与人民之间关系和谐,这体现了"和谐"贯穿于儒家"修身、齐家、治国、平天下"的民本主义的社会政治观和人生价值观之中。①

和谐在儒家仁学思想中还表现为孔子深层次的生态伦理学思想,他主张和谐社会,不仅要求人与人的和谐,同时要求人与自然的和谐,这也是孔子的仁学思想的闪光之处。孔子的成己成物的论述中,具有爱物思想的萌芽,后来发展成孟子的"仁民爱物"思想,再到宋明理学家的"万物一体"思想,都启发人们世间万物皆是大自然的馈赠,人类应该爱护、珍惜它,与大自然融为一体。和谐思想发展到今天,已然成为当下的主流价值观之一。

二 儒家仁学思想的思想局限

儒家仁学作为中国传统文化的重要组成部分,深深滋养着中华优秀传统文化。但是,儒家仁学思想在历经几千年历史变迁,特别是经历了封建社会的长期洗礼后,其思想中所蕴含的局限性也很明显,主要表现为以下三个方面。

(一) 多专制,少民主

儒家仁学思想在几千年的封建社会中,一直被用来服务于专制政权,常常被统治阶级当成政治集权统治工具。儒家主张"仁爱"和"亲亲",表面上是用血缘关系的亲疏远近衡量特定的社会关系,实则

---

① 王传涛:《近现代中国仁学研究》,硕士学位论文,山东师范大学,2011年。

是一种理想化的君主专制，暗藏着尊卑有别的上下等级秩序。"天人关系"的自然之理注定了尊者专制是人类社会的普遍法则，确立了封建专制的权威主义。儒家仁学思想中的"仁政"本意是诉诸民本和谐，实质却是一种高度的集权统治，带着浓烈的政治专制色彩。三纲五常的教化原本用来维护社会的伦理道德和政治制度，但是在宋明以后，"三纲"成了封建统治者用于奴化百姓、禁锢思想的工具。尽管儒家也讲"民本"，重视百姓的力量，但是"民本"与"民主"有着本质的区别。民本本质上是君本，是帝制的根本法则。民本认为君主的权力和职责由天道决定，主权在君，用天意将统治者所拥有的至高无上的权力合法化。而民主认为君产生于民，主权在民，是民意的体现，民主认为君主要对民负责。① 由于儒家仁学思想是特定历史时代的产物，所以注定具有多专制、少民主的缺陷。

(二) 重亲情，轻法治

在儒家仁学思想中，宗法家族观念被视为社会关系的本质和核心。儒家用以三纲为基础的血缘亲情至上的思想来建立国家的法律关系，这样一种法律关系自然会影响法治的发展。以家的伦理规范明确国家的法律制度，法律制度必然缺少理性和公正性，缺少客观标准和评判准绳，会使得整个法治体系掺杂着深厚的个人情感。这不仅使得执法人员在面对亲情时做出不公正，甚至是徇私之举，也使法律的制定者——封建统治者成为最大的受益者。法律成为统治者维护封建专制的工具，而离法律关系核心最远的普通百姓，只能被统治、被压迫。所以，在封建社会，法律关系中最典型的特点就是人治，法律本该具有的客观性、公正性、权威性受到强烈冲击，这与儒家"亲亲""等差

---

① 卢有志：《儒家思想政治教育理论研究》，博士学位论文，东北师范大学，2016年。

之爱"等思想密切相关，体现出儒家思想重人情、轻法治的缺欠。

（三）重德行，轻监督

儒家仁学思想注重道德品行，仁人志士若要"齐家、治国、平天下"必先"修身"，通过自身内在的心性道德修养，切实承担起社会责任，从而实现"内圣外王"。孔子把这样一种具有高尚道德品行的人称为君子，君子成为儒家做人的理想。通过君子的德行示范，逐渐形成良好的社会风尚。虽然儒家对道德品行的高度重视，促进了整个社会的良性运转，但是儒家对人的要求过高，过于理想化，忽视了人性本身所具有的本能和弱点。而且，儒家力图通过道德的力量约束人，希望通过道德修养的提升使人克服自身的缺点，但是这种期盼对普通人来说需要极强的自律性，远远达不到社会的要求，仍然需要外在的力量来进行监督和制约。[①] 因此，德治只是理想化的牵引，无法达到法制化的标准。

第五节　本章小结

儒家仁学思想在每一历史时期的发展与壮大都缘于时代的影响，其产生、确立、发展、成熟始终扎根于当时的社会历史形势。面对"礼崩乐坏、天下无道"的社会无序现状，孔子期望用"仁"的理念恢复社会礼乐秩序和伦理关系，因此创立了儒家仁学；董仲舒从政治实践层面发展了儒家仁学思想，切实维护了汉武帝时期"大一统"的阶级统治需要；基于中唐时期佛道两教势力盛行引起的社会危机和政治局事动荡，韩愈主张重振儒家仁学，恢复儒家仁义之道；朱熹用

[①] 卢有志：《儒家思想政治教育理论研究》，博士学位论文，东北师范大学，2016年。

"理"赋予仁学新意蕴,将儒家仁学抽象化、理论化,有意识地引导人们实现儒家理想的社会秩序;王阳明希望用"心性"仁学对明朝中后期严重的社会危机力挽狂澜,激发人们良知的觉醒;近代学者为了救国图存,期盼打破旧制度实现对儒家仁学的创新;新儒家试图会通西学、加强融合,不断挖掘儒家仁学的现代价值。

儒家仁学思想的发展经历了一个漫长的历史时期,在不同时期儒家代表的仁学观念展现出不同的理论特质。孔子基于孝道思想,创立了以人为本、以仁为核心的儒家仁学思想;孟子、荀子在孔子仁学的基础上,以性善和性恶作为哲学依据,分别阐述了"仁义"和"仁礼"思想;董仲舒通过以天释仁,将仁与义分开,形成了一整套系统而完备的新仁学思想;韩愈崇尚儒家仁义之道,强调内"仁"而外"义",实现了由道德仁义向仁义道德的转变;宋明儒学用生生联系仁,二程和朱熹以"天理"为基点,以仁为理、为气,以生生充实仁,开创仁学新境界;程朱之后,王阳明用其良知说论证"以天地万物为一体"的仁道观,用"心学"将仁学从政治哲学上升到人生、生命哲学的高度;近代儒家仁学始于"维新"仁学思想;新儒家仁学力图用儒家学说融合、会通西学以谋求现代化,以儒学的现代价值推动中国文化的新发展。

纵观儒家仁学思想的演进历程,不同时期的儒学大家对仁学的阐释不尽相同,对"仁"的价值诉求各有侧重,但是儒家仁学思想的中心始终围绕"人"展开。横观儒家仁学思想的理论框架,无论是它的理论基点、价值追求、基本要素,还是其特有的理论特质和实施原则,儒家仁学思想始终围绕着"人之为人"和"人之为仁"的实质内容展开并延伸。儒家仁学思想借助其强大的内蕴张力不断发展壮大,潜移默化地影响着人们的思维方式、情感方式、行为方式、生活方式和基本价值取向。

第四章 社会主义核心价值观内化的实证分析

党的十九大报告明确指出:"社会主义核心价值观是当代中国精神的集中体现,凝结着全体人民共同的价值追求。要把社会主义核心价值观融入社会发展各方面,转化为人民的情感认同和行为习惯。"进入新时代,我国已明确将社会主义核心价值观主要内容写入了宪法,成为全体中国人民的核心价值追求和道德信念。在全社会范围内,大力培育和弘扬社会主义核心价值观,是一项功在当代、利在千秋的伟大德政工程。社会主义核心价值观的内化是个体从认知、认同、意愿到自觉行动的渐进过程,是当今社会的重大任务及时代使命。本章通过对社会主义核心价值观内化的情况进行实证研究分析,全面调查公民对社会主义核心价值观的内化情况。

第一节 实证研究的基本程序

一 实证研究的指导思想

学术界对实证研究的阐述有多种,与其相关的概念主要包括实证主义、叙事研究和经验研究等。实证研究与波普尔(K. Popper,

1902—1994)的"证伪主义"及孔德的"实证主义"(Positivism)有关。本章节所讨论的实证研究(Empiricalresearch 或 Empiricalstudy)强调的是调查研究和历史研究等具体的研究方法,并未关注实证主义哲学本身。

实证研究的本质特征是用"事实"来论证,而不是用"逻辑思辨"的方式论证,这便是实证研究和思辨研究的主要区分标志。实证研究的另外一个主要特征是,通过进一步强调研究设计和研究报告的规范程度而开展论证。从研究者所运用的研究工具可以看出,实证研究主要包括实验研究和调查研究两个方面。调查研究往往是通过对教育现实中存在的某些现象进行相关关系的分析,并针对教育现实中涉及的某个热点问题提出可以解决问题的相关对策。本研究所运用的实证研究并不仅仅限于自然科学意义上的调查研究,也是通过研究为日常教育实践活动提供解决实际问题的依据。

二 问卷的设计与施测

近年来,我国学者对社会主义核心价值观内化研究所涉及的调查内容、测量维度均有所不同。贾楠从政治价值观、国家价值观、发展价值观等5个维度分析;郭日铎从政治历史观、国家意识观、权利义务观等6个因素展开测量;蒲清平从价值依从、同化、顺应等三个心理过程提出社会主义核心价值观内化的心理机制,包括内化过程中引起的认知失调及心理排斥等相关的心理效应,反思学习、榜样示范和情感体验等中介变量可以促进内化过程;欧晓静认为社会主义核心价值观内化的心理机制共包括五个阶段,主要为图式认知、情感认同、意志同化、信念顺应以及行为固化。本研究从社会主义核心价值观的国家、社会、个人三个层面入手,设置了12个核心词,对社会主义核心价值观的内化程度进行数据调查分析,并在整理总结已有的相关文献资料和相关研究的基础之上，全面把握社会主义核心价值观的内化程度的具体情况，采用自编的《社会主义核心价值观内化的研究调查问卷》，以随机抽样问卷调查的形式，在江苏省苏南地区、苏中地区、苏北地区展开实证调研，对社会主义核心价值观内化的现实状况、当前社会群体核心价值观的内化效果及社会主义核心价值观的内化建设进行深入分析。

三　问卷指标设计依据与原则

（一）理论依据

本文设计问卷所涉及的题目及选项的构建，主要是建立在心理学、哲学认识论和社会学相关理论之上，题目设计较为科学合理。

首先，心理学上的理论依据。价值观作为人类精神世界的关键组成部分，要作为设计题目和选项时必须遵循的心理成长发展规律和道德形成规律。[①] 本章节的价值观量表的设计，均建立在心理学理论研究基础之上，这样结果更能体现出人的内在心理与社会主义核心价值观的内化之间的关系。

其次，哲学认识论上的相关依据。系统论思想是以整体、全局的角度来看待问题，强调事物内部的有序性，处理整体和部分之间的相互关系。社会主义核心价值观内化情况指标设计注重国家、社会、个人三个层面的整体性。所以在实践调查的过程中，我们既要突出整体性、系统性，将研究内容作为一个有机的整体，又要做到强调重点，对各个部分的具体内化情况进行分析，强调整体效益。

最后，社会学上的理论依据。社会认同理论认为社会认同是由社

---

① 冯建军：《当代主体教育论》，江苏教育出版社2001年版，第263页。

会群体成员身份的获得而产生的。社会认同通常要经历类化、认同、比较这三个环节。因此，在核心价值观的培育实践过程中将每一个单一的群体看作一个有机的整体，突出他们在社会发展中所肩负的责任和他们的群体担当，同时还要注意群体间的内部差异性，主要表现为性别、所学专业、年龄和政治面貌等。我们在具体调研的过程中，也必须要注重单一群体的内部差别对核心价值观培育效果的影响。

(二) 设计原则

本次问卷调查以江苏省为例，覆盖苏南、苏中、苏北等区域的在校学生、企业职工、党政机关工作人员、事业单位工作人员、自由职业人员等群体，不论是培育过程抑或是问卷中调研指标的设计，必须要体现对社会主义核心价值观的现实状况进行评测，以及评估各种影响培育的环节在社会主义核心价值观形成过程中能够取得的实际效果，同时要坚持可操作性、层次性和导向性的原则。

可操作性原则是从抽象领域到具体领域，使观念范畴的概念通过具体表述显现，详细分类且重点突出调查对象所接触到的受教育的途径，提升本章节实证研究的有效性和科学性。

层次性原则是通过分清类别使问卷调查具有针对性。本章节问卷设计中，将单一价值观分为情感认同和践行意愿设计。调查群体根据所属的区域、从事的职业、政治面貌及婚姻状况等实际情况不同，深入被调查对象内部，进一步厘清社会主义核心价值观内化过程受主体间差异的影响，从而提高调研的精准性。

导向性原则是对灌输性理论具有指导性的原则。在问卷设计中，要确保灌输性理论在培育环节与践行环节中的导向性，且问卷设计的具体内容也要具有导向性。设计的问题围绕中心，强化被调查对象在填写问卷和接受访谈过程中对问题的认识和理解程度，积极挖掘实证调查研究的育人作用。

四 问卷设计基本思路

本章节所使用的问卷设计紧紧围绕上述理论依据，但在问题构思时并未能一步到位，而是先与高校思想政治工作者、心理学专家深入交流，充分了解问卷调查过程中普遍存在的问题和可能会偶发的问题，进一步归纳总结。本实证研究运用问卷调查的方式，通过设计问卷、试调查、再次修改、问卷定稿等一系列程序，采用选择题设计和李克特量表两种方式，对基本情况、个体认知情况、培育状况等三个方面进行深入调查，并对影响社会主义核心价值观内化的因素进行分析，进而有针对性地提出改进的策略。通过对所在城市在校大学生、企业职工、党政机关工作人员、事业单位工作人员等群体展开深入调研，在此基础上形成问卷初稿。初稿完成后与诸多高校思想政治工作者、心理学专家研讨，并选择盐城市在校大学生、党政机关工作人员、事业单位工作人员、自由职业者等群体共五十余人开展试调查，并对问卷进行针对性地修改和完善，包含个人基本情况、社会主义核心价值观的认知情况和培育情况三个部分。个人的基本情况，主要包括所调查对象的性别、年龄、婚恋情况、政治面貌、居住地、所属区域及职业等个人基本信息；认知情况采用国际通用的李克特量表，围绕国家、社会、个人三个层面共十二个价值观，在认同程度和践行意愿方面分别设计12个相关表述，从完全符合到完全不符合分为5个等级。通过对数据的系统处理，客观分析相关结论中对社会主义核心价值观三个层面的知晓程度、认同程度和践行程度的了解；培育情况主要是从价值观的认知途径、相关制度、影响因素和存在问题等开展对社会主义核心价值观的培育现状调查，进而把握情况以做更全面、深入的研究分析。

五　问卷的发放与回收

本次调查以江苏省为例，覆盖苏南、苏中、苏北等区域的在校学生、企业职工、党政机关工作人员、事业单位工作人员、自由职业人员等群体，问卷发放以网上填写为主，共回收有效问卷5891份，有效回收率达99.47%。在参与调查的对象中，男性1920人，占总人数的32.59%；女性3971人，占总人数的67.46%；年龄在20岁以下的有3386人，占总人数的57.48%；年龄在20—39岁的有2229人，占总人数的37.85%；年龄在40—59岁的有259人，占总人数的4.43%；年龄在60岁及以上的有17人，占总人数的0.29%。其中，在婚姻状况方面，未婚人数有5453，占总人数的92.62%；已婚人数有409人，占总人数的6.94%。从参与对象的政治面貌来看，除广大团员青年积极参与问卷调查外，中共党员、民主党派及普通群众参与率达到了总人数的28.99%。其中，中共党员为306人，占总人数的5.21%；民主党派为16人，占总人数的0.27%；共青团员为4206人，占总人数的71.41%；普通群众为1363人，占总人数的23.15%。从学历层次来看，参与调查活动的群体文化程度主要集中在本科及以上。其中，文化程度为专科及以下的人数为351人，占5.96%；本科为5294人，占89.87%；硕士及以上为246人，占4.18%。从目前的主要生活、居住地来看，被调查对象中在城区的人数为3496人，占总人数比例59.36%；在郊区的人数为550人，占总人数的9.35%；在农村的人数为1845人，占总人数的31.29%。其中，居于苏南地区的人数为1048人，占17.79%；苏中地区1215人，占20.64%；苏北地区3628人，占61.57%。从参与人员的职业构成来看，涵盖面较为广泛。其中，在校学生5397人，占总人数的91.63%；企业职工143人，占总人数的2.44%；党政机关工作人员87人，占总人数的1.49%；事业单位工作人员 47 人,占总人数的 0.81%;自由职业人员 90 人,占总人数的 1.53%;退休人员和其他人员 127 人,占总人数的 2.09%。样本特征见表 4-1。

表 4-1　　　　　　　　样本的基本统计特征

项目指标		人数(人)	占比(%)
性别	男	1920	32.59
	女	3971	67.46
年龄	20 岁以下	3386	57.48
	20—39 岁	2229	37.85
	40—59 岁	259	4.43
	60 岁及以上	17	0.29
婚姻状况	未婚	5453	92.62
	已婚	409	6.94
政治面貌	中共党员	306	5.21
	民主党派	16	0.27
	共青团员	4206	71.41
	群众	1363	23.15
学历	专科及以下	351	5.96
	本科	5294	89.87
	硕士研究生及以上	246	4.18
居住地	城区	3496	59.36
	郊区	550	9.35
	农村	1845	31.29

续表

项目指标		人数(人)	占比(%)
地区	苏南地区	1048	17.79
	苏中地区	1215	20.64
	苏北地区	3628	61.57
职业	在校学生	5397	91.63
	企业职工	143	2.44
	党政机关人员	87	1.49
	事业单位工作人员	47	0.81
	其他	217	3.62

六 问卷的信度与效度

调查问卷采用 KMO 和巴特利特检验作为信度的检验指标。经检验，问卷的 Cronbachs α 为 0.85，KMO 值为 0.976，巴特利特球形度检验中，近似卡方 118010.383，自由度 276，显著性 0.000，见表 4-2。这表示本问卷的可信度较高。

表 4-2   KMO 与 Bartlett 检验

取样足够度的 Kaiser–Meyer–Olkin 度量	0.976
Bartlett 的球形检验近似卡方	118010.383
df	276
Sig 显著性	0.000

调查问卷的效度主要针对内容效度。本章节所设计的问卷定稿已多次与专家研讨，开展了全面系统的论证和修正，并选择个别区域展

开试调查,确保问卷设计的各维度及问题涵盖社会主义核心价值观内化情况的各个方面。调查问卷包含的三个调查部分及题目,均是与相关主题的研究报告、文献综述等综合后得出的结论。经过因子分析,初始特征值大于1的有3个,初始特征值的累计率达到了81.072%(一般超过50%就为合适),符合问卷效度分析的要求,见表4-3。

表4-3　　　　　　　　解释的总方差数统计

成分	初始特征值			提取平方和载入			旋转平方和载入		
	合计	方差的%	累积%	合计	方差的%	累积%	合计	方差的%	累积%
1	13.682	57.010	57.010	13.682	57.010	57.010	5.286	22.024	22.024
2	1.392	5.798	62.809	1.392	5.798	62.809	4.607	19.196	41.220
3	1.098	4.574	67.382	1.098	4.574	67.382	2.858	11.910	53.131
4	0.903	3.761	71.143	0.903	3.761	71.143	2.337	9.738	62.868
5	0.726	3.023	74.166	0.726	3.023	74.166	1.438	5.991	68.860
6	0.654	2.725	76.892	0.654	2.725	76.892	1.092	4.550	73.409
7	0.510	2.127	79.019	0.510	2.127	79.019	1.066	4.443	77.853
8	0.493	2.054	81.072	0.493	2.054	81.072	0.773	3.219	81.072
9	0.451	1.880	82.952	—	—	—	—	—	—
10	0.433	1.803	84.756	—	—	—	—	—	—
11	0.385	1.602	86.358	—	—	—	—	—	—
12	0.362	1.510	87.868	—	—	—	—	—	—
13	0.352	1.468	89.336	—	—	—	—	—	—
14	0.328	1.368	90.704	—	—	—	—	—	—

续表

成分	初始特征值			提取平方和载入			旋转平方和载入		
	合计	方差的%	累积%	合计	方差的%	累积%	合计	方差的%	累积%
15	0.278	1.158	91.862	—	—	—	—	—	—
16	0.267	1.114	92.975	—	—	—	—	—	—
17	0.263	1.096	94.071	—	—	—	—	—	—
18	0.233	.969	95.041	—	—	—	—	—	—
19	0.218	0.909	95.950	—	—	—	—	—	—
20	0.208	0.865	96.816	—	—	—	—	—	—
21	0.203	0.844	97.659	—	—	—	—	—	—
22	0.199	0.829	98.489	—	—	—	—	—	—
23	0.192	0.801	99.289	—	—	—	—	—	—
24	0.171	0.711	100.000	—	—	—	—	—	—

提取方法：主成分分析法。

第二节 社会主义核心价值观内化的现状

一 社会主义核心价值观内化的影响因素研究

（一）样本统计变量的差异性检验

T检验表明，性别、婚姻状况对社会主义核心价值观内化的影响差异不显著；对年龄、政治面貌、居住地、所在地区、学历、职业因素进行单因素方差分析表明，前四者的差异较为显著，学历、职业因素的差异不够明显。

1. 性别、婚姻状态的 T 检验

通过对性别和婚姻状况因素的 T 检验得出，这二者对社会主义核心价值观内化的影响差异不显著，见表 4-4、表 4-5。由此可见，性别与婚姻状况对社会主义核心价值观内化的影响不明显。

表 4-4　　　　　　　　性别的 T 检验分析

性别	频数	平均值	标准差	均值误差	T 值
男	1919	4.6883	0.42800	0.00977	0.178
女	3972	4.6863	0.38875	0.00617	—

表 4-5　　　　　　　　婚姻状况的 T 检验分析

婚姻	频数	平均值	标准差	均值误差	T 值
未婚	409	4.7174	0.37990	0.01878	1.582
已婚	5453	4.6848	0.40382	0.00546	—

2. 年龄的方差分析

方差分析结果表明，年龄因素对社会主义核心价值观的内化影响差异显著，见表 4-6。通过 Scheffe 检验发现，年龄在 20 岁以下和年龄在 20—39 岁的社会主义核心价值观的内化程度优于其他两组，年龄越小，社会主义核心价值观内化程度相对越高，笔者认为原因在于学生对社会主义核心价值观的认同状况，受国家、社会、学校、家庭和个人等多种因素的综合影响，他们对社会主义核心价值观的内涵理解，为社会主义核心价值观的认同和践行奠定了基础。

表 4-6　　　　　　　　　　年龄的方差分析

	平方和	均方	F 值	显著性
组间	5.821	1.940	12.078	0.000
组内	945.669	0.161	—	—
总数	954.489	—	—	—

3. 政治面貌的方差分析

方差分析结果表明，政治面貌因素对社会主义核心价值观内化影响差异显著，见表 4-7。通过 Scheffe 检验发现，社会主义核心价值观的认同与个人政治身份有相关性。党员具备坚定的政治意识和崇高的理想信念，是群体中的骨干力量，能够充分发挥先锋模范作用。因此，社会主义核心价值观的内化程度会随着政治身份属性的不断增强而不断提高。

表 4-7　　　　　　　　　　政治面貌的方差分析

	平方和	自由度	均方	F 值	显著性
组间	1.234	3	0.411	2.548	0.054
组内	950.255	5887	0.161	—	—
总数	951.489	5890	—	—	—

4. 学历的方差分析

方差分析结果表明，学历因素对社会主义核心价值观的内化影响差异显著，见表 4-8。通过 Scheffe 检验发现，并非学历越高其社会主义核心价值观内化的程度越高。从学历因素的角度分析，在硕士研究生以及博士研究生阶段，这类群体由于接触的领域较为广泛，受到社会各类思潮的影响较大。此外，提升大众的学习意愿、认知程度以及拓展了解途径，可以有效增加其内化程度。

表 4–8　　　　　　　　　　学历的方差分析

	平方和	自由度	均方	F 值	显著性
组间	1.652	3	0.551	3.413	0.017
组内	949.837	5887	0.161	—	—
总数	951.489	5890	—	—	—

5. 居住地的方差分析

方差分析结果表明，居住地对社会主义核心价值观的内化影响差异显著，见表 4–9。通过 Scheffe 检验发现，各居住地内部差异对社会主义核心价值观的内化程度影响较大，居住在城区的群体内化程度较高，郊区次之，居住在农村的人群社会主义核心价值观内化程度最低。笔者认为，传统农民关心国家大事的思想意识需要加强，而农村地区缺乏相应的宣传渠道和传播途径，故内化程度较低。所以，在农村积极培育和践行社会主义核心价值观，并将其转化为广大农民群众的情感认同和习惯行为任务较重。强化农村地区学习氛围的营造，增加农村地区宣传活动的组织频率，是提升内化程度的较为有效的手段。

表 4–9　　　　　　　　　　居住地的方差分析

	平方和	自由度	均方	F 值	显著性
组间	7.300	2	3.650	22.761	0.000
组内	944.189	5888	0.160	—	—
总数	951.489	5890	—	—	—

6. 地区的方差分析

方差分析结果表明，地区对社会主义核心价值观的内化影响差异显著,见表 4-10。通过 Scheffe 检验发现,各地区内部差异对社会主义核心价值观内化的影响较大,苏南地区内化程度较高,苏中地区次之,苏北地区最低。由于苏南地区经济发展水平较高,地域文化资源丰富,对社会主义核心价值观的内涵认同较高,使得大众对其系统认知和情感认同更加深入。

表 4-10　　　　　　　　地区的方差分析

	平方和	自由度	均方	F 值	显著性
组间	1.148	2	0.574	3.555	0.029
组内	950.341	5888	0.161	—	—
总数	951.489	5890	—	—	—

7. 职业的方差分析

方差分析结果表明,职业因素对社会主义核心价值观的内化影响差异不显著,见表 4-11。通过 Scheffe 检验发现,职业内各部之间对社会主义核心价值观的内化并无明显差异,并非学历越高其社会主义核心价值观内化程度越高。

表 4-11　　　　　　　　职业的方差分析

	平方和	自由度	均方	F 值	显著性
组间	1.710	6	0.285	1.766	0.102
组内	949.779	5884	0.161	—	—
总数	951.489	5890	—	—	—

(二) 因子变量的命名解释

按照因子所包含的变量的共性进行命名,见表 4-12。第一个因子在保障人的自由和权利方面做得较好、在维护社会公平正义方面已取得了很多成绩、社会保障较为公平等方面的载荷都较高,反映了社会主义核心价值观在社会层面越完善,内化程度越好,故可命名为社会进步程度。第二个因子包括社会和谐程度比较高、整体社会道德风气较好,这两个内容涉及社会主义核心价值观国家层面的和谐方面,可命名为和谐发展程度。第三个因子包括社会生活中大多数人都很诚信、社会生活中公民都能做到友善相对,反映了社会主义核心价值观个人层面诚信和友善的认同程度较高,故可命名为道德规范。第四个因子包括党和国家在平等目标上表现出坚定的决心,但仍存在不平等现象,反映了社会主义核心价值观社会层面平等方面还需进一步完善,故命名为社会状态。第五个因子包括国家富强对自己的影响比较大、会自觉参与民主制度改革等,可将其归纳为国家富强程度。第六个因子是经济发展属于国民共进的良好阶段,可命名为经济发展程度。第七个因子包括经常阻止不文明、不和谐现象,可命名为文明和谐程度。第八个因子包括在竞争中不会因为自己的利益而背叛朋友,可命名为社会公德。

表4-12　　　　　　　　　旋转后的因子载荷矩阵

测量指标	1	2	3	4	5	6	7	8
我国经济发展处于国民共进的良好阶段	0.673	0.264	-0.300	-0.007	0.129	0.218	0.170	0.197
国家富强对自己的生活影响较大	0.665	0.148	-0.365	0.042	0.279	0.305	0.175	0.011
中国的民主制度在不断完善	0.751	0.118	-0.406	-0.010	0.126	0.101	-0.097	-0.056
你会自觉参与民主制度改革	0.722	0.181	-0.198	0.011	0.251	-0.078	-0.224	-0.305

续表

测量指标	1	2	3	4	5	6	7	8
在无人监督的情况下,你也会坚守文明底线	0.701	-0.163	-0.233	0.003	0.177	-0.323	-0.336	-0.045
你经常阻止不文明、不和谐现象	0.615	0.283	0.167	0.080	0.278	-0.478	0.382	0.017
我国社会和谐程度比较高	0.810	0.323	0.013	-0.019	-0.131	-0.112	-0.034	0.128
我国的整体社会道德风气较好	0.800	0.353	0.045	-0.028	-0.140	-0.120	-0.016	0.105
我国在保障人的自由和权利方面做得较好	0.841	0.215	-0.071	-0.010	-0.197	-0.085	-0.053	0.078
我国现在生活的环境自由程度比较高	0.828	0.206	-0.037	0.020	-0.235	-0.060	-0.058	0.086
你会为自由和平等得到应有的尊重和保护而努力	0.805	-0.088	-0.075	0.078	-0.193	-0.098	-0.051	0.037
党和国家在平等目标上表现出坚定的决心,但仍存在不平等现象	0.344	-0.106	0.169	0.903	0.079	0.065	-0.047	0.014
当前我国在维护社会公平正义方面已取得了很多成绩	0.843	-0.045	-0.059	0.069	-0.215	0.092	-0.034	-0.033
当前我国社会保障较为公平	0.835	0.069	0.049	0.035	-0.237	0.149	0.036	-0.093
全社会的法律意识和法制观念已经提高	0.810	0.095	0.141	0.027	-0.183	0.098	0.054	-0.132

续表

测量指标	1	2	3	4	5	6	7	8
你在工作或学习中能够做到遵纪守法	0.794	-0.383	-0.049	-0.030	-0.080	-0.067	0.085	0.021
国家强,人民才能富,你关心国家的发展和进步	0.813	-0.349	-0.053	-0.037	-0.062	0.004	0.113	-0.063
你能够自觉抵制民族分裂主义和非理性爱国主义	0.766	-0.447	-0.105	-0.025	-0.020	-0.010	0.158	0.016
你在工作中时常精神饱满,冲劲十足	0.760	-0.032	0.285	-0.105	0.131	0.051	0.108	-0.244
你认为敬业精神对工作和学习有很大帮助	0.818	-0.295	0.047	-0.078	0.013	0.042	0.059	-0.075
你在工作生活中会恪守诚信	0.793	-0.367	0.025	-0.102	0.043	-0.083	0.021	0.015
社会生活中多数人都很诚信	0.730	0.162	0.441	-0.110	0.133	0.170	-0.087	-0.041
社会生活中公民都能做到友善相对	0.753	0.128	0.425	-0.122	0.138	0.150	-0.132	-0.037
你在竞争中不会因为自己的利益而背叛朋友	0.676	-0.248	0.208	-0.085	0.257	0.070	-0.171	0.462

因子方差贡献率代表了其对应因子的重要程度,由表4-3可知,社会主义核心价值观内化程度的影响因素从大到小依次为"社会进步程度(57.010%)""和谐发展程度(5.798%)""道德规范(4.574%)""社会状态(3.761%)""国家富强程度(3.023%)""经济发展程度(2.725%)""文明和谐程度(2.127%)""社会公德(2.054%)"。

二 社会主义核心价值观内化的存在问题研究

社会主义核心价值观的内化是个体从认知、认同、意愿到自觉行动的渐进过程。为进一步了解社会公众社会主义核心价值观内化过程中存在的问题，问卷设计围绕社会主义核心价值观的三个层面，包括富强、民主、文明、和谐等 12 个目标价值观，对应设计了 12 个表述内容，由"完全符合"到"完全不符合"五个选项的李克特量表组成。具体指标设计与认知、认同情况见表 4-13、表 4-14、表 4-15、表 4-16。

表 4-13　　　　　社会主义核心价值观认同程度指标设计

价值观层面	目标维度	指标
国家层面	富强	我国经济发展处于国民共进的良好阶段
	民主	我国的民主制度在不断完善
	文明	在无人监督的情况下你也会坚守文明底线
	和谐	我国的社会和谐程度比较高
社会层面	自由	我国现在生活的环境自由比较高
	平等	党和国家在平等目标上表现出坚定的决心
	公正	当前我国社会保障较为公平
	法治	全社会的法律意识和法治观念已经提高
个人层面	爱国	国家强，人民才能富，你关心国家的发展和进步
	敬业	你认为敬业精神对工作和学习有很大帮助
	诚信	社会生活中多数人都很诚信
	友善	社会生活中公民都能做到友善相对

表 4-14　　　　　　　各目标维度认同程度百分比

目标维度	完全符合(%)	比较符合(%)	不确定(%)	不太符合(%)	完全不符合(%)
富强	68.43	28.79	2.07	0.59	0.12
民主	80.07	18.18	1.49	0.17	0.08
文明	83.77	15.35	0.75	0.05	0.08
和谐	68.85	27.84	2.58	0.53	0.20
自由	71.40	26.16	1.85	0.42	0.17
平等	58.39	30.72	7.38	1.97	1.53
公正	71.82	25.75	1.92	0.42	0.08
法治	69.55	27.69	2.27	0.39	0.10
爱国	80.27	18.84	0.78	0.07	0.03
敬业	78.70	20.29	0.88	0.10	0.03
诚信	65.00	28.30	5.48	1.10	0.22
友善	66.00	29.60	3.41	0.70	0.29

表 4-15　　　　　　社会主义核心价值观践行意愿指标设计

价值观层面	目标维度	指　　标
国家层面	富强	你愿为祖国繁荣富强奉献自己的力量
	民主	你会自觉参与民主制度改革
	文明	你经常阻止不文明现象
	和谐	你能够做到与自然、与他人和谐相处

续表

价值观层面	目标维度	指　标
社会层面	自由	我国在保障人的自由和权利方面做得较好
	平等	你会为平等得到应有的尊重和保护而努力
	公正	当前我国在维护社会公平正义方面已经取得了很多成绩
	法治	你在工作或学习中能够做到遵纪守法
个人层面	爱国	你能够自觉抵制民族分裂主义和非理性爱国主义
	敬业	你在工作中时常精神饱满,冲劲十足
	诚信	你在工作生活中会恪守诚信
	友善	你在竞争中不会因为自己的利益而背叛朋友

表4-16　　　　各目标维度践行程度百分比

目标维度	完全符合(%)	比较符合(%)	不确定(%)	不太符合(%)	完全不符合(%)
富强	72.28	24.46	2.51	0.53	0.22
民主	72.36	22.88	3.97	0.51	0.27
文明	56.82	34.39	6.38	1.12	1.29
和谐	67.34	28.91	2.70	0.80	0.25
自由	72.94	24.70	1.95	0.31	0.10
平等	77.22	21.42	1.24	0.08	0.03
公正	75.40	22.95	1.43	0.12	0.10
法治	80.53	18.76	0.65	0.05	0.02
爱国	83.16	16.14	0.63	0.03	0.03
敬业	68.27	28.42	2.67	0.48	0.17
诚信	79.90	19.39	0.56	0.10	0.05
友善	76.93	20.81	1.54	0.31	0.41

（一）社会层面的认同程度低于个人层面

从社会主义核心价值观各目标维度认同程度百分比来看，国家层面的认同程度优于社会层面和个人层面，社会层面的践行意愿最低。虽然社会公众对各目标维度价值观认同度平均超过了70%，处在较高水平，但各目标维度认同比例并不均衡。其中认同度最低的是平等，"完全不认同"比例占1.53%，处在较低的水平；反映出部分民众对国家层面的完全认同度平均超过75%，对社会层面的完全认同程度平均低于70%。可见社会公众对社会主义核心价值观的不同层面、不同具体价值观的认同度呈现出差异性。完全认同在民主、文明、自由、公正、爱国、敬业方面占主导地位；在富强、和谐方面完全认同不占主导地位，更多的民众选择不确定，说明这两个方面社会公众的认同程度相对低。社会公众在国家层面的价值观认同明显高于社会层面和个人层面，说明在某种程度上，富强、民主、文明、和谐的国家层面价值观具有更好的群众认同度，表明了我们国家在富强的道路上越走越好，人民对美好生活充满期望。

（二）个人层面的认同程度低于国家层面

诚信、友善是全国人民的共同追求，反映了中华优秀传统文化的继承和发扬。诚信精神推动着中华民族生生不息、薪火相传。友善是公民必须遵循的社会主义道德建设的方针和原则。中华优秀传统文化，蕴含丰富的友善思想，友善并不是对传统文化中的友善思想的简单复制，而是结合新的时代要求实现创造性的发展和转化。从表4-13和表4-14中可以看出，在个人层面的诚信设计的指标为"社会生活中多数人都很诚信"；友善的指标为"社会生活中公民都能做到友善相对"。社会公众对诚信、友善的完全认同程度较低，不确定因素较高。

(三) 国家层面的践行意愿低于其他层面

从社会主义核心价值观各目标维度践行程度百分比来看,个人层面的践行意愿优于国家层面和社会层面。在各具体价值观当中爱国、法治、诚信、平等价值观践行意愿高,但在"你愿为祖国繁荣富强奉献自己的力量"和"你会自觉参与民主制度改革"指标所代表的富强、民主价值观上,表明个人命运与国家前途命运相互交融意识不强,国富民强是实现国家繁荣昌盛、人民幸福安康的物质基础;在"你经常阻止不文明现象"和"你能够做到与自然、与他人和谐相处"所代表的文明、和谐的价值观上,社会公众表现出了些许犹豫,表明个人价值实现与国家发展的精神动力和文化体现需要紧密联系,也表明了社会公众对国家的认同感有待进一步加强,主人翁意识、文明意识、人与自然和谐相处等方面亟待提升。

(四) 对具体内涵的理解较为片面

富强的指标为"你愿为祖国繁荣富强奉献自己的力量",平等的指标为"党和国家在平等目标上表现出坚定的决心"。从表4-13和表4-14中可见,相较于其他核心价值观,平等的认同度最低,富强的认同度较低。由此可推断,部分社会群众对于社会主义的本质还缺乏全面系统的理解。富强、平等是全社会的共同愿望,其反映了人民群众对于美好生活的向往以及对享有同等权利的期望,必须进一步强化理论指引。

(五) 知行合一有待进一步加强

综合上述数据,将各目标维度价值观的认同程度和践行意愿中的"完全符合"做比较分析,根据表4-14、表4-16可知,各维度价值观中富强、自由、平等、公正、法治、爱国、诚信、友善的践行程度高于认同程度，其余价值观均表现为践行程度低于认同程度，个别价值观知行不一致更为明显。由此可见，社会公众尽管熟知各价值观层面的内涵、意义，但与自身实际行动相结合时仍会意志不坚定，此类现象普遍存在于社会当中，反映出社会公众在面对个人利益与他人、社会利益需做出选择时，更多地会考虑自身利益。在社会主义核心价值观的宣传教育中，要从知、情、意、行四个方面入手，促进社会公众对核心价值观认知、认同和践行统一。

三 社会主义核心价值观内化的问题成因研究

（一）重视程度亟待提升

在实际调查中可见目前社会公众对核心价值观的重视程度还需提高，部分主题教育活动、宣传活动仍停留于表面形式。当前我国社会主义进入了新时代，积极培育和践行社会主义核心价值观，是实现中华民族伟大复兴中国梦的重要战略任务，具有重要的现实意义和深远的历史意义。

（二）培育机制建设不够完善

社会主义核心价值观作为一种主流社会意识，是一定社会存在基础上的思维活动的具体体现。核心价值观的培育则需要一个长期且稳定的、结合大学生的不同发展阶段的内外联动机制，由此更加深入地推进社会主义核心价值观与大学生的思想政治教育有机融合，使其内化为大学生乃至公民自觉的价值选择和行为准则。在调查中，有36.58%的社会公众认为当前价值观教育存在机制建设不完善等问题，超过了被调查对象的三分之一。可见，在当前时代背景下，多元思想文化的冲击愈发激烈，构建弘扬社会主义核心价值观的长效运行机制，培育和践行社会主义核心价值观是一项持续发展的系统性工程。

（三）践行教育尚未取得突出实效

实践是认识发展的根本动力。践行教育是社会主义核心价值观培育中的关键一环。然而，在部分践行环节中仍存在重制度建设轻落实实践机制、重宣讲宣传轻践行实践的不足之处。在制度体系建设方面，当前价值观培育的评估考核形式主要以理论学习成绩测评为主，整体考评制度缺乏亮点与特点，忽视了对实践过程的评估考核；在实践活动开展方面，当前价值观培育的实践过程过于重视理论知识教学，缺乏实践活动历练，学习者在实践层面上的参与感不够强、积极性不够高，缺乏自觉实践的动力，导致在培育的过程中不能正确领悟社会主义核心价值观的内涵，难以做到对社会主义核心价值观的理性内化和行为自觉。

（四）与中华优秀传统文化融合程度不够紧密

在实际调查中，近76.95%的被调查对象认为社会主义核心价值观主要来源于中华优秀传统文化，但在实际生活中，在社会主义核心价值观的践行意愿中，诚信、友善等与中华优秀传统文化息息相关的目标践行意愿并不高。在培育和践行社会主义核心价值观时，我们必须从优秀传统思想价值积淀中获得滋养。

四 社会主义核心价值观内化的实践经验研究

社会主义核心价值观的内化，是在社会主义核心价值体系指导下，个体所形成的关于价值、价值关系、价值信念以及价值目标的总的看法和根本观点。其过程是价值观的内化过程，即通过一系列宣传和引导,让公民充分认识、了解价值观的内涵和意义,由被动的依从到真心认同,再到主动践行的知、情、意、行的转变过程,即让社会主义核心价值观"入心""入脑",真心接受并做到"内化于心,外化于行"。要把核心价值观真正根植于人民的灵魂,让他们在日常生活、学习和工作中能够自觉践行。探索总结社会主义核心价值观内化的实践经验,对于解决当前社会主义核心价值观教育存在的困境具有极其重要的现实意义。

(一)探索机制建设,构建工作体系

社会主义核心价值观内化的有效性必须通过科学有效的长效机制来保证。

第一,建立健全以管理机构实体化为核心的工作机制。各级党委和政府更加注重社会主义核心价值观内化于心、外化于行,围绕着社会主义核心价值观内化工作提升实效。把社会主义核心价值观内化放在更加突出的位置,在建设和管理方面取得成效。包括将社会主义核心价值观教育工作作为重要职责,以制度建设为切入点,为考量社会主义核心价值观的内化发展提供保障。在建立健全有力保障机制的情况下,大力完善工作机制建设,推动社会主义核心价值观实现教育实体化。

第二,建立健全以专门队伍、专用场地、专项经费为重点的保障机制。各地区可通过组建专门队伍,划拨专项经费预算,提供专用场地,探索建立健全以专岗专人、专项经费、专门场地为核心的保障机制,为加强和改进社会主义核心价值观内化工作提供良好的制度保障。① 在人员配备方面,要积极配备专职工作人员,落实专人、专岗、

---

① 蒲清平、张伟莉、安娜:《社会主义核心价值观内化的心理机制与实践路径》,《国家教育行政学院学报》2015 年第 10 期。

专责，形成统筹发展、系统谋划、整体推进的良好态势。

第三，建立健全以社会主义核心价值观内化成果认定为核心的激励考核机制。为加强社会主义核心价值观内化的实效性，可大力推出一系列有助于社会主义核心价值观育人创新发展的激励性举措，比如研究制定推出新的优秀人物评选办法、先进事迹表彰办法等，将优秀的作品和先进的工作事迹真正纳入考评机制当中。

第四，建立健全以提升社会主义核心价值观内化工作实效为核心的协同联动机制。加强综合统筹，在充分发挥传统优势的基础之上，完善社会主义核心价值观内化的联动机制，通过资源共享、优势互补等，形成合力，促进社会主义核心价值观内化于心、外化于行。

（二）推进内容融入，完善体系建设

第一，加强思想引领，打造系列意识形态教育产品。社会主义核心价值观已成为新时代的主流意识形态。将中国特色社会主义理论体系与社会主义核心价值观、中国梦教育有机结合，大力推进优秀意识形态教育产品的创作和传播，使中华优秀传统文化与社会主义核心价值观深入结合，将社会主义核心价值观逐步嵌入内在价值追求，努力参与到社会生活的行为准则中。

第二，加强社会主义核心价值观培育的文化环境体系构建。社会主义核心价值观的认同需要建设良好的文化环境体系，要通过社会主义核心价值观引领网络文化建设、社区文化建设、校园文化建设、家庭文化建设，进一步促进网络、社区、校园与家庭文化的协同发展，加强"社校家"有效融合，推动文化环境体系建设。要促使理论文化建设与实践文化建设相结合，广泛开展精神文化活动，通过组织一系列专题讲座、文化建设活动，强健体魄，陶冶情操，努力形成人人接受倡导、人人内化践行且日益完善的社会精神文化。

第三，明确社会主义核心价值观内化的目标要求。社会主义核心价值观的学习研究、培育弘扬、内化践行的关注度愈来愈高。人民群众对社会主义核心价值观的知晓程度、共识程度和认同程度不断加深，并能够将其转化为自身行动、自觉实践，是对社会主义核心价值观内化状况的系统评价标准。社会主义核心价值观内化的目标要求推动人们的内心道德信念，经历持续的心理发展演化过程。只有牢牢把握价值观内化的规律，才能够找到促进核心价值观教育的有效策略，从而实现社会主义核心价值观教育的真正目标。

（三）加强平台搭建，构筑内化阵地

培育和践行社会主义核心价值观，是凝魂聚气、强基固本的战略工程。要牢牢守住意识形态的前沿阵地，通过加强平台建设，增强社会主义核心价值观教育活动的吸引力。借助各类平台，突出社会主义核心价值观的引领作用。"蓬生麻中，不扶而直"，将社会主义核心价值观教育融入社会文化活动、校园文化活动、家庭文化活动，营造有利于价值观养成的生活情景和社会氛围，使价值观的培育达到润物无声、潜移默化的状态。在践行和培育社会主义核心价值观的工作中注重与传统文化、地方文化和社会文化的融合，打造系列的品牌活动，吸引群众的眼球；在传统节日和政治性纪念日针对性地开展活动、营造氛围促使核心价值观入脑入心；学习先进典型、效仿身边的榜样，在感动中体验社会主义核心价值观的力量；开展和谐社会建设专项行动，用和谐的环境渲染核心价值观，使群众感受到社会主义核心价值观的温度。

第一，利用理论学习平台，增强社会主义核心价值观的认同。"知为行之始"，让人们在理论上认可，情感上接受。发挥基层党总支和相关职能部门的主动性，针对不同人群进行学习活动分类，通过讲座和专题学习侧重理论宣讲，通过教科研立项和研讨会等形式加强研究性学习，通过灵活多样的学习活动增强其学习主动性；建立政治理论专题学习网站，强化理论引导，促进信息交流，督促学习进展，达到学习自觉。

第二，建立教学体系平台，巩固社会主义核心价值观教育的基础。将社会主义核心价值观融入大中小学日常教学工作的各环节是社会主义核心价值观培育和践行的基础。人才培养方案是人才培养的顶层设计，是培养什么样人的关键环节。将社会主义核心价值培育写进人才培养方案，完善课程体系的调整、课程内容的更新和方法手段的改进。高度重视社会主义核心价值观"三进"的实效性问题，通过实践、辩论、微视频等形式激发学生主动性，推动研究性学习和参与式教学，提高学生学习的主动性。推动与社会主义核心价值观培育相关的选修课建设，如开设《中华优秀传统文化》《人生价值与人生规划》《中国古代思想史》等公共选修课程；引入慕课等丰富课程资源，开通关于社会热点和中华文化的课程，建立健全社会主义核心价值观教学体系。

第三，完善宣传平台，丰富社会主义核心价值观的表达。建立多层次全方位的社会主义核心价值观传播渠道，充分发挥各类各界宣传媒体的作用，用深受大众喜爱的形式使其鲜活地展现在人们面前。充分利用橱窗海报、广播视频、电子屏幕、宣传条幅等传统媒体平台，营造浓厚的宣传氛围。利用宣传屏、宣传栏、广播台等围绕热点和焦点问题进行宣讲，明道理、树正气。针对信息网络化和媒体移动化的趋势，加强新媒体的应用，迎合新时代人民群众的喜好，带领广大人民群众积极投身于宣传活动中。

第四，搭建实践教育平台，深化社会主义核心价值观培育成果。"行为知之成"，培育和践行社会主义核心价值观，重在养成，贵在实践。引导人民群众走出家门、走出办公室，进一步了解国情、社情和民情，才能巩固宣传教育工作的成果。以"奉献、友爱、互助、进步"为精神核心，以丰富多彩的实践活动为表现形式的志愿服务活动是社会主义核心价值观践行的有效平台。致力推动青年志愿者行动的项目化、特色化和阵地化发展，打造志愿服务体系，建立志愿服务基地，开展爱心支教、关注留守儿童和空巢老人等长期、稳定的志愿服务活动，使志愿服务在社会主义核心价值观的培育和践行中发挥不可替代的作用。

（四）健全工作队伍，打造育人矩阵

人才资源是第一资源，加强社会主义核心价值观内化工作，关键在人。

第一，培养师德高尚、业务精湛的高素质教师队伍。教师是价值观教育的主导者，教师队伍的思想道德水准直接影响着学生价值观的塑造，"学为人师、行为世范"是所有教师应坚守的道德理想和职业伦理。发挥教师的立德育人职能，需要系统地从教育与社会相互作用的整体入手，推进教育体制的深化改革，以教育家的理念办教育，在恢复教育的人文理念中锤炼师魂。培育和践行社会主义核心价值观，教师需要身体力行、言行合一，不断提高自身马列主义理论与思想道德认知能力和水平，从而更好地说服和引导学生。坚持以师德为上，深化完善现代教师的职业道德规范，建立健全教师任职资格的准入制度，将师德师风表现作为教师教学考核、职级聘任和年度评价的首要内容。进一步建设师德师风长效机制，增强教师队伍对教书育人职业的荣誉感和责任感，做学生成长成才的指导者和引路人。

第二，典型示范引领，传递社会正能量。突出新闻宣传，选树先进典型，发挥示范引领作用。开展"道德模范、十大孝子、身边好人"等评选活动，通过举办"事迹报告会"及"道德讲堂"等群众喜闻乐见的活动，立体化、高密度地集中宣传先进典型事迹。多形式宣传各类道德模范的先进优秀事迹，进一步激发干部群众尤其是学生群体践行社会主义核心价值观的自觉性。

第三，融入网络思想政治教育，构建网络传播阵地。加强思想政治教育网站建设。实施"思想政治教育进网络"建设工程，投入经费建设思想政治教育在线网站，建成一批具有良好示范作用的思想政治教育主题网站，形成思政教育主题网站集群。

第三节 社会主义核心价值观的内化建设

社会主义核心价值观由认同到内化需经过很长一段时间，社会主义核心价值观内化建设需要将其融入社会理想，用社会主义核心价值观塑造知识分子人格以及让社会主义核心价值观融入个人的内在规范。

一 将社会主义核心价值观融入社会理想

社会主义核心价值观是大众价值观，是全体人民的价值导引。只有将社会主义核心价值观与人民群众的日常生活紧密相连，才能持续地将其转变为人民群众的精神追求。从个人层面来看，倡导"爱国、敬业、诚信、友善"，从而构建民间社会的底线伦理，这涵盖两个层次，一是确立公民基本道德规范，二是提倡公民基本职业道德。这八个字是我国公民所遵守的基本道德规范的核心要求，充分体现了社会主义价值追求和公民道德行为的本质属性。

实现全社会对社会主义核心价值观的认同，要持续发力，才能取得实效,而要实现这一目标,关键在于激发内在需求,只有让人民真正从内心深处接受社会主义核心价值观,才能对其今后的成长提供科学指引,才能全面提升其认同的自觉性与积极性,从而为社会主义核心价值观教育增添新活力。公民要科学认识自我,明确个体的发展不是孤立的,而是处于社会关系中,社会角色更为凸显。个体本身的成长同社会发展之间有密切关系,作为公民首先需要明确,自我需要是社会需要的基础,实现社会需要是自我需要的最终追求。因此,公民需要将自身需要与社会需求有机统一起来,实现互相促进,和谐共生。激发公民的主观能动性,积极营造良好的社会舆论环境,提高公民的社会道德素养,是促进社会主义核心价值观认同的重要途径。同时要在实践中持续强化内隐认同,不断加强内省,长期深化内隐巩固,进而让社会主义核心价值观发挥最大作用。

二 用社会主义核心价值观塑造知识分子人格

"知识分子"是指具备独立的思考能力,运用知识开展工作的脑力劳动者。知识分子属于先进生产力的开拓者、教育科学文化工作的主要承担者,是科教兴国的主力军,属于工人阶级的一部分,是社会主义现代化建设的中流砥柱。知识分子不仅要达到一定的文化标准,具有一定的专业知识和技能,更重要的还在于他们必须是人类基本价值(诸如理性、良知、正义、平等、自由等)的维护者。社会主义核心价值观承载着国家和民族的精神追求,是评判是非曲直的价值标准。社会主义核心价值观作为主流价值共识,其倡导的价值理念具有强大的道义力量。

知识分子在建设中国特色社会主义事业中能够起到重要作用,我们不仅要做到让知识分子认同社会主义核心价值观,而且要潜移默化地用此去塑造知识分子的人格;不仅要让社会主义核心价值观成为他们的价值理念和信仰，更要让知识分子成为社会主义核心价值观身体力行的践行者、先锋者。加强社会主义核心价值观的传播和教育引导。首先，在内容上，要有完善的理论体系，丰富深刻的内涵，让广大知识分子从心里产生认同感；其次，在形式上，不断创新传播的方式，以文化为载体，借助文化的力量，促进现代科技创新和核心价值观教育的融合，增强核心价值观的培育实效；最后，在方法上，要积极寻找有效方法，结合不同地区的实际情况，从地域文化、经济发展状况、理性信念等入手，采用不同的方式方法，深刻落实到各地，以保证社会主义核心价值观传播的广度以及人民对此的认可度。① 用社会主义核心价值观去塑造知识分子的人格是一个逐步进行、逐渐完善的过程，需要加强引导，不断宣传，不停改进，并且需要将知识分子的具体情况和理想信念有机结合，使社会主义核心价值观从外而内影响知识分子，让知识分子切身感受、真正认同社会主义核心价值观，从而将其内化于心、外化于行。

三 社会主义核心价值观融入个人内在规范

社会主义核心价值观的提出，从思想理论、实践运动、社会制度层面深化了个体对中国特色社会主义的认识，并进一步发展到价值理念层面。中国特色社会主义进入新时代，只有将培育和践行社会主义核心价值观作为一项既具基础性、内在性，又具目标性、规定性的重大任务来认识、来落实，才能确保中国特色社会主义始终沿着正确方向前进，不断进发出更强大的活力。这决定了社会主义核心价值观培育是一个漫长而巨大的工程，需要完善的体系，多管齐下，使社会主义核心价值观无处不在、无时不有。社会主义核心价值观融入个人内

---

① 李成隆：《传统儒家文化演进路径对社会主义核心价值观建设的借鉴研究》，硕士学位论文，西南大学，2019年。

在规范,可以从以下几个方面着力。

一是贯穿教育全程。社会主义核心价值观融入内在规范,首先需要抓好各阶段教育工作。在家庭教育、学校教育、社会教育中融入社会主义核心价值观教育,持续推进理想信念教育,让受教育者从小就受到潜移默化的熏陶,得到社会主义核心价值观的滋养。日积月累,与日俱进,从内心深刻地认同社会主义核心价值观,并且将其作为自己的内在规范,约束自己。二是借助文化载体。文化是一种能够让人们在认识世界、改造世界的过程中将精神力量转化为物质力量的精华体现,对社会发展产生深远影响。以不同形式的文化为载体,承载社会主义核心价值观,用"春风化雨,润物无声"的方式使社会主义核心价值观深入人心。三是加强道德建设。加强公民的个人品德建设是社会道德建设的基础,首先要通过引导个体自识、自省、自警等方式,加强自身的道德规范及约束,与此同时也要从娃娃抓起,幼儿养性,童蒙养正,少年养志,成人养德;当然,对于社会这个大层面而言,相关机构应该建立关于道德建设的机制,指明道德建设的方向,激发人民的热情,同时也要发挥榜样示范作用,让人民向其学习;最后,也要抑制和批评社会的不良风气,不能越过道德的底线,社会相关部门要依法对不法现象进行严惩。当然,社会主义核心价值观作为当代中国主流价值观,要想真正融入个人内在规范,也绝非一日之功,国家、社会、个人等各个方面都要抓得住,不论是文化建设,还是道德建设,应该多管齐下,真正意义上使其融入个人内在规范。

第四节 本章小结

积极培育和践行社会主义核心价值观,是维护我国意识形态安全的迫切需要,是坚持和发展中国特色社会主义的内在要求。本章采用规范研究与实证研究相结合的方法，从分析相关概念入手，结合培育工作的实际情况，以内化为主线，设计调查问卷。通过社会主义核心价值观内化实证研究，分析社会主义核心价值观的认知与践行现状及存在的问题，在进行原因探究的基础上，提出了社会主义核心价值观内化建设路径。

第五章　社会主义核心价值观内化的现实考量

我国社会主义核心价值观的宣传教育已取得了一定的成效，但从内化效果来看仍需要进一步加强。同时也正是因为有了个别地区内化成功的案例，让我们可以汲取到更多经验，从而剖析现有教育模式的不足和缺失，总结存在的问题，这对于进一步寻求解决路径具有十分重要的意义。探究存在问题及其成因，采取由抽象到具体、由整体到部分的思路，从价值论域、现实论域和过程要素三个主要方面展开具体分析。本章基于这三方面现实考量因素，从过程逻辑、机制构建两方面初探社会主义核心价值观内化的方法路径。

第一节　社会主义核心价值观内化价值论域存在的问题及原因分析

当前，我国经济已转向高质量发展阶段，党和国家事业取得历史性成就，经济社会体制结构、党的政治建设、人民群众生活质量发生历史性变化，各类思想文化的相互交流、交融和交锋日益频繁。在国际社会多元化思潮的冲击下，社会主义核心价值观教育也开始面临新问题、新挑战，进一步推动社会主义核心价值观的内化进程需要深入探讨内化价值论域存在的问题并分析其原因。

一 当前社会主义核心价值观内化价值论域存在的问题

从整体的理论视角，对内化过程中关于价值论域存在的问题进行总结，得出以下四个层面的分析结果，即理念层面、目标层面、内容层面、方法层面。

（一）理念层面：忽视"人"的现实性

社会主义核心价值观内化的价值理念是"以人为本"，因此，社会主义核心价值观内化这一实践过程必然离不开"人"。这里的"人"关注的是马克思主义唯物史观的逻辑起点"现实的人"，是从事实践活动的自然人，是有生命的客观存在，而非某种精神或意识。社会主义核心价值观内化以"现实的人"为根本和出发点，需要考虑"现实的人"的三个特征。第一，现实的人是自然存在的人，在一定的自然条件下生存；第二，现实的人是处在社会关系中的人，有不同的利益需求；第三，现实的人具有主观能动性，是历史发展的主体。社会主义核心价值观内化过程中必须首先承认人是有血有肉的现实个体，进而探讨人的本质和本性，理解、尊重、承认和肯定人，培育和践行社会主义核心价值观的关注点始终集中于调动和激发现实主体的自觉意识，使其自觉践行社会主义核心价值观。但是，在社会主义核心价值观内化的实践过程中对"现实的人"的关注程度不够。

第一，忽视人的自然属性。作为自然人必然生活在一定的环境之中，只有生存的需求解决了才能产生更高层次的追求。当前的社会主义核心价值观内化，更多追求个人价值的实现，忽视了作为具体的、有生命的人的生产、生活、健康、安全等基本生存和发展需求，忽视了对价值观内化主体现实生存问题的解决。

第二，忽视人的社会差异性。中国幅员辽阔，历史悠久，文化多样决定了社会的多样性，在这样的社会背景下人们所处的环境具有地方差异，受到的教育也有不同层次的区别，最终表现为人与人精神追求上的差异。当前社会主义核心价值观教育更多关注人的共同属性，忽视人的社会差异性和个体差异性，忽视了因材施教和分层次施教。

第三，忽视人的主观能动性。人是社会历史主体也是价值主体，人受社会价值观的影响，同时也是价值的创造者、享用者和评价者，在社会主义核心价值观内化过程中表现出自主、创新的特质。当前社会主义核心价值观培育过程中存在重理论轻应用现象，受教育者通常只是被动接受，难以自主选择学习的内容和方式，参与实践的环节有限，个体的创造能力得不到发挥，价值观内化到外化的过程难以实现。

（二）目标层面：价值观培育政治功能弱化

社会主义核心价值观内化的目标在于促进人的全面自由发展，这既包含了个人"修身成仁"的理想人格的全面发展，也包含了"天下归仁"的理想社会的全面发展，即达到中华优秀传统文化中的"内圣外王"，因此，社会主义核心价值观内化的目标不仅仅表现为个人成长需求，也体现在社会发展需要。帮助人民坚定自身的理想信念，培养崇高的德行操守，树立正确的价值观念，培养符合我国政治、经济发展所需的人才，与现实社会频繁互动。社会主义核心价值观内化不是零星分散的个人行为，而是系统性、理论化的进程，在这之中学校的德育是关键，思想政治理论教育对于培养符合社会需要的人才，具有不可或缺的基石作用，应在教育体系中给予一以贯之的方向性指导。在实际操作过程中，思想政治理论课的政治功能有弱化现象。

一方面是培养重心偏移。社会主义核心价值观的培养应契合我国的政治、经济、文化发展需要，引导社会主义价值认同，承载培养中国特色社会主义事业建设者的政治任务。随着"去政治化"观念的泛化，社会主义核心价值观培育的政治性本质被弱化，人们对其功能的认同度不高，外化作用也不明显。另一方面是受教育者对思想政治教育的抵触。在学校教育中，近年来思想政治理论课教师虽然一直努力推进思想政治教育理论教学的研究与实践，调整传统的课程设置，完善教学方法，丰富教学形式，拓展教学内容，从而提升学生对思想政治理论的情感认同并引导其积极关注国家和社会生活，但这样以马克思主义理论课为主导的思政课程，按照系统的科学的教学方式灌输过程中，仍会因学生理解力不足和教师解读趣味性缺乏，难以调动学生参与的积极性和主动性。

（三）内容层面：忽视个体的情感体验

社会主义核心价值观内化是指塑造社会成员形成社会主义核心价值观，使其成为个体意识的内在发展。社会主义核心价值观包含国家、社会、个人三方面的价值追求，这种系统性、层次性的内涵往往把社会主义核心价值观的内在行为，简化为对相关理论知识的认识和吸收，而忽视个人自身的情感体验，使得个体缺乏对社会主义核心价值观内涵的全面认识，难以通过真正的知行合一规范个人行为和提高个人素养。具体表现为以下两点。

第一，忽视个体责任意识。社会主义核心价值观内化与自然科学知识掌握不同，除了对价值观内容的接收、认知外，个体的情感、利益等也会影响价值观内化的进程和效果，如果缺乏基本的社会责任意识，主体内心没有真正认同并信仰社会主义核心价值观，就会觉得其内容与自身无关，只是空洞的口号，也不能通过其解决自己遇到的实际问题，忽视自身对社会的职责和义务，也无法内化为自己的理想信念，使社会主义核心价值观内化效果大打折扣。

第二，忽视个体的价值追求。社会主义核心价值观内化必然是结合个人的生活环境、社会政治环境进行的。这些因素与社会现实关系密切，具有复杂多变的特点。如在高校，社会主义核心价值观培育相关思想政治教育课程多安排在低年级，在大学生进入高年级时，更偏重职业教育和专业教育，缺乏相应的价值引导。[1] 而价值观教育是一项长期熏陶活动，需要以少数高素养先行者对大众产生潜移默化的影响，进而真正变成全社会共有的价值观体系，而属于高素质人群的大学生，无疑便是这一角色的最佳选择，这便要求高校提高思想政治理论课的实效性，担负起建立契合社会主义核心价值观的正确思想体系。当前大学生获取信息大部分是借助网络，并以此为基础形成自己的评判标准，由于网络上的信息良莠不齐，乱象丛生，导致大学生在以往教育过程中形成的价值判断尚未完全成型便遭到不同程度的损害。在社会主义核心价值观内化的进程中，采取普适的内容会忽视个体的价值追求，会导致个人不能科学辨别现实生活中的真假善恶。

（四）方法层面：方法的灵活性不够

随着信息技术的发展，国际形势瞬息万变，各种思潮此起彼伏，人们的思想受多元文化的影响，同时，现实的社会主义核心价值观培育以传统方式为主，这种单一的灌输方式虽然能够对个体价值的形成产生一定的影响，但是在某种程度上制约着社会主义核心价值观内化的实效性。为了充分展示社会主义核心价值观在诸多价值观体系中的引领作用，使社会公众充分认识到社会主义核心价值观最契合我国当下国情和现实发展，符合最广大人民的根本利益，能最大限度促进社

---

[1] 陈庆国、张莹：《新时代大学生社会主义核心价值观认知逻辑探究》，《东北师大学报》（哲学社会科学版）2021年第6期。

会持续繁荣进步。同时在与社会主义核心价值观理念、目标和内容相一致的前提下，价值观内化的方法必须进行变革。

首先，对理论与实践的统一性关注不足。社会主义核心价值观内化具体表现为理论观念的内化和实践行为的转变。科学理论的内化应注意方法的科学性和系统性，关注个体的认知水平和能力；实践行为的内化要在方法上体现人文关怀，关注个体的情感认同、心理健康。理论内化与实践内化的理念、目标相同，但各自的侧重点不同，使用的方法也大相径庭。在社会主义核心价值观理论内化培育过程中，更多关注核心价值观内容的传输，以及受教育者对于理论的理解记忆，而在实践内化中，既注重教育者的以身作则又关注受教育者的言行举止等细微之处。当下社会主义核心价值观教育过程中存在重视社会主义核心价值观的理论内化吸收，忽略实践内化，具体表现为对于实践中的人文关怀关注度不够。要解决此类问题，理论与实践的统一性亟待加强。

其次，内容形式统一性与方法多样性协调不够。社会主义核心价值观培育目标、课程、教学等都有统一的安排。因此，在教学方法的选择上也大体一致。由于个人的认识和接纳受水平的差异，教育方式也存在着相应的优缺点，因地制宜、因时制宜地选择不同的方法组合，才能使培育的效果达到最优。但在实际操作中，教育者通常运用以灌输性为主的方式，难以发挥出多样性教学方法的组合优势。今后需因材施教，启发个体自主发现、分析和思考问题，进一步优化社会主义核心价值观内化的方法。

最后，系统性与融入性的一致性需要强化。社会主义核心价值观是体现其价值系统的基本特征和本质属性的。社会主义核心价值观的培育必须准确把握其内涵、实质和现实需求。这是一个系统工程，这个工程必须融入日常生活中，融入个体思考与解决现实问题的过程中，才能真正深远持久地发挥作用。但在社会主义核心价值观培育进程中，对人们思想共鸣点和利益交汇点的关注不够，要使社会主义核心价值观真正落细、落小、落实，融入个体的工作实践中，并发挥引领示范作用。

二 社会主义核心价值观内化在价值论域存在的问题原因分析

社会主义核心价值观内化的价值论域决定了整个价值体系的发展方向，分析当前社会主义核心价值观内化价值论域种种问题背后的原因，是社会主义核心价值观内化回归本真意义的第一步。在这之中不可避免要考虑到市场经济对社会主义核心价值观的冲击。市场经济以市场作为资源配置的手段，打破了计划经济时代"集体""大锅饭"的格局，也对集体主义的观念产生了冲击。市场经济对利益的追求被部分个体放大，个人主义、功利主义膨胀。个体价值导向市场化，追求功利实用性，过度谋求私利，按照市场要求塑造自己；追求个人价值的实现，忽视国家、社会的共同理想和信念，甚至突破道德底线，损害国家、民族和社会的利益，对社会主义核心价值观内化产生负面影响。

一方面，市场经济具有开放性，随着全球化时代的到来，人们获取信息的方式更加智能、便捷。信息化时代可以提高社会主义核心价值观的传播效率，海量信息的涌入也使人们的价值观念出现了多重选择，社会经济模式多变导致人的价值观念多元化。同时一些鼓吹民主、人权，推销西方民主制的言论，利用宗教民族问题，歪曲中国历史，煽动个体对党和政府的不满，与社会主义核心价值观背道而驰，会造成个体信仰缺失。

另一方面，社会主义核心价值观内化目标和效用定位不明晰。

社会主义核心价值观内化始终围绕人的"全面而自由的发展"展开，人是社会体系的一员，社会主义核心价值观内化肩负着促进个体政治社会化的任务，同时也凝练了社会主义意识形态的主要内涵和精神实质，具有高度的政治属性。受西方以"普世价值"为代表的思潮影响，我国部分学者"去政治化"地主张淡化社会主义核心价值观意识形态色彩，摒弃政治思维和立场，这必然导致社会主义核心价值观的本质规定无法被正确地理解和把握，从而使其丧失基本的导向、凝聚和约束功能，最终影响社会主义核心价值观内化的工作成效。"去政治化"在培育社会主义核心价值观的过程中，往往会导致对其内在目标和功能的认识产生偏差，这种偏差致使其内化的目的和作用定位不清，忽视了社会主义核心价值观在维护国家政治稳定、促进经济发展方面的目标；造成社会层面基本社会公德、行业道德等相关的价值观念多元化；对个人层面健全人格的关注度也不够。

这些问题总体表现为社会主义核心价值观内化体系有待优化。随着经济全球化的推进，我国对外开放的不仅仅是物质和空间，还包括精神生活和社会心态等。西方的价值观念伴随着文化商品、互联网等渗入我国，东西方文明模式和价值观念的冲突，在很大程度上影响着社会主义核心价值观的内化，导致人们疏远社会主义，淡化爱国主义等。在培育过程中仅仅将其中理性、科学的知识体系作为培育的基础，对个人的情感体验、价值认同等关注不够。

社会主义核心价值观培育内容理论化。社会主义核心价值观是我国意识形态本质内容的体现，是我国思想政治教育的重要内容。在培育的过程中，社会主义核心价值观被当成社会所倡导的制度层面的核心价值观念，按照理想化的价值理论按部就班地进行理论灌输，在此过程中，侧重理论层面的教育，忽略了社会主义核心价值观在实践中的实用性与适用性。社会主义核心价值观培育偏重理论化的传授解惑，有时脱离现实背景。

社会主义核心价值观培育内容脱离中华优秀传统文化的滋养。当前，随着西方强势文化的冲击和各类思潮的交锋，当代中国人传统的生活方式和价值观念发生改变，甚至传统儒家仁学思想里的"人性善"也遭到排斥和否定，传统的道德标准被淡化。在实际调查中，近76.95%的被调查者认为社会主义核心价值观可溯源于中华优秀传统文化，但实际上诚信、友善等与传统文化相关的价值观践行意愿并不理想。可见传统文化的价值没有得到充分运用。

社会主义核心价值观培育方法创新相对滞后，其主要原因在于缺少系统性的培育方法。目前的培育方法以灌输式为主，不管是课程讲授还是会议交流，方法相对单一，简单枯燥，培育主体将重点放在理论输出上，忽视社会变革对人们生产、生活、思维的改变，致使缺乏创新的价值理论落后于现实发展的需求。并且在价值观培育过程中存在"学用脱节"现象，社会主义核心价值观有宏观层面高度的概括，教育者只有将其转化成与人们息息相关的行为规范、习惯养成等微观指导，社会主义核心价值观才能融入德育对象的日常生活中，但受培育主体水平、精力的限制，这样的转化往往不受重视或无法完成，导致理论与实际存在差距。理论缺少实践检验，实践离开理论指导，价值观的内化都无法创新进步。最后，社会主义核心价值观培育忽视对传统文化中德育方法的借鉴。我国传统德育方法的精髓在于将德育目标融入人们的生活、娱乐和情感中，潜移默化地发生作用。社会主义核心价值观对传统德育方法尤其是儒家仁学思想包含的丰富的教化方法的借鉴不够充分，使社会主义核心价值观培育方法很难实现传承基础上的创新。

第二节 社会主义核心价值观内化现实论域存在的问题及成因分析

随着科技的发展，国际形势瞬息万变，国内各种思潮此起彼伏，多元价值观念和多种利益诱惑对我国人民的思想观念和行为方式产生了巨大的影响。这种冲击让社会主义核心价值观内化在主体、载体、环境和机制层面等现实论域情况愈发复杂。但是，由社会发展引发的社会主义核心价值观内化现实论域的改变并非剧烈的动荡，而是缓慢的调适，且这种渗透会伴随社会发展长期存在，我们应当借鉴优秀传统文化中的德育经验，分析问题原因，突破社会主义核心价值观内化的现实困境。

一 社会主义核心价值观内化在现实论域的困境

我们可以从主体、载体、环境和运行机制四个层面来分析当前社会主义核心价值观现实论域的困境。

（一）主体层面：主体性地位和价值重视不够

第一，主体地位的认识不清。在第四章的实证调查中，参与调查的公众有14.62%的群体认为社会主义核心价值观对自己仅有一点影响，16.64%的公众认为社会主义核心价值观对其没有影响。一部分群众对于社会主义的本质还缺乏全面系统的理解，对共同富裕概念的认同度不高，从而造成富强、平等理解存在片面化。这说明了公众对社会主义核心价值观的理解与认知，需建立在一定的文化素养之上，对社会主义核心价值观的内化认同则需要强烈的民族自豪感、社会责任感和历史使命感，但受多元价值观念的影响，部分社会成员的国家主人翁意识淡薄，社会责任感缺乏，不能主动认识并践行社会主义核心价值观，对其的认知仅简单片面地浮于字面，阻碍着个体对社会主义核心价值观的认同内化。

第二，个人利益的过度追求。内化的过程中存在理论与实践脱节，社会主义核心价值观的具体要求未能转化为个人的思想引导，也未能转化为个人的价值取向。功利主义和实用主义等不良社会风气蔓延，部分个体在践行社会主义核心价值观时存在表里不一、内外脱节的现象，只做表面文章，敷衍了事。个体把能否获得经济效益以及是否有利于个人生存与发展作为做事的评判标准，以自我为中心，以利益需求为尺度，过度追求个人利益，有时为了达到目的甚至以牺牲国家和集体的利益为代价。

第三，正向情感的体验缺失。社会主义核心价值观的内化除了依靠自主学习，还需要正向的情感体验。积极的情感认同和价值认同，才能使社会主义核心价值观的指导思想、理想信念、伦理道德等被主体吸收内化。正向情感的缺失导致个体在核心价值观内化过程中容易受新难题、新情况的干扰，从而偏离或脱离既定的培育目标。

（二）载体层面：拓展效果不理想，辐射力不匀

社会主义核心价值观内化载体建设与主体的认同感和践行度息息相关，但当前一些载体却不尽如人意。关于推进社会主义核心价值观内化，各地政府和教育部门都出台了相关指导政策和实施纲要，但在管理中却存在过程疏漏、行动乏力等问题，且这些管理载体虽具规范力但缺乏弹性。文化建设层面虽然体现多样性、开放性等，但仍存在结构松散、系统性不强、导向性不够的弊端，落实到基层力度有待加强。因此，文化载体影响时间长可时效性有所不足。个人在社会主义

核心价值观内化的过程中，对利益的过度追求、能量传导散射都影响着社会主义核心价值观的主体教化效果，且现阶段载体传播速度快，不易控制。社会主义核心价值观内化载体建设的软硬件投入不断加大，新建了很多文化场馆和活动场地，但这些场地条块分割突出，联动不紧密。个体因文化、工作等客观因素不同致使思维方式存在差异，其接受度也不同。契合各种载体的互通机制尚未建成，载体间的互补效应难以发挥，使得载体的整体功能被削弱，无法发挥最强劲的力量助力社会主义核心价值观内化。载体建设不能契合现实生活，满足社会需求，导致对个体作用的辐射力不匀，影响了社会主义核心价值观内化的实现。

(三) 环境层面：复杂化、多样化

社会主义核心价值观建设一直以来备受关注，国家出台一系列政策法规为社会主义核心价值观内化营造良好氛围。但社会主义市场经济的发展在为我国精神建设奠定夯实基础的同时，也给人们的价值观带来冲击。社会信息化、文化多样化、价值多元化趋势明显，各种社会问题凸显。市场经济发展与经济体制改革影响我国经济成分、就业形势和收入分配方式，随之各利益主体关系也发生变化。部分个体在面对义与利、公与私、效率与公平等问题冲突时，个人主义、利己主义、拜金主义等思想被诱发，社会公德心和责任感被削弱，重利轻义的消极观念使得价值观发生偏离，个人出现信仰迷茫、道德滑坡，甚至行为失范，对社会主义核心价值观内化产生消极影响。市场经济的开放必然带来政治、文化交流的国际化，各种思潮渗入，多元文化冲击，加之部分个体对国际形势、政治格局等了解不深入，受到西方国家"和平演变""全盘西化"等思想的蒙蔽，个体社会主义理想淡化、人生信仰多元化、人生目的庸俗化。① 互联网技术的普及改变了人们的学习和生活方式，真假难辨的信息、极端的思维方式、虚拟化的沟通联系方式，极易造成道德意识弱化、人际关系淡化，引起思想上的混乱，对社会主义核心价值观再难做到确信不疑。

（四）运行机制层面：联动教育制度有待健全

社会主义核心价值观内化的工作联动还存在很多问题。社会主义核心价值观内化是一项需教育者、教育对象、教育工具和教育方式等各要素匹配、协调的动态过程，需要建立一套完备的工作联动制度。虽然社会主义核心价值观培育已经被纳入国民教育总体规划，国家层面对价值观教育有明确的政策指引，但各教育主体存在一定的差异，行动导向也不尽相同。如何将其贯穿于基础教育、高等教育、职业教育等各个领域的教学管理环节使其形成最大合力还有待探讨。此外，推进社会主义核心价值观内化，不仅仅依靠一个人或群体，个人、家庭、学校、社会都有相应的培育内容和目标，但这四种教育主体的教育对象、目标、载体等都是复杂多样的，如何将四种分力形成合力是关键。价值观作为具有相对独立性的社会意识，它依赖于人的培育和凝练。人的思想是复杂变化和难以预测的，受各种因素综合影响，一旦对各因素合力的平衡把握不精准，就会对核心价值观内化产生"盲目的、强制的和破坏的作用"。若社会主义核心价值观培育机制不健全，内化成效将会微乎其微。

二 社会主义核心价值观内化现实论域出现困境的原因分析

社会主义核心价值观内化的现实论域承载了核心价值观内化实践

---

① 陈欣、金丽馥：《新媒体时代增进大学生社会主义核心价值观认同的路径探索》，《学校党建与思想教育》2022 年第 8 期。

的具体内容,深入剖析其内化现实困境的深层根源,是实现社会主义核心价值观内化体系有效运作的必要条件。

(一) 缺乏对主体需求的针对性

对教育对象了解程度不够。社会群体和个人都应是社会主义核心价值观的教育对象,由于生长环境、受教育程度、年龄特征等不同,不同的教育对象的思想、认知和心理也不尽相同。价值观培育要在深入了解教育对象的基础上,针对不同的群体和个体表现出不同的指向性,才能使社会主义核心价值观真正内化于心、外化于行。缺乏明确的指向目标会使社会主义核心价值观培育陷入困境。

一方面是阶段性教育目标缺失。马斯洛将人的需求分为生理需求、安全需求、社交需要、尊重和自我实现等五个层次,每个阶段个体的需求都不一样,社会主义核心价值观培育在设置长远目标的同时应根据个体阶段性的诉求和期盼针对性地设置阶段目标。缺失个体需求的阶段性目标会降低社会主义核心价值观培育的针对性和内化效果。

另一方面是主体选择差异性缺乏。社会主义核心价值观培育面向大众的同时也因考虑个体需求而具有差异性。价值观培育不是脱离实际的空想主义教育,也不是单一的理论说教。当前价值观培育的内容、方法以及载体的选择多采取统一的配置,缺乏对不同个体的针对性。个体内部的心理差异,导致其对不同内容呈现手段和方法和感知力存在差异。不能适应个体需求的内容和方法容易被忽视或抵触,会阻碍个体将社会主义核心价值观内化为独立的价值意识。

(二) 社会主义核心价值观培育载体运用不充分

社会主义核心价值观内化的载体是指能被教育者运用的承载核心价值观建设的使命、目标、内容等信息的介质形式。随着当前大众传媒的发展，传播媒介愈发多样，除了传统的纸质媒介、多媒体媒介等，网络媒介的作用日益强大。当前社会手机普遍化，人们通过网络接收各类文字、语音、视频信息，掌握好网络媒介的话语主导权至关重要。因此，在网络发达的自媒体时代，社会主义核心价值观内化载体的运用与价值观教育者的能力密切相关。培育队伍能否充分利用网络媒介对于推进社会主义核心价值观的内化起着至关重要的作用。

一方面，教育者综合素质不够。承担培育任务的教育者需要深厚的理论功底和优秀的政治素养才能深刻理解社会主义核心价值观的内容和意义。但部分教育者存在懈怠的情况，理论学习不深、不透，思想陈旧僵化，对核心价值观的讲解照本宣科，无法将社会主义核心价值观与党的方针路线和社会现实相结合，科学合理地为社会成员答疑解惑。

另一方面，教育者队伍结构不合理。核心价值观培育队伍以学校思想政治理论课教师为主体，还包括政府部分职能部门和社会团体组织的教育人员。这三部分的教育者队伍建设差别较大，其中，社会团体组织中的教育者存在学历低、专业不对口、理解浅薄等问题，且这部分教育者构成复杂，不利于培育的稳定长远规划。而学校的教育者主要以理论教育为主，从政府、社会团体的中获得的支持有限，在发挥学校、家庭、社会合力建设社会主义核心价值观上因缺少社会实践而导致后劲不足。

（三）经济发展对社会主义核心价值观内化环境的冲击

经济全球化背景下，西方发达国家以其经济、军事、科技等方面的优势，企图以文化霸权主义解决中西方文化的冲突，向我国意识形态发起攻击。一方面，通过新颖、时尚且具有诱导腐化因素的文化产品进行潜在的价值观输出。另一方面，利用互联网技术优势发表反动言论，否定我国历史文化，肆意歪曲事实。西方国家的思想渗透和恶意攻击，对社会主义理想信念、价值取向和道德观念产生巨大冲击，造成人们价值观选择上的迷失，个人主义、拜金主义、崇洋媚外、全面西化等异端邪说此起彼伏，冲击着大众尤其是人生观、价值观和世界观未完全形成的青少年。

经济体制转型中，社会政治、文化发生深刻变化，对人们的价值观念产生重大影响，价值选择由单一趋于多元。市场经济前提下，利益成为人们交往的重要内容。个体的社会期待、行为准则以及价值评价等出现差异，个体的自主性和开放性愈发被重视。在价值标准上，对社会利益、小团体利益和个人利益的排序也呈现出差异。在市场经济环境中，市场成为人们联系的载体，市场讲利益、竞争，道德讲奉献、利他，二者彼此对立，资源分配不合理、就业形势不稳定以及竞争压力剧增使旧的道德观念处于失衡状态，但新的道德体系尚未形成，以致人们在价值选择时因价值观的培育落后于经济社会发展而出现困惑。

（四）社会主义核心价值观培育机制有待完善

完善的社会主义核心价值观培育机制可以根据培育理念和目标科学地制定适合教育对象的教育内容、方法，并指导教育者开展社会主义核心价值观培育活动和评价反馈。但目前社会主义核心价值观培育机制还不够完善。有36.58%的社会公众认为当下社会主义核心价值观教育存在机制建设不完善的问题，超过了被调查对象的三分之一。主要存在以下两点问题。

一是价值观培育者协作意识不强。培养社会主义核心价值观的主体包括国家、社会、学校、家庭和个人，他们都是培养过程中的组织者和执行者，如果没有有效的协作机制，就很难形成有效的合力培养格局，从而导致社会主义核心价值观的理论教育和社会实践脱节，影响社会主义核心价值观的内化效果。二是教育管理体系缺乏动态调整。当前核心价值观培育的形式、结构、手段单一，动态性的、因人而异的教育管理机制并未建立。既缺乏针对不同个体的多样性培育体系，又不能根据个体思想、心理动态调整价值观教育的结构和手段。在内化过程中，考评指标简单化、片面化，对培育活动的开展和培育效果缺少足够的关注度。

第三节　社会主义核心价值观内化过程要素存在的问题及原因分析

在对社会主义核心价值观内化价值论域与现实论域由抽象到具体的整体分析后，仍需深入研究内化的各个环节，从而更全面地分析问题并给予更好的解决办法。以下主要从内化的五个要素即教育主体、内化媒介、内化内容、内化过程以及内化机制中探究其当代实践中的主要问题，并做原因探讨。

一　当前社会主义核心价值观内化过程要素出现的问题

当前社会主义核心价值观内化研究过程中出现的问题多种多样，应针对其中最为迫切与相较容易解决的问题给予探讨。教育主体对信息技术重视程度有所欠缺，对信息技术掌握能力欠佳，片面追求视听效果。内化媒介还固着于传统的方式方法，新媒体创新能力与使用效率有待提高。公民社会主义核心价值观内化认同，一定程度上还停留在基本内容的阐述阶段，未能让个体在全面了解社会主义核心价值观的基础上形成有效认识。内化过程中实践互动和内化层次还有待提高。这些问题使得社会主义核心价值观在理论层和实践层都存在内化障碍。

(一) 教育主体：信息技术运用能力和素养有待提升

社会主义核心价值观教育需要政府、社会、学校、家庭等各个主体协同发力，推动社会主义核心价值观内化。由于教育主体学历、职业、年龄等存在差异，核心价值观内化需要不同主体的充分交流与互相借鉴。教育主体对信息技术重视程度有所欠缺。信息技术的迅猛发展促使人类社会从工业社会向信息社会迈进，信息化已成为全球发展的趋势，成为促进经济社会变革的重要动力。加快发展信息化是实现现代化建设的重要战略举措，也是建设创新型国家的迫切需要和必然选择。信息化大大改变了人类的生产生活方式，深刻影响着人类的思维和行为方式。在社会主义核心价值观教育的过程中，教育主体未能充分认识到信息技术的重要性，教育观念和教学方法滞后于信息化社会需求。

教育主体对信息技术掌握能力欠佳。当前，我国互联网发展迅猛，规模不断壮大，网络、计算无处不在，软件、数据无处不用，互联网深入我们生活的方方面面。通过网络媒介发声、消费、办事，已经成为人们社会生活的新常态。利用信息技术帮助内化社会主义核心价值观，既是当务之急，更恰当其时。但是社会主义核心价值观教育主体的知网、懂网、用网水平参差不齐，教育效果也滞后于核心价值观内化的迫切需求。

教育主体片面追求视听效果。作为社会主义核心价值观教育的重要手段，信息技术有其优越性，也有其局限性。如果我们盲目使用信息网络技术，效果则适得其反。在社会主义核心价值观内化的具体实践过程中，教育主体忽视受众视听感受和规律，滥用媒体素材，过多添加动画效果，可能会分散受众注意力。这样不仅阻碍社会主义核心价值观内化，还可能导致公众降低对社会主义核心价值观的认同感，让社会主义核心价值观内化教育事倍功半。

（二）内化媒介：新媒体创新能力与使用效率有待提高

社会主义核心价值观的内化离不开媒介的作用。媒介作为传播语言一定程度上影响了内化的效率和效果。新媒体技术和网络平台的发展，给社会主义核心价值观内化带来了机遇和挑战。但在社会主义核心价值观内化过程中对媒介应用规律的探索有待深入。就核心价值观教育内容与网络技术融合的成效来看，教育主体难以把握社会主义核心价值观教育和信息技术实践经验二者的关系，在很大程度上将社会主义核心价值观教育和信息技术看作两个互不相关的学科领域，对新媒体应用规律的研究探索不足。在内化过程中，网络信息技术的优势未能充分体现，社会主义核心价值观内化效果不尽如人意。

媒介应用探索缺少对信息技术平台特色和优势分析。首先，当前社会主义核心价值观教育主体关注数字媒体，并作为开展社会主义核心价值观教育工作的重要平台和载体。通过在信息平台加入技术构件，使原本枯燥乏味的相关文字内容灵动地展现出来。但教育主体仅是将信息发布在受众关注度高、主题模糊的平台上，并没有真正分析各类信息平台的特征和优势，导致受众被感兴趣的信息内容所吸引。其次，教育主体综合发挥信息技术优势的效率偏低[1]，对于如何运用信息技术的独特优势为社会主义核心价值观内化服务也缺少细致分析，在操作过程中不善于将某种信息技术平台的优势用于解决社会主义核心价值观教育问题。

---

[1] 徐光辉：《自媒体语境下大学生社会主义核心价值观培育的优化策略》，《学校党建与思想教育》2019 年第 9 期。

(三) 内化内容：信息内容体现以公民为中心的状况有待丰富

公民社会主义核心价值观内化认同，不是简单地阐述核心价值观的基本内容，而是要建立在全面理解核心价值观的基础上，才能够形成有效认识，推动内化认同，达成实践自觉。通过本书第四章的实证研究，可以看出，公民个体对于社会主义核心价值观基本内容已经有了一个总体性、初步性的感性认知，了解和熟悉其基本内容。

从本书第四章实证研究可以看出，在社会主义核心价值观各目标维度践行程度方面，虽然公众对各目标维度价值观认同度平均超过了70%，但认同比例并不均衡。其中平等是认同度最低的，"完全不认同"占比1.53%，反映部分民众对社会层面核心价值观的完全认同程度平均低于70%，可见社会公众对社会主义核心价值观的不同层面、不同具体价值观的认同度呈现差异。在践行意愿方面，个人层面优于国家层面和社会层面；公众对社会主义核心价值观具体内涵的理解较为片面。这说明大众对核心价值观的内涵还缺乏透彻理解，部分民众没有意识到个人与国家是命运共同体。这就要求价值观教育主体在具体工作过程中，进一步加强个人与国家民族关系的解读，将社会主义核心价值观的"精英话语""政治话语"转化为个体日常生活的"大众话语"，从而使社会主义核心价值观真正变得生活化、形象化。在社会主义核心价值观内容设计方面，需要进一步以公民为中心，结合公民个人在社会生活中的实际，以个体易于理解、乐于接受、喜闻乐见的方式进行解读，从而使抽象的理论变得可知可感、通俗易懂，并富有时代特色。

(四) 内化过程：内化实践互动不足与内化层次有待进阶

内化过程中的不足主要体现在社会主义核心价值观宣传教育的内

容和途径方面。对价值观内化缺乏互动讨论和主观能动性，导致对教育主体产生依赖，仅停留在浅层次的记忆水平，无法达到深层次的内化。

内化实践过程中的互动有待加强。目前社会主义核心价值观教育主体大多停留在将教育内容向受众一维单向传输层面，通过各种途径进行社会主义核心价值观理论灌输，将"教育主体—社会主义核心价值观"二者简单结合，尚未实现"教育主体—社会主义核心价值观—受众"的双向互动交流。社会主义核心价值观内化处于整体把握和宏观观照层面，除学校教育之外，社会教育和家庭教育等缺少专业指导，教育主体和受众之间缺少互动讨论，吸引受众注意力方面有待加强，公众的自主性和灵活性有待提高。

社会主义核心价值观内化层次需要深化。内化既要发挥教育主体的主导作用和大众媒介的载体功能，又要重视发挥个体主观能动性。当前社会主义核心价值观内化的重点是通过学校教育、社会宣教、家庭熏陶等对公众的思想意识进行规范和教化，帮助个体树立正确的三观，确保个体的思想意识契合核心价值观的内在要求。社会主义核心价值观强调个体思维与国家意识形态的一致性，这也使得当前社会主义核心价值观内化过程中，个体在接收学校、社会、家庭传递的信息内容时，缺乏分析客观事物的能力，在思想意识塑造上也容易停留于浅层的识记，难以甄别多元的思想观点，抑制了个体对价值观念的探究与开发。

（五）内化机制：规律把握和制度建设有待完善

完善社会主义核心价值观的内化机制能够增强社会主义核心价值观在内化过程中的内生动力。目前对社会主义核心价值观内化规律发挥作用的具体条件及其内在逻辑联系研究不足，具体表现为理论缺乏前瞻性、实践趋势把握不全面、理论指导实践效用有限、实践方式创新不足。因此需要教育主体创新教育过程、方法以及教育模式，但在实际操作过程中，教育主体在内化途径、模式选择上缺乏规律研究和实践探索，导致内化效果不尽如人意。

社会主义核心价值观内化资源的整合制度建设还未见成效。各地在推进社会主义核心价值观内化工作中具有丰富的当地经验，但不同地方拥有的技术应用、课程设计等方面的相对性优势还未有效共享，使社会主义核心价值观内化工作的示范模式和有效探索难以得到普遍推广。如各地区服务平台的数据缺少共享，技术和教育资源整合度不高，而零散地区受限于资金、技术、人力资源等因素无法轻易实现社会主义核心价值观内化与信息技术的最优搭配，反映出社会主义核心价值观教育内化工作在共建共享机制上还缺乏引导。在零散单一的实践探索积累之上，需要宏观统筹、整合资源和完善制度以提升教育内化工作的实效，从而破解制约价值观内化发展有效性的瓶颈。

二 社会主义核心价值观内化过程要素出现问题的原因分析

社会主义核心价值观内化是内外因素综合作用的效果，既有学校教育、社会环境和家庭熏陶等外部因素的制约，又与个人的思想基础和心理特点等内在条件密切相关。探析核心价值观内化问题的深层根源，为摆脱当前的困境指明了方向。

（一）教育功利性导致社会主义核心价值观内化理念出现偏差

塑造道德主体，培养具有高尚道德品质的人，推动实现社会主义的共同理想，是社会主义核心价值观内化的根本出发点和归宿。这种内化目的在于正确引导和促使受教育者积极内化道德，推动受众个体自我完善和发展。教育可以促进个体对物质世界的认知与改造,是社会发展的重要推动力,但是教育在促进社会发展的同时,也带有实用性和功利性色彩。教育的功利性导致社会主义核心价值观内化理念产生偏差,使个体不从生存意义和价值塑造方面来完善自我,仅仅把教育简单理解为谋求生存、适应社会、追求个人成功的有限目的,最终会使个体局限于"小我",容易沉迷于物欲的追逐享受而弱化核心价值观内化理念。社会主义核心价值观内化在一定程度上是教育活动精神实质的体现,但通过教育活动所掌握的丰富知识与高超技能并不是人类赖以生存和发展的根基。个体只有以社会主义核心价值观为指导,以道德生活为导向,才能解决生存的根本问题,才能使其具体活动具有意义。"重成才、轻成人""重结果、轻过程"的教育功利性导向,影响个体对真、善、美的价值追求,在看待个人利益与国家、集体利益时容易出现行为偏差,严重影响核心价值观的内化效果。

(二) 个体自身素养消解削弱社会主义核心价值观内化效果

当个体对核心价值观教育存在错误认知,必然会影响到他们理解和接受社会主义核心价值观的内容,从而削弱核心价值观的内化效果。在我国,绝大多数人认为对核心价值观"很了解",其原因是"我基本上都知道""大街小巷都能看到核心价值观标语"。但是,熟记的知识不一定形成信仰,有相当多的人觉得"体验不到核心价值观对自我存在的价值及意义",富有的"核心价值观知识"也不一定产生道德情感。[①] 在实际调查中,有14.62%的公众认为社会主义核心价值观对自己仅有一点影响,16.64%的公众认为核心价值观没有对个人发展产生影响。其不重视核心价值观的错误思想认识,体现在具体的实践中,

---

① 冯建军:《当代主体教育论》,江苏教育出版社2001年版,第263页。

多是做做样子、搞搞形式、敷衍了事,不是发自内心地去学习领会核心价值观的具体内容,根本就达不到社会主义核心价值观的内化效果。部分个体认为社会主义核心价值观内化对于个人的工作表现和学习成绩的提升意义甚微,参加实践活动仅仅是为了完成任务。个体自身对核心价值观的错误认识,在具体实践中表现为流于形式、敷衍了事,如果不是发自内心去学习和理解核心价值观的具体内容,就无法真正内化社会主义核心价值观。

(三)社会环境变化对社会主义核心价值观内化的消极影响

我国正处于社会大转型期,社会经济运行态势良好,经济水平迅速提高,人们的物质生活条件得到极大改善。但是,社会经济水平和大众精神境界的提高未必是完全一致的,物质的富足和科技的发展,有时候也会导致大众的价值观失守。经济全球化的发展,市场经济的重利性,网络信息的错综复杂,都对社会主义核心价值观内化活动带来新的问题和挑战,社会不良环境的影响使得大众出现道德偏离,不利于良性道德品质的形成。

全球化与多元化给社会主义核心价值观内化带来冲击。全球化已经成为当今世界格局演变的一种必然趋势。经济全球化也是一把"双刃剑",给社会主义核心价值观内化带来机遇的同时,也不可避免地对社会主义核心价值观内化产生一些负面的作用。第一,全球化和多样化冲击着个人的民族意识,致使个体对我国多民族优秀文化的认同感减弱,世代流传的良好道德准则没有得到应有的传承和内化,以至出现削弱社会主流意识的风险因素;第二,全球化与多元化背景下,可以看到我国与西方发达资本主义国家在经济、科技等方面的竞争,某种意义上冲击着个人的社会主义理想信念,加剧了个人心理上的斗争,使得社会主义核心价值观内化过程更为复杂和艰巨;第三,在经济全球化的背景下，个人物质和精神的抉择更加多样。随着生产力的迅猛发展，人在享受丰富物质资源的同时，有时会陷入精神世界极度贫瘠的窘境。当人被物质所束缚，单一地把追求物欲满足作为人生目标，缺乏对道德伦理和人生信仰的正确认识，就会严重影响核心价值观内化的实效。

社会主义核心价值观内化被市场经济重利性制约。市场经济既推动物质财富快速积累，也制约着社会主义核心价值观的内化实效。在此环境下，个人往往误将市场经济的利润原则运用到价值观的抉择中，以奢侈挥霍和及时享乐为最大的人生追求。市场经济的"重利"思想对社会主流思想产生了巨大的冲击，并对社会主义核心价值观内化发展产生了重大的影响。主要表现为以下几点：一是导致集体意识的缺位。市场经济的自主性极大地推动了个人自主意识的觉醒，其个人本位原则又刺激着主体要充分调动能动性才能在激烈的竞争环境中立足，从而削弱了个体的集体主义精神，阻碍了社会主义核心价值观的内化。二是对个体服务贡献意识的淡化。市场经济中的竞争与等价交换原则使个人的协作精神与服务意识逐渐弱化，强调"按劳付酬""有偿服务"，从而形成"金钱升值""道德贬值""事不关己"的心理。三是对个体精神追求的淡化。市场经济逐利的特性，导致个人对社会主义核心价值观内化的忽视，从而走入利己主义和金钱至上的误区。个体若不能抵抗物质诱惑和感官欲望，弱化追求自身价值观念信仰，会对社会主义核心价值观内化产生严重阻碍。

社会主义核心价值观内化受网络信息泛滥阻碍。网络信息泛滥极易导致个体社会主义核心价值观内化的混乱。互联网促进了多种文化的交流传播，不同类型的意识形态、价值观念以及生活准则均在网络平台有迹可循。互联网在引发社会重大变革的同时，也给社会主义核心价值观内化带来一定程度的冲击。一是海量的互联网信息可能导致个人的道德评判标准模糊，使个体对社会主义核心价值观的认同产生影响，给个体的社会主义核心价值观内化形成障碍，使其无法融入社会主义核心价值观的内化活动中，无形中就阻碍了社会主义核心价值观内化活动的顺利进行。长期的网络生活可能导致个体沉溺其中而难以自拔，甚至诱发个体交往的心理障碍，造成人际关系疏远。二是榜样力量在个体中影响力的消解。"榜样"在社会主义核心价值中具有强大的影响力，但是互联网上信息多元，曾经的模范角色逐渐淡出当今大众的视野。部分个体不仅没有体验到榜样人物形象的高大，甚至出现"恶搞"革命经典和英雄人物的行为，这对社会主义核心价值观内化带来严重冲击。

（四）家庭环境在子女社会主义核心价值观内化方面的角色缺位

不同的家庭教育对于子女的社会主义核心价值观内化有不同的影响。部分文化素质较高的家长不唯分数论，能够做到呵护孩子健康成长；而有些家长不能对子女进行合理的指导，或是放弃对孩子的教育管理，在子女的素养发展方面严重缺位。

家长的不当教育理念对子女社会主义核心价值观内化产生了消极影响。"望子成龙，望女成凤"是很多家庭对子女的期望。但受应试教育观念影响，一些家长不顾孩子身心发展规律，过分追求子女学习成绩的提高，导致亲子关系紧张，对孩子健康心态、进取观念的养成造成负面影响，妨碍了个体社会主义核心价值观的内化。在家庭教育中，一些家长不能辩证看待社会现象及存在的问题，过于强调社会的阴暗面，对人性的向善向美持怀疑态度，对一些社会道德问题不能给予客观评价。这种家庭教育容易造成孩子对社会现实的不满、对学校教育的蔑视和逆反情绪，这不仅使个体社会主义核心价值观难以内化，而且也严重地阻碍了儿童的健康发展。

家长教育方式不当阻碍社会主义核心价值观内化。教育方式在家庭教育的诸多因素中是影响子女核心价值观内化的一项重要因素。家长通过具体的教育方式，把社会价值取向、中华传统美德等意识观念传授给孩子，对孩子的成长以及三观的确立产生深刻的影响。家庭教育模式对社会主义核心价值观内化的影响效果也不尽相同。看似"一切为了孩子"的放纵溺爱式教育，或是采取高压专治的模式，都会激起孩子的对抗情绪或逆反心理，影响社会主义核心价值观内化效果[1]。因此，父母要采用民主化的教育方式，在家庭环境中渗透社会主义核心价值观，使孩子在潜移默化中逐步内化社会主义核心价值观。

第四节 社会主义核心价值观内化的过程逻辑与机制构建

社会主义核心价值观的教育与实践问题自党的十八大明确提出至今，一直都是时代热点话题和学术研究的重要课题。十九大再次强调要将社会主义核心价值观融入社会发展，使其成为人类的精神指引。按照社会心理学的有关理论，个体价值观的内化需要经过许多复杂的心理过程，通过这些复杂心理活动的变化与积淀，才会逐渐内化成自身的基本信念，然后有意识地转变为行为习惯。所以，有必要分析其内化的心理过程，正确掌握其心理发展变化规律，并按照这些变化规律和心理发展阶段进行相应引导，以提升个体社会主义核心价值观内化的实效性。

社会主义核心价值观培养是渐进的过程，是对人的自由全面发展

---

[1] 冯建军：《当代主体教育论》，江苏教育出版社2001年版，第263页。

过程的认识，最后表现为社会个体的自发行动。价值观内化的心理活动过程，即社会个体自觉地把某一价值观中所强调的道德意义和行为规范转变为自身的内心信仰与信念的过程，其实质是实现自身价值观和外在行为活动间的"自我同一性"。这一过程是个人心灵发展与蜕变的复杂过程。我们需要根据社会学的基础知识，尊重个人心灵演化发展的基本规律，寻找一种合理可行的模式，实现社会主义核心价值观的内化。

一 社会主义核心价值观内化的过程逻辑

价值内化是指个体将核心价值理念由内在意识转变为主体意愿，并接纳社会主义核心价值观在国家、社会和个人三个层次的思维内容和价值要求，有意识地以之为生命思想哲学和行动基本原则。社会主义核心价值观的内化必须处理好认知、情感、信念和意志，要求教育主体与教育客体共同努力。

（一）认知是内化的基础

认知是个体社会主义核心价值观内化的前提，也是核心价值观内化的基础，是首要心理发展过程，其认知主动和被动与否关系后续的心理发展动态。认知是指个体通过观察感受和对比评价，把冲突、对立和整合等综合起来，从而产生以真善美为基础判断准则的主观评价，建立个人的认识体系。提高个体认知水平，首先要吸引个体关注社会主义核心价值观，并结合当下的热点，以大众喜爱的方式构建一个讨论领域，让个体积极主动地"理解"社会主义核心价值观的内涵。个体的注意力聚焦后，就能在"理解"的基础上"引导"，让个体准确把握和领会社会主义核心价值观的深层内涵和精神实质，正确地把握国家价值目标、社会价值取向和公民价值标准，要意识到社会主义核心价值观是无处不在、无时不有的。

认识与掌握社会主义核心价值观是内化的重要条件，推动认识内涵要注意教育方式与教育载体的构建。一是要训练个体的迁移能力。在对个体实施社会主义核心价值观教育的过程中，教育主体应善于引导个体关注社会热点问题，启发个体构建全新的社会认知，增强对社会主义核心价值观的领悟。① 二是加强传播媒介建设。教育过程中需要充分利用个体广泛占据并喜爱的微博、微信、QQ等互联网阵地，使之成为一种有效传播核心价值观的网络平台。通过新媒体，让社会主义核心价值观渗透个体的"朋友圈"，浸润个人的知识网络，促进新旧价值观的博弈，推动新的认知建构。

（二）情感是内化的助推剂

情感认同是对个体认可社会主义核心价值观教育的内生力量。按照ABC态度模型理论，当人心态的三个部分（认知、情感、行为）不和谐时，情感占主导地位，从而决定了价值取向和行动倾向。所以，情感认同在个体核心价值观的内化中起着关键的指导作用，内化来自个体的"亲密、内在和自愿接受"，因此具有情感偏见，它不仅基于知觉认同，而且超越知觉认同，这是对理性身份的回归。在这一阶段，当公民对核心价值观有积极的体验时，将促进下一阶段意志同化的顺利进行，也将推动个体积极构建新的价值内涵架构，反之亦然。因此在社会主义核心价值观内化过程中，要善于调动个体的情感体验，培育个体的基本道德感和审美观；善于处理情感的两极性，强化形成正向的价值观，从而推动个体对核心价值观内化的情感认同。

---

① 冯建军：《当代主体教育论》，江苏教育出版社2001年版，第263页。

对每个人来说,情感客观存在并成为影响个人价值判断的重要因素。因此,为引导个体主观地接受并践行社会主义核心价值观,在情感上认同是十分必要的。要使个人深切体验到社会主义核心价值观对国家发展、社会进步、个人幸福生活的巨大作用,并感知这一理论引导对个人实际生存状态的正面影响,有机融合社会主义核心价值观的真善美精神和个体对人生的价值追求,进而加强对社会主义核心价值观的认同。

从情感认识角度培育个体对核心价值观的理解。一是要弘扬中华优秀传统文化。核心价值观是对中华优秀传统文化的传承和发展,要充分利用民间风俗、节日庆典和文化典型事迹进行核心价值观内化。借助对中国传统节日文化元素的诠释与传播,使个体在参与传统民族文化节庆的社会活动时深切感受核心价值观的文化渊源,从优秀民俗文化中培养大众对核心价值观的情感认同。二是要广泛传播中国红色文化与社会主义先进文化。通过对广大人民群众在革命战争年代的艰苦奋斗以及积极投身建设新中国的解读,让个体熟悉红色文化中所孕育的红色精神——延安精神、红船精神、抗战精神、西柏坡精神等;社会主义先进文化所孕育的宝贵精神财富,如"两弹一星"精神、"红旗渠"精神等,从而强化个体的情感认同。中国红色文化与社会主义先进文化是推动中国人民勇往直前、攻坚克难的不竭动力,这些精神文化也是社会主义核心价值观内涵的重要组成部分。

(三) 信念是内化的精神动力

信念的建立,对社会主义核心价值观的有效践行起决定性作用。信念是指个体在社会主义核心价值观内化实践过程中,通过运用迁移能力和发挥主观能动性,进一步把核心价值观的内容整合到自己的价值体系直至筑牢信念信仰的过程。① 这个过程体现了社会主义核心价值观内化的逐渐深入，是量变到质变的关键环节。个体在此环节经历了复杂的心态转变，社会主义核心价值观最终成为个体坚定不移的信仰，表现为社会主义核心价值观在思想中内化、在实践中外化的发展历程，促使公众严格遵从国家价值目标、社会价值取向、个人价值准则。这一标准的确立不是因为大家都这么做自己也跟着去做，即便周围人都这么做，个体也会遵从内心的信念标准思考是否应该这么做。因此，社会主义核心价值观内化需要个体心中有坚定而强大的信念，具备这样的信念必然离不开文化自觉与文化自信。只有树立高度的文化自信，传承优秀传统文化中的强大精神力量，才能在面对多元复杂的环境时，毫不动摇地规范自己的行为。②

(四) 意志是内化的坚强保障

意志是支撑个体行为的巨大力量，是人们克服困难的需要，是社会主义核心价值观内化的强大保障。在将社会主义核心价值观内化成个体主观信念的进程中，人们必须要有坚定的意志力与勇气。在意志力的影响下，对核心价值观进行持续的理解、分析和践行直至实现完全内化。首先，意志与情感是互相联系、不可分割的。积极情感能够鼓励个体践行社会主义核心价值观的愿望和行动，而消极情感则起到抑制和阻碍作用。其次，意志力必须与个体相互促进和依赖。一方面，对社会主义核心价值观的正确认知离不开意志力对知识和情感的影响，也离不开意志力对负面意识和功利情感的控制与克服；另一方面，公民自身也凭借顽强意志力克服外界和内在的不利因素，从而把内化过程进行到底，如图 5 - 1 所示。

---

① 冯建军：《当代主体教育论》，江苏教育出版社 2001 年版，第 263 页。
② 冯建军：《当代主体教育论》，江苏教育出版社 2001 年版，第 263 页。

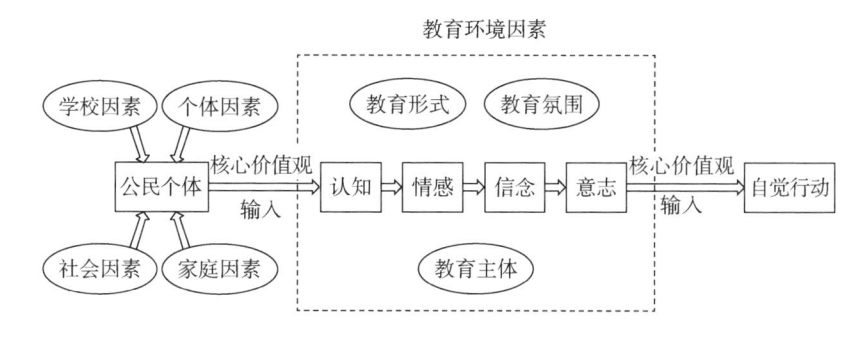

图 5-1 公民社会主义核心价值观内化过程逻辑

二 社会主义核心价值观内化的机制构建

社会主义核心价值观要建构完善的内化机制，需从动力源泉、调控力度、渗透方式、承载平台四个层面着手。动力源泉方面要改变被动单向输入的内化模式，增强个体的自主性。调控力度着眼于完善内化路径，纠正路线偏离。渗透方式创新，有助于强化社会主义核心价值观的内化效果。承载平台是支撑与保证，能营造一个良好的内部环境。

（一）社会主义核心价值观内化机制的动力源泉

社会主义核心价值观内化需要激发个体的内驱力，将这种内化转变为主体认同的、自身需要的、目标性质的动力。摒弃被动单向传输，唤醒内在的需求，激励个体的自主学习意识，使社会主义核心价值观内化于心、外化于行，使之成为人人敬仰向往的道德理想存在。

首先，要加强其内容的宣传教育，以增强内化主体的认同感。随着我国社会主义市场经济的迅速发展、自我意识的提高、自觉选择机会的把握、独立判断能力的增强，个人的自我参与、自我修养和自我提高能力不断提升。所以，内化主体必须根据自身现实情况，不仅要知晓核心价值观内涵，还要了解其外延拓展。通过加强对社会主义核心价值观的含义、外延以及二者相互关系的认识，力求实现需求与满足间的协调。

其次，围绕内化目标，适当地选择不同的内化方式。由于社会主义核心价值观面向的是成长环境、教育程度、社会职责不尽相同的群体，需对其选择适当的内部目标。以"内化"为核心，采用差异化的内化方法，发掘并激活不同群体潜藏的内在特征和能动性，帮助内化主体增强对社会主义核心价值观的认同感，形成社会共识，从而达到使内化主体本身成为内化源头的目标。教学的本质不在于单纯地教授技能，而在于唤醒和激励，使之作为传统文化价值观念的根基。在社会主义核心价值观内化进程中，要处理好"社会需要"和"个人需要"以及"个人需要"之间的冲突，把作为社会需求的社会主义核心价值观转变成人的需求，从而达到二者的辩证协调。针对内化对象与内在需要的差别，从宏观上掌握内化的内容，调动不同主体的能动性；将这种积极性与能动性转变为内在驱动力，促使自身需要转化为内化源泉。社会主义核心价值观的内化会受到个体对其形成的认知和其是否能满足个体自身需要的价值的影响。要使其内化过程良性运行，就必须充分发掘和重视价值主体的自我需求。

（二）社会主义核心价值观内化机制的调控力度

当我国社会主义核心价值观内化的目标方向和过程发生偏离时，必须予以矫正，进行适度的过程调控，保证路径的正确以及力度的均衡。内化重点必须放在社会主义发展的根本任务和总体目标上，找准与个体思想的共鸣点、与个体利益的交汇点，只有与个人的切身利益和价值追求相契合，才能保证其内化效果的最大化。

第一，要把重点放在根本任务和总体目标上，以达到内化过程的合目的性。社会主义核心价值观是凝聚全体中华儿女共筑"中国梦"的思想基础。社会主义核心价值观内化进程的合目的性，即从长期来看，它必然与中华民族的共同理想与价值追求相一致。在实现内化过程中，要实现"共赢"局面，必须将"内化"的重点放在中国特色社会主义的根本任务和总体目标上，使整个制度的时效性和能动性得到最大限度的发挥，从而表现出调节机制的"合目的性"。因此，要达到全面优化与和谐发展，就要始终根据社会主义核心价值观的总目标，统筹、调配各种任务的运作，及时矫正纠偏对社会主义核心价值观的错误认知与行为。

第二，要从个体和民族两方面利益考虑，以保证内化作用的最大化。社会主义核心价值观包含三个层次，即国家层面的核心价值观与民众根本利益的一致；社会层次的核心价值观反映了社会成员之间的经济联系和协调准则；个人层面的核心价值观体现于规范社会成员的行为准则之中。每个层次都体现了个人利益与国家利益的内在关联性。例如"中国梦"最突出的特征在于把国家、民族、个人看作一个整体，紧密结合国家、民族利益与个人利益，充分反映了中华民族与生俱来的"家国天下"情怀。实现社会主义核心价值观内化，必须坚持以人为本，正确把握与群众思想和利益的交汇点，才能使其达到最大限度的内化。

（三）社会主义核心价值观内化机制的渗透方式

渗透社会主义核心价值观必须先抓住个体的身心发展特征，将知识性和趣味性融为一体，加强内化方法的可行性和多样性。创新内化的方法和手段，营造良好的渗透性环境，打造参与式的内化行动，从而加强社会主义核心价值观的内化。

创新内化的方法和手段。一是要根据人的身心特点开展内化活动。将理论与个体的日常生活密切结合，让社会主义核心价值观的影响渗透社会生活的方方面面，在细、小、实上下功夫。所谓"细"指的是要精益求精，要深入头脑，沉淀于心，自觉践行社会主义核心价值观。这体现了价值观认知、情感、信念和意志的能动性。"小"是着眼细微，个人坚持养成，以小德为大德。"实"指的是事必躬行，而非纸上谈兵，这就需要我们注重在实际中培养和践行社会主义核心价值观。二是要以榜样力量引导受教育者。先进模范和身边典型的宣扬可以使抽象的社会主义核心价值观变得具体生动、可敬可学。通过广泛设立"善行义举榜"、推选"最美人物"、学习宣传"荣誉先锋"等活动，涌现出一大批符合时代要求、顺应发展需要、富有时代精神的优秀典型，为培育核心价值观提供了充足的精神食粮。

营造良好的渗透环境。在社会主义核心价值观的内化过程中，不仅要重视显性教育的作用，也要通过营造良好的教育环境充分发挥隐性教育的作用。近年来，以活动为载体的社会主义核心价值观隐性教育，以情境教育为手段，对显性灌输式教育进行了有效补充。外部环境和氛围因素对于渗透核心价值观起到了很大的促进作用。在良性的社会环境下，社会的风气、民意的导向都是正面、积极的，能够使社会主义核心价值观教育产生事半功倍的效果。而在较差的社会氛围下，因教育的影响力有限，内化效果也会被相应的削弱。因此，使社会主义核心价值观的内涵渗进家风、校风、社会公序良俗中等，营造知荣辱、明道义、讲正气、促和谐的氛围，能够对社会主义核心价值观内化起到润物无声的效果。充分利用课堂、实践、环境、活动、管理等全方位的育人体系功能，积极探索把显性教育与隐性教育有机融合的教育方式，进一步开发隐性教育资源，使社会大众潜移默化地自觉按照价值观的要求规范个人行为。

打造参与式的内化行动。道不可坐论，德不能空谈，要注重实际，将思想与实践有机结合，把社会主义核心价值观内化为精神追求、外化为自觉行动。合制定者、教育者与实践者多方之力，努力解决社会主义核心价值观的内化问题，融群众于社会主义核心价值观内化全程。鼓励人们在交流实践中达成共识，从己做起，让社会主义核心价值观的影响如空气般无处不在。注重把传统美德与当代价值贯通起来，开展"弘扬传统美德、践行当代价值"活动，办好"我们的节日"。利用清明节、端午节、重阳节等传统节日，组织民众一起开展缅怀追思、致敬英雄等系列活动，牢记先烈遗愿，弘扬爱国精神，提升当代人的"精气神"，促进社会主义核心价值观内化。

（四）建设社会主义核心价值观内化机制的承载平台

社会主义核心价值观的内化，是一项强基固本的基础工程，它关系民族未来、人民福祉，只有借助一定的承载平台，才能使其发挥实效。这些平台既涵盖政府、学校、家庭、社区、单位等社会单位，也包括政治制度、文化产品、宣传媒体和群众活动等软环境。在当今社会，"四大媒体"如报刊、广播、电视、网络等，其功能更是显而易见。其中，互联网的兴起时间相对较短，但是由于它的信息存储能力强，信息传输速度快，交互能力强，无疑是传播和培育社会主义核心价值观的一个最佳载体和全新平台。

首先，要强化社会主义核心价值观内化建设阵地。充分利用"互联网+"对当代社会经济、文化、思想产生的深远影响。家庭、学校、社会和网络成为影响当代社会发展的"四大环境"，看电视、听广播、读书、看报、上网成为"五大习惯"。因而，作为一种新型的信息载体，互联网的活跃度空前提高，所以必须在网络阵地中加强社会主义核心价值观建设。弘扬主旋律，传承中华优秀传统文化和发展现代文化；传播正能量，创造适合新兴媒体传播、具有健康格调的网络作品。要把"思想性""知识性""趣味性"和"服务性"有机结合起来，在服务社会群体生产、生活、工作、学习等方面，起到正面的引导作用。通过推动新兴媒体与传统媒介的交互，使网络真正成为社会主义核心价值观内化的重要阵地。

其次，构建和完善网络舆论监督体系。互联网的兴起对于社会主义核心价值观内化，既是机遇也是考验。互联网从传统"公共领域"向"未确定的风险社会"转变。由于其开放、便捷的环境，吸引了数以万计的用户获取所需要的信息资源。但是，其匿名性和虚拟化的特点，也带来信息控制失效、交流主体异化的风险。因此，要加强对网络的关注，掌握网民的心理动态，运用科技、法律等手段，严防各类不良信息在网上传播，为社会主义核心价值观内化创造良好的舆论氛围。尤其要谨防的是，西方敌对势力颜色革命、和平演变和西化与分裂中国的企图，以"普世价值"来传播西方的"自由民"思想，企图颠覆中华民族的理想信念。因此，在大是大非和政治问题上，要坚决掌握社会主义核心价值观内化的领导权和主导权。

第五节　本章小结

本章主要剖析了当前社会主义核心价值观内化在价值论域、现实论域、认知过程要素中存在的问题及原因。发现问题存在于教育主体、内化媒介、内化内容和内化过程等诸多方面。究其原因，有教育功利性导致社会主义核心价值观内化理念出现偏差，公民自身素养对核心价值观内化的理解不足,以及社会环境变化对核心价值观内化的阻碍,家庭环境在青年一代核心价值观内化过程中的缺失。

通过把握社会主义核心价值观内化的过程脉络,本章提出可以将核心价值观培养界定为循序渐进的教育过程。在此基础上构建完善的内化机制,力图为社会主义核心价值观的内化提供有益经验。

第六章　社会主义核心价值观视域下儒家仁学思想的现代阐释研究

儒家仁学思想兴盛于中国古代封建社会时期，以其丰富的内涵在中国古代社会教化实践中呈现出独特的价值魅力、理论特质和实施原则，并长期占据主导地位，对当代中国民众仍有着巨大的影响与塑造作用。社会主义核心价值观根植于中华优秀传统文化，是优秀传统文化在历史进程中不断被甄选和进化的产物，要实现其长远发展离不开对儒家仁学思想等优秀传统文化的充分挖掘和利用。在传承中华民族历史文脉的过程中，作为文化基因的传统文化与当代文化、现代社会需要相互适应、相互协调。基于此，在社会主义核心价值观视域下对儒家仁学思想进行现代阐释，需以社会主义核心价值观的内容和理论框架为指导，立足现代探讨儒家仁学思想与社会主义核心价值观之间的关系，努力探寻儒家仁学思想所蕴含的当代价值，从马克思历史唯物主义角度出发，把握儒家仁学思想的精神实质和价值内涵，坚持去粗取精、去伪存真，坚持因势利导、批判继承，进而做到传承发展、古为今用，这样，不仅能看清儒家仁学思想的实质，而且能以更加合理实用的当代角度把握其背后的政治倾向，实现人们对儒家仁学思想从基础认知到情感认同、从理论认同到实践认同的转变，不断提高人们的思想政治觉悟水平和道德品质文化素养,使其在新时代发挥积极作用,绽放新的光芒。①

儒家仁学思想作为马克思主义中国化的重要本土资源,一直被中国共产党运用于治国理政的理论与实践,新时代环境下儒家仁学思想的继承与创新,对于其适应当前中国实际,实现其现代转化,为新时期中华民族文化建设准备条件并维持自身源远流长的文化价值有着积极的推动作用。儒家仁学思想要面向现代文明,一方面,必须对传统文化进行反省,消解与现代化进程背道而驰的因素,弘扬与社会发展一致的内容,取其精华,去其糟粕;另一方面,需在经济、科技发展的背景下,在符合我国现有的文化价值的前提下进行现代转化。通过一定的方法和路径,摒弃儒家仁学思想中保守滞后、禁锢人的思想和阻碍社会进步的内容,挖掘儒家仁学思想中的优秀精神资源,将其转变为适应现代思维、符合时代特征的现代化文化体系。②

第一节 儒家仁学思想现代转化的必要性和可行性

儒家仁学思想的发展历经了两千多年的悠久历史,在这漫长岁月的积累沉淀下,其所蕴藏的丰厚内涵,对当代社会具有深远的影响。为了保持儒家仁学思想的生命力,在新时代背景下,我们必须以符合新发展趋势的现代主体视角审视儒家仁学思想,创造出崭新的价值并化解其现代困境。在分析儒家仁学思想所蕴含的价值信念、价值取向和行为准则的过程中,一方面要看到其对中国传统以至现代社会的影响,另一方面要始终遵循马克思主义的立场、观点和方法。儒家仁学

---

① 冯建军:《当代主体教育论》,江苏教育出版社2001年版,第263页。
② 周云:《社会主义核心价值观视域中的传统礼仪文化建设》,硕士学位论文,南京师范大学,2016年。

思想现代转化,是其在新时代发展中保持旺盛生命力的根本特性所在。发挥儒家仁学思想蕴含的现代价值,并使之成为现代精神文明的重要组成部分,这不仅为构建社会主义和谐社会的理论与实践提供智慧经验,更帮助我们深化对坚持和完善发展社会主义文化制度的整体性认识,促进社会主义核心价值观的内化进程。

一 儒家仁学思想的主要意蕴及其现代困境

儒家仁学是中国传统主流学派在漫长艰辛的探索历程中孕育出的核心思想,是中华民族对道德理想的崇高追求。其所蕴含的丰富思想精华,一方面给予社会主义核心价值观建设以指导性的建议,另一方面也是其自身应对社会转型以及外来文化冲击的有力武器。

(一)"仁爱"的道德基石与社会关系的狭隘

以"人"为出发点的"仁爱"精神,是儒家仁学思想的道德基石。"仁爱"从不同视角得出的多种论断,为实现"人之为仁"的教化实践提供理论依据。在儒家仁学思想看来,人先天具有善性,而成为"仁者"的关键便在于保持这股善性的本真。子曰"性相近也,习相远也"(《论语·阳货》),即人先天的纯真本性互相接近,造成巨大差距的原因,在于后天养成的习性。孟子"性善论"认为,"仁义礼智,非由外铄我也,我固有之也"(《孟子·告子上》),即仁义礼智,作为人天性的一部分,是与生俱来的。而荀子认为"人之性善,其善伪也"(《荀子·性恶》),意思是人即便先天不善,也可以通过教化实现德行。而在西汉董仲舒看来,"圣人之性,不可以名性,斗筲之性,又不可以名性,名性者,中民之性"(《春秋繁露·实性》),只有少部分极端恶之人,不可以教化,大多数人则处于中间,是可以通过教化为善的。儒家仁学思想强调通过人道德理性的发掘和教化行为的弘扬,实现人际关系和谐、社会秩序稳定。其次，孝悌是儒家仁学思想的起点和基础。子曰："孝悌也者，其为仁之本与！"（《论语·学而》）孔子认为，孝悌是仁道的根本，在血缘家族体系中处于核心地位。"其为人也孝弟，而好犯上者，鲜矣；不好犯上，而好作乱者，未之有也。君子务本，本立而道生。孝弟也者，其为仁之本与！"（《论语·学而》）孝是人之根本，也是仁之根本，以此为基础，能孝必忠。

在这样的价值原则体系下，"孝悌"——即对于双亲兄弟至亲的礼法——成为至善，乃至超越法律的最高原则思想。一方面，把有血缘关系的家人间的亲情作为一切人际与社会关系的基础，促进了家族内部之间的和谐，个体情感的相通相融。另一方面，体现了儒家仁学思想处理社会关系的狭隘性。同时，以儒家仁学思想中亲亲、尊尊、年龄、性别等差异来区分等级高低，保障了秩序却忽视了公平，值得反思。在此基础上构建的"仁"，人情大于法律，从而使整个法律体系的建构掺杂深厚的个人情感。

（二）"内圣外王"的价值目标与社会约束的缺失

儒家仁学思想的最终价值目标是通过"修己安人"达到"内圣外王"。"自天子以至庶人，壹是皆以修身为本。"（《大学》）儒家提倡的道德具有普适性，整个封建社会自上而下都需讲究道德修养与维护社会秩序，从而达到治国平天下。儒家仁学思想以学习为途径，提高内在的心性道德修养，最终追求却在于，积极入世以切实承担起社会责任。"一日克己复礼，天下归仁焉。"（《论语·颜渊》）当所有人都重德守礼，"仁"的社会理想便达成了。"内圣外王"以仁为理论基础，来源于孔子纳礼入仁、由仁及礼和由礼启仁等主张。"仕而优则学，学而优则仕。"（《论语·子张》）养德，进而立业为天下，反映了儒家实现主体内在德性与外在功业的"圣王合一"。"修身"以好学与实践结合的"知行合一"为起点,以道德自我完善发展为过程,成就"平天下"的政治抱负。孔子认为"修身"的根本要求是"成仁",通过长期的教化实践,实现"人之为仁"之"目的"与"手段"的结合。"内圣"规范了主体实现的基础,"外王"表明社会担当,二者息息相关、互为表里,"内圣"是"外王"的基础,"外王"是"内圣"的目标,个体的"内圣"服务于整体的"外王"。

"内圣外王"是儒家仁学思想崇高的价值目标,从个体出发克服人性本能的弱点,立足于人的道德自觉与自律,忽略了个人"生存需要"的客观实在性,在极个别特殊个体上或许能够达成,却无法达成普遍性。同时道德往往以人与人之间相处的外在表征呈现,对高尚道德修养过分追求,容易使人伪装以"欺世盗名"。因此,儒家仁学思想价值目标的真正实现,尚有待进一步探讨。新时代对其继承需要两个方面共同作用,即以道德内在约束力与个体自律性为基本,以社会力量的宣传监督和法制为约束。

(三)"五常"的核心要素与个体践行的抽象

儒家仁学思想以"仁"为核心,包含了"仁、义、礼、智、信"五个基本要素,并将其作为教化实践的主要内容。具体表现为"己所不欲,勿施于人"(《论语·颜渊》),强调同理心在交往中的巨大作用;"己欲立而立人,己欲达而达人"(《论语·雍也》),强调具有能力时应自觉为他人、为社会作贡献。"仁也者,人也。"(《孟子·尽心下》)"仁"从人从二,"仁"要到人与人的关系中去实践。子曰:"知人。"(《论语·颜渊》)孔子将仁学思想的落脚点放在"人",以"知人"为途径,实现"爱人"的终极理想。人具有双重身份,既是道德主体也是关心关注的最终对象,"仁"作为一种道德追求,是人们和谐相处的准则。"义"指一般抽象的社会道德规范,体现道德情怀和社会责任，在利与义的选择上区别君子与小人，并作为道德判断能力在具体的环境中践行。子曰："君子喻于义，小人喻于利。"（《论语·里仁》）"义"是君子仁之德行的表现，既是规范又是美德。"人皆有所不为，达之于其所为，义也"（《孟子·尽心下》），义是区别个人品德的标志。"仁，人心也；义，人路也。舍其路而弗由，放其心而不知求，哀哉！"（《孟子·告子上》）"义"与"仁"在国家层面相辅相成。"礼"作为制定国家制度、条文、政策的总领性依据，包含社会规范、礼貌礼节、法律制度等外在约束。"礼之用，和为贵。先王之道，斯为美。"（《论语·学而》）"礼"的价值在于促进"和"，是调节人际关系社会规范的基本精神。子曰："非礼勿视，非礼勿听，非礼勿言，非礼勿动。"（《论语·颜渊》）规范了一言一行之间的礼仪。"君子义以为质，礼以行之，孙以出之，信以成之，君子哉！"（《论语·卫灵公》）"礼"是"仁"的实现保障和现实标准，"智"是认知、判断和实践道德的思想武器。子曰："仁者安仁，知者利仁。"（《论语·里仁》）仁、智殊途同归，都是以仁为追求目标。"不仁者，不可以久处约，不可以长处乐。"（《论语·里仁》）对"仁"之内涵正确、深刻、全面地理解把握可以避免许多无效社交。"信"是个人立足社会、为人处世的准则。子曰："人而无信，不知其可也。大车无輗，小车无軏，其何以行之哉？"（《论语·为政》）一个人若没有"信"，在社会上无法立足。"信"以"义"为向"真""善""美"的内在驱动，成为"仁者"立身之本。

儒家仁学思想作为一种"以人为本"的思想，其观点以人的内在心性为出发点，寻求美好人性内在的达成方法，寻求社会习俗、社会制度的合理建设，树立达成家、国和天下大同的宏图愿景。其不足之处在于，对于个人内在道德的明心尽性要求，外在寻求内圣外王实践的追求，都比较抽象。在现代，儒家仁学思想应摆脱抽象的樊篱，以开放的姿态回归人的具体道德实践，使其真正融入中华民族优秀文化基因，成为百姓的日常践行之学。

二 推进儒家仁学思想现代转化的必要性

中华民族在长期的历史发展和生产生活实践中，形成了共同的理想信念、价值理念和道德观念，凝结出了优秀的精神文化传统，支撑着一代代人民砥砺前行，开拓未来。儒家仁学思想在社会经济基础、上层建筑变化的过程中，一直致力实现近现代转化以达成新发展并服务于时代。儒家仁学思想在历史中的起伏充分表明，儒学要生存，必须吸收其他先进文化成果从而实现创新性发展与创造性转化。在当前中国特色社会主义新时代，对儒家仁学思想的批判继承、创新发展，是实现儒家仁学思想的现代转化的必由之路和必然选择。儒家仁学思想只有实现现代转化，才能提供思想资源和智力支持，更好地为中国特色社会主义建设服务，为中国现代化事业服务。儒学现代化是社会主义文化建设不可或缺的组成部分，是社会主义核心价值观建设发展的重要源泉。在社会主义核心价值观视域下，儒家仁学思想的现代转化既是在新时代实现自身传承发展的客观要求，又是促进社会主义核心价值观内化的理论依据，也是推动中华民族伟大复兴的重要助力。坚持以马克思主义为指导方针，在批判继承传统的基础上，以开放、包容的态度，积极吸纳世界一切先进文明成果。

（一）实现自身传承发展的客观要求

文化从来都不是静态停滞的，而是一个不断继承、创造和发展的过程。儒家仁学思想形成发展于先秦，秦代遭受"焚书坑儒"的摧残，汉代开始"独尊儒术"使其成为主流意识形态，宋明时期加入理学、心学推进新的发展和阐释，明末清初被批判性继承，近代社会受西方文化冲击受到重创并开始衰弱。由此可见，儒家仁学思想在中华民族历史的漫长演进中始终以适应实践为其存在标准而进行选择、提炼和创造，进而发展出与当时社会发展需求相适应的文明成果。儒家仁学思想代代相传的过程中，不仅促进和保障了中国传统文化一脉相承，也在一定程度上决定了中国传统的思维方式、行为习惯和价值理念。儒家仁学思想历史悠久，发展曲折艰辛，成果丰硕辉煌，表现出极强的生命活力。如何使儒家仁学思想自身蕴含的精神潜力和先进思想得到充分运用，是维系其自身持续发展的基本要求。

儒家仁学思想中诚信、文明、仁爱等基本内涵具有普遍性，是中华民族精神传承的内核，其存在对于塑造中华民族重信守诺、重仁讲礼、崇尚和平等优秀品格和精神文化心理具有积极的一面，对社会的和谐统一也起了积极作用。但是，儒家仁学思想建立在小农经济、专制统治、宗法社会、儒家文化等基础之上，其虽蕴含大量与社会主义核心价值观相符合的宝贵内容，但与当代文化仍有不相适配的内容，如忽视对客体的探索与改造，把人的主观能动性牢牢地限制在君王独尊的封建制度的牢笼中，这些不合理性显然不利于现代社会发展，也不符合社会主义市场经济要求，这正是儒家仁学思想需要进行现代化转型和实现自身转化发展的根本原因、内在要求和科学选择。只有将传统的儒家仁学思想创造性转化和创新性发展，才能使其更好地融入当代文化发展之中，为中国核心价值体系的建构贡献力量。

（二）构建社会主义核心价值观的理论依据

经济全球化进程中，西方国家凭借其文化优势和经济实力掌握着国际文化的话语权。由于综合国力与历史文化等原因，东方文明在与西方文明的文化交流中处于劣势，屡屡遭受西方强势文化的冲击。在文化冲击之中，地大物博且发展迅速的中国成为西方发达国家文化渗透的主要对象，造成中国自身文化安全问题突出。尤其近些年，在中国综合国力稳步提升、开放程度不断提高的形势下，以美国为首的西方国家感受到地位威胁，由此加剧了他们通过文化冲击确立霸权地位的决心。由于中国文化的发展没有及时跟上国家综合实力提升的步伐，加之中国市场经济不完善，美国等西方发达国家借此开始对中国持续进行思想文化方面的灌输和意识形态领域的渗透，以强势文化打压中国文化。西方价值观中的极端个人主义、自由主义倾向侵蚀中国人尤其是中国青年一代的价值观念，导致享乐主义、炫富攀比、崇洋媚外等不良现象一度滋生。改革开放后相当长一段时间，中国年轻人向往并模仿西方生活，一度出现出国热潮，过度追求物质享受忽视精神建设，这些思想的侵入对中国人的生活方式、生活态度和信仰信念等产生消极的影响，对中国国家的文化安全构成了威胁。

儒家仁学思想提倡家族本位、家国本位，倡导道德文化，具有强化民族凝聚力、生命力和感召力的作用，借以发挥中华民族精神载体独特的文化优势，应用至生命价值教育、信仰信念教育和道德品格教育，使其延续对中国社会与生活发展的积极影响，实现儒家仁学思想现代化转化，不仅有利于国民文化自觉意识的养成，还能消解西方腐朽思想文化的侵蚀。社会主义核心价值观是在马克思主义哲学思想、中国特色社会主义文化、中华优秀传统文化以及世界优秀文化成果的基础之上完成的。其中，儒家仁学思想所体现的思维方式、价值观念以及行为准则等具有强烈的民族特质，为解决社会中存在的人际关系冷漠、理想信仰缺失等问题贡献力量，为新时期中国社会主义核心价值体系的构建提供了坚实的历史依据和丰厚的现实资源。[①] 儒家仁学思想作为中国不可或缺的精神命脉和资源，是中国意识形态主流的价值

---

① 于晔：《儒家思想与社会主义核心价值观关系研究》，硕士学位论文，西安科技大学，2017年。

观念，也是社会主义核心价值观重要的理论源泉。

（三）实现民族复兴伟业的重要渠道

儒家仁学思想产生于中华民族几千年的社会实践和价值选择中，具有鲜明的民族特色，是中国在全球化竞争中保持民族归属感和认同感的根本所在，其中居于主导地位的"天下为公""修身、齐家、治国、平天下"等价值观，已经内化为中华民族特有的精神标志和共同价值观，是中华民族的根和魂，使中华民族产生强烈的社会认同性和强大的民族凝聚力，是推进现代化建设，实现民族振兴所依靠的最丰富的思想宝库。① 中国作为社会主义国家，在现代化建设和民族振兴的道路上面临诸多的压力和挑战，要取得成功必然要弘扬民族精神，凝聚国家力量。儒家仁学思想作为中华民族的价值源泉，其中蕴含的"仁者爱人""推己及人"等价值追求，对实现民族振兴具有价值引领和道德规范作用，有助于更好地凝聚人心、汇聚智慧、发挥力量，助推现代化建设，以解决现今社会面临的个人主义膨胀、伦理道德弱化等难题。对儒家仁学思想中蕴含的思想理念、价值观念、行为规范等的研究、传承和创新，能够激发国民强烈的民族责任心和使命感，产生强大的凝聚力和向心力，进而催生现代化建设的创造力，为推进现代化建设和实现民族振兴提供精神支持。

历史文化复兴是推动中华民族实现伟大复兴的必然要求。当代中国正处于"两个一百年"奋斗目标的历史交汇期，"经济的腾飞"和"物质的崛起"为民族振兴奠定了物质基础。但民族振兴的真正实现，还要依赖"文化的复苏"和"精神的崛起"。儒家仁学思想作为中国传统主流价值观的核心部分，是中华民族恢宏历史中的宝贵精神积累

---

① 江畅、陶涛：《中国传统价值观现代转换面临的任务》，《湖北社会科学》2019年第3期。

和储存，能够反映传统文化的精神内核，是一种具有时代价值的文化基因，在中华民族伟大复兴的历史节点必定焕发活力生机。因此，儒家仁学思想中与社会主义核心价值观相适应的文化内核与精华的合理吸收，经过现代的转化和创新性发展，能够为中华民族伟大复兴贡献智慧和力量。①

三 推进儒家仁学思想现代转化的可行性

"每一时代的社会经济结构形成现实基础，每一个历史时期的由法律设施和政治设施以及宗教的、哲学的和其他的观念形式所构成的全部上层建筑，归根到底都应由这个基础来说明。"② 时代的转变发展离不开思想的传承。儒家仁学思想塑造了中华民族的部分民族性格，其价值表达符合时代的发展和人民的价值追求，对当下社会主义核心价值观内化建设是必不可少的。在既往数千年历史中，儒家仁学思想教育体系重视塑造人和对政治的稳固。在当代，其具体应用也将会成为推动中国现代化建设，促进国家文化文明繁荣复兴的有力保障。

（一）中国现代化建设的有力推动

思想文化和价值理论作为人们社会生产生活实践的产物，推动其发展是无法脱离社会实践的现实的。儒家仁学思想的现代转化是中国现代化建设实践的客观需要，离不开现代化建设主体的有力推动和自觉实践。儒家仁学思想是建立在小农经济基础上的文明，受当时自给自足的实践特性影响，服务于皇权至上的封建制度，主要目的在于维护社会稳定，具有一定的保守性。清政府的闭关锁国带来了国力的衰

---

① 毕国帅：《推动中华优秀传统文化创造性转化创新性发展研究》，硕士学位论文，山东师范大学，2019年。

② 《马克思恩格斯选集》第3卷，人民出版社1995年版，第739页。

败,在国门被暴力打开之后,儒家仁学思想和其他中华优秀传统文化却被批判和摒弃。改革开放以来,中国现代化建设迅速发展,综合国力不断攀升,但经济发展的同时也带来了过度追求物质享受、盲目崇拜西方文化等现实问题,儒家仁学思想中"为仁由己""修身正心"等价值观念可以引导其修正,这些现实需要为儒家仁学思想的现代转化提供了存续发展的空间。中国现代化建设实践涵盖政治、经济、文化、社会、生态等多方面内容,是有别于中国传统社会建设和西方国家现代化建设的实践探索。中国共产党在推进中国现代化建设实践进程中,为解决发展障碍,不断突破传统思想文化禁锢,建设社会主义先进文化。伴随着高等教育大众化,中国人民的文化素养提升,文化需求增强,社会环境优化,为儒家仁学思想的现代转化营造了良好的氛围。

同时,随着人们物质生活水平的提高,精神文化需求迫切,中国共产党在推进现代化建设的实践过程中也会产生现代化思想成果,不断扩充和丰富中国特色社会主义理论体系,为儒家仁学思想的现代转化提供氧化剂。中国特色社会主义理论体系属于工业文明的产物,相较于传统儒家仁学思想的农业文明背景,其思想、理念更为先进,更具超越性和开放性,其中社会层面民主、自由、平等、法治等基本精神,可以为儒家仁学思想的现代转化提供更多的元素,也可以为儒家仁学思想的现代转化提供依据,继承发展儒家仁学思想中有利于社会稳定发展的积极因素,消除其中保守落后的消极观念的影响,使其升华并完成现代转化。

(二)党和国家对优秀传统文化传承的重视

随着中国特色社会主义事业的发展,文化建设越来越受到重视。党和国家从顶层设计出发,制定弘扬中华优秀传统文化的相关方针政策，将传统文化作为党和国家治国理政的思想文化资源，为儒家仁学思想的现代转化提供政策方向。2014年4月，教育部印发《完善中华优秀传统文化教育指导纲要》，2017年1月25日，中共中央办公厅、国务院办公厅印发《关于实施中华优秀传统文化传承发展工程的意见》，党的十九大报告提出："中国特色社会主义文化，源自中华民族五千多年文明历史所孕育的中华优秀传统文化，熔铸于党领导人民在革命、建设、改革中创造的革命文化和社会主义先进文化，植根于中国特色社会主义伟大实践。"对中华传统优秀文化传承的意义、要求、内容、举措等的阐述，提升了传统文化在中国现代文化建设中的地位，为儒家仁学思想的现代转化营造了良好的政治环境。社会主义核心价值观的内化进程如果脱离了对以儒家仁学思想为代表的优秀传统文化的挖掘创新，必然成为无源之水、无本之木。将儒家仁学思想的精髓创新发展并融入国家主流话语体系，是党和国家高度肯定与重视儒家仁学思想的见证，也是儒家仁学思想得以现代化转化的保障。

中国共产党始终代表先进文化的前进方向，肩负着民族复兴的使命与责任，坚持在继承和创新中延续民族精神和民族文化。将马克思主义与中国国情结合形成中国特色社会主义，坚守和发展对包含儒家仁学思想在内的优秀传统文化。

四 儒家仁学思想存在的个体特质

儒家仁学思想在汉武帝"罢黜百家，独尊儒术"之后迅速发展，并成为中国两千余年来的主流思想。在当时的时代环境下，儒家仁学思想是经过董仲舒等儒生的改造后才具备了符合国计民生的诸多特性，并实现了国家大一统。在当代，充分认知儒家仁学思想现代阐释的必要性和可行性后，要进一步发展应用仍需挖掘儒家仁学思想的个体特质，将其抽象性、包容性和开放性作为现代阐释的有效切入点与突破点，从而有针对性有策略地进行现代阐释研究。发挥儒家仁学思想在当代背景下，巩固民族产业、国家统一、社会安定的时代功用。

（一）儒家仁学思想的抽象性与超越性

儒家仁学思想的诸多理念原则都是从对客观对象的反复思索抽象而出的，是一种在感性认识指导下将主观与客观相融合的思想。在这种感性思维情境下，对于自然万物的总结归纳而得出的本质认识与规律拥有了一定的现实性基础，但在发展过程中愈发抽象，需要后世在不断地格物致知中探求深化联系。在认知的作用下使得主体认识与客观事物的在一定程度上符合认知理论，具有一致性。这种感性认知与西方的数据逻辑大相径庭，所追求的是一种情感真实，体现在文艺理论上则称之为"得意忘言"，体现在绘画上则成了"文人写意"。在新的时代背景下，挖掘儒家仁学思想中有益的关键特质，抛开其中的陋习并建立新的行为规范，是对其抽象性的有效利用。儒家仁学思想的抽象性，促使其在历史进程中以不同的理论形态指导个体社会实践，体现了中华民族的思想高度，时常体现出一种现实的超越性。在实践中具体表现为应用外在表现多变、思想意蕴内在指向一致的模式，塑造了中华民族整体关注全局、忽视个人安危的集体主义爱国主义精神，也使得其服务于当代社会进一步促进思想道德发展成为可能。

（二）儒家仁学思想的开放性与包容性

儒家仁学思想作为儒家思想的核心部分，伴随整个儒家文化作为中国主流意识形态已经绵延发展了两千多年。但纵观整个历史，儒家文化在各个时代主体地位的形成与巩固，得益于其能够通过在对其他优秀思想文化的兼容并蓄中找到自身恰当的生存发展方式，进而达到自身理论体系的不断发展与革新。① 儒家仁学思想形成于先秦诸子的百家竞争中，先后融合了印度佛学文化、西方基督教文化等，近代又遭遇西方自由主义和现代科学理论的冲击，虽面临困境有衰败，但一直延续至今从未中断。从儒家仁学思想的历史演变来看，其自身具有包容性和开放性的本质，它在自我维护的同时，保持着对外在文化或异域文化的尊重，使自身能够在较好地适应社会实践、应对错误思潮挑战、调整更新自我中顺应时代潮流并发挥其独特的价值作用，其强大的生命力客观上为儒家仁学思想的发展创新提供了内在动力，也是促进其与时俱进、生生不息的外在因素。

第二节 儒家仁学思想现代转化的目标任务

一 儒家仁学思想现代转化的目标指向

儒家仁学思想现代转化发展的目标指向概括起来主要有三个方面。第一，儒家仁学思想的现代转型，是推动儒家仁学思想现代转化发展的核心目标；第二，弘扬儒家仁学思想的当代价值，是推动儒家仁学思想现代转化发展的根本目标；第三，促进儒家仁学思想走向世界，是推动儒家仁学思想现代转化的发展目标。在此过程中必须科学把握核心目标、根本目标、发展目标，这三个方面是互相联系的有机整体。扎实推进儒家仁学思想融通于丰富多样的现实文化、服务于以文化人的时代任务，从而实现现代转化发展。

---

① 李成隆：《传统儒家文化演进路径对社会主义核心价值观建设的借鉴研究》，西南大学，硕士学位论文，2019年。

（一）儒家仁学思想的现代转型

在中国古代农耕社会，儒家仁学思想曾以"以我为尊"的正统意识形态对中国乃至世界产生了深远影响，发挥了重要作用。在现代社会，可以促使儒家仁学思想现代转型释放出新的活力，并融入现代社会多元文化思想中。从儒家仁学思想自身发展的角度看。儒家仁学思想博大精深、内涵丰富，其现代转型不是短期内可以完成的，只有赋予其新的时代内涵，让其在现代得以传承和弘扬，使其适应并融入现代社会之中，才能有效激发它的潜力、增强它的活力、发挥它的价值，实现儒家仁学思想的现代转型要求在内容和形式上与时俱进。从内容层面看，儒家仁学思想的现代转型要求其结合现代实际，在保留原本合理内容的基础上创造地融入现代因素，创新地赋予现代内涵，使其符合现代文化价值要求，更好地服务于文化现代化建设。如儒家仁学思想"仁者爱人""以心、礼释仁""和而不同"等思想，与和谐社会、人类命运共同体的构建有相通之处。从形式层面看，儒家仁学思想的现代转型要求其结合现代技术和受众特点，在形式上对陈旧老套、不切实际的表达形式进行改进、完善、突破，在既有基础上实现创新创造，使儒家仁学思想拥有现代化的表述、表达和表现形式。儒家仁学思想的主要载体是文书，诸如《论语》《孟子》在内的文言著作，相对白话显然晦涩难懂。这就要求我们要通过新的途径或者方式来表达，在译成白话文的基础上融入音像电子等新兴传媒方式使其贴近普通大众。除此之外，还需创新形式帮助其应对现代社会的深刻变革和复杂环境。如以高端论坛、智库平台、研究基地等为依托推进研究；多方面推进载体建设，提升儒家仁学思想的文化影响力和渗透力；开展家风家训教育，促进社风民风向好向美向善；吸收儒家仁学思想的优秀部分使其融入学校思想政治理论课、课程思政建设、日常思想政治教育等领域。总之，只有推动儒家仁学思想的现代转型，才能更好地为社会主义经济文化建设服务。

（二）儒家仁学思想的价值弘扬

儒家仁学思想是中国传统思想文化的积淀和结晶，对当代社会和世界仍具有重要意义，必须结合时代特征弘扬其当代价值。儒家仁学思想"仁"的核心理念蕴含着现代社会生活中所缺乏的清心静神、修身齐家以丰富自我、成就自我的为人处世思想，为当代人们提供了重要思想指引。儒家仁学思想强调人作为社会存在的个体只有具备仁爱之心，才能够正确处理自身关系、社会关系、国家关系、世界关系，乃至自然关系。儒家仁学当代价值的弘扬主要体现在仁爱之道、仁恕之道和仁和之道三个方面。一是仁爱之道。仁爱是中国传统文化的核心理念，儒家仁学思想的仁爱认为人天生具有善性。"克己复礼为仁"要求自我培育良知，克制、拯救和战胜自己，才能把"仁"的当代价值由个人推到家庭、社会、国家和世界，才能做到爱父母亲人、爱社会他人、爱国家民族，国家才能实现安定和富强。儒家仁学思想的现代价值在于，通过儒家仁学思想涵养社会主义核心价值观，促进社会主义核心价值观深入基层、深入群众、深入人心。二是仁恕之道。儒家仁学思想的仁恕之道包含互尊、平等。仁恕之道就是推己之心体贴他人、尽己之力帮助他人，但又尊重对方的个体独立性，不把自己的价值观念和生活习惯强加于别人，强调体谅尊重"仁爱"。"己欲立而立人，己欲达而达人""己所不欲，勿施于人"等儒家仁学思想充满仁恕之道，对增强民族文化自信具有重要意义。三是仁和之道。儒家仁学思想是当今世界各个国家和民族相互尊重、和平共处的中心价值，它的"中和之道"，强调宽容差异、尊重多样、做事稳健，强调平等善意地对待各个国家和不同民族，体现了儒家处理社会矛盾的基本态度，为文明个人确立了修身立德的价值目标，为文明社会确立了均贫富、行礼义的价值理想，为文明国家确立了修仁德、安百姓的价值追求，为文明世界提出具有普适价值的"和而不同"的价值原则。这是当今世界交流和社会进步所需要的伟大智慧，人类要想真正摆脱霸权主义和极端恐怖主义带来的灾难，全面步入现代文明，需用儒家仁学思想"和而不同"的原则建立友爱的新型国际秩序。儒家仁学思想的现代价值在于，它为当今社会多元文化实现和谐共生提供了合理的文明路径，为人类命运共同体确立了协和万邦、和平发展的目标。以上三个方面体现了弘扬儒家仁学思想的现代价值可以为治国理政、道德建设和改造世界提供有益启发。①

（三）儒家仁学思想的世界交流

着眼于国家民族未来发展和世界文明发展大局，促进儒家仁学思想走向世界是实现中华民族文化复兴和促进世界文明发展的客观要求，具有世界意义。优秀的传统文化复兴是民族复兴的根本，儒家仁学思想历经两千多年的沧桑，饱含着智慧，是实现中华民族伟大复兴中国梦的精神源泉，对中国社会的进步发展、人文价值观念的提升，有重要的促进作用。站在"两个百年目标"历史交汇点和中华民族伟大复兴的关键节点，中华民族优秀传统文化的复兴是国家发展之大势所趋，理应焕发出儒家仁学思想新的生机。因此，促使儒家仁学思想走向世界是复兴中华民族传统文化的助力之一，重拾儒家"仁"的价值，对洗礼人文精神、提高民族自尊心、增强文化自信有巨大的推动作用。同时，在全球化背景下，中华文化复兴的标志是增强中华文化的世界影响力。儒家仁学思想的世界性特征决定了其与世界其他文化之间不

---

① 薛振春：《儒家优秀文化与社会主义核心价值观相容性研究》，硕士学位论文，河北大学，2017年。

可避免地交流互鉴和相互影响。在新时代，需推进儒家仁学思想的创造性转化、创新性发展，使其发挥自身世界价值以推动人类文明发展。儒家仁学思想蕴含的先进思想理念对于解决当下环境污染、能源短缺等问题具有重要启示，它的世界影响力正在逐步显现。因此，促进儒家仁学思想走向世界，体现了中国文化大国在世界发展中的自信与担当。一方面，要主动顺应文化的全球化潮流，抢抓"一带一路"、长三角一体化、新一轮沿海高质量发展机遇，主动应对不良思想文化侵蚀与文化霸权主义的挑战，科学制定儒家仁学思想走出去的新规划、新路径，从政策、资金、人才等方面给予统筹和支持。另一方面，要不断创新儒家仁学思想传播的方式，开拓儒家仁学思想走出去的创新路径，以中华文字符号为依托，结合艺术表达方式，不断拓宽文化传播渠道，主动传播分享儒家仁学思想精华，促进其走出国门、走向世界、走向全球，使儒家仁学思想在自觉借鉴世界其他优秀文化成果中提升自身地位、实现自身发展、增强世界影响，在与世界文明的交流互鉴中为其他文明提供借鉴，并实现儒家仁学思想与世界文明的共同繁荣发展。

二 儒家仁学思想现代转化的基本任务

儒家仁学思想现代转化发展的基本任务是由儒家仁学思想面临的实际挑战决定的。其中，人们的科学认识不够，与当代中国社会实际发展不适应，文化全球化趋势带来诸多变动等是实际挑战。推动儒家仁学思想现代转型、弘扬儒家仁学思想当代价值、促进儒家仁学思想走向世界是其三大目标。由此引出推动儒家仁学思想现代转化发展的基本任务。一是通过研究，阐释儒家仁学思想的精华内容；二是通过宣传，增进对儒家仁学思想的科学认知；三是通过应用，发挥儒家仁学思想的实践意义。

(一) 儒家仁学思想的精华阐释

儒家仁学思想是中华优秀传统文化的重要组成部分，尽管经过两千多年的沉淀，仍然对解决当代社会问题有无可替代的作用。研究阐释儒家仁学思想精华是推动其创造性转化、创新性发展的首要任务。从古至今，儒家"仁"学思想精华大致分为仁爱、仁德、仁道三个部分。一是仁爱，以"爱人""泛爱众"等为代表思想，主张仁爱是由对父母的关心逐渐推至对兄弟姐妹的关心，再扩展到对亲朋好友的关心；二是仁德，切实地行"德"才能更好地印证"仁"的存在，是君子们追求的最高道德理想；三是仁道，将作为评判标准的"仁"内化为内在追求的"仁爱""仁德"，才能向外通往"道"的最高境界。"仁爱、仁德、仁道"作为儒家"仁"的思想精华是中华民族宝贵的文明成果和珍贵的历史遗产，对推动当代中国社会进步具有重要价值和借鉴意义。现在我国又正处于文化复兴的重要时期，因此，在社会主义核心价值观发展的过程中，要把儒家仁学思想中的精华内容萃取提炼出来，探求社会主义核心价值观引领儒家仁学思想在传统与现代的变迁中创造性转化与再运用；进一步用马克思主义思想理论武装头脑、指导实践，推动研究工作，在社会主义核心价值观引领下对儒家仁学思想进行现代阐释；要处理好继承与超越、传统和现代、理想与现实之间的关系，发挥好孔子研究院、孟子研究院等儒学研究人才高地的作用，集聚高层次研究人才，推动高校间合作研究，邀请国内外专家学者加强儒学研究交流。创新研究阐释的方式方法，通过举办理论集中研讨会、主题讲座等推动儒家仁学思想的研究走深走实，为汲取儒家仁学思想中的精华和道德精髓、助推儒家仁学思想的高质量现代转型发展奠定坚实基础，提供有力保障。

（二）儒家仁学思想的科学浸润

儒家仁学思想注重因材施教的差异教育，借以培育塑造符合个人适应社会的道德修养，是中国传统伦理道德、中华民族精神、社会主义核心价值体系的重要理论源泉之一，其对于人类本性的正确认知，对于社会美好愿景的企盼规划，对处于不同历史阶段、不同国家地区、不同社会阶层、不同教育水平的人都会产生深远的影响，这正是儒家仁学思想的魅力所在。然而，近代以来西学东渐的学术发展趋势，使中国传统文化曾一度被无差别地批判排挤，逐渐远离中国文化的主流，加之现代生活方式的改变、现代传媒技术的迅速发展和西方强势文化输出的冲击，导致人们盲目追寻新异强势的西方文化、现代文化，对本民族既有文化片面认识导致对儒家仁学思想缺乏科学认知。通过深入研究与广泛宣传，增进人们对儒家仁学思想的科学认知，既提升了儒家仁学思想的普及度，帮助人民群众树立科学态度认清儒家仁学思想的历史地位和时代价值，又促进了人民群众对于本民族历史文化的认知认同，助益于民族文化自觉与自信，更是实现儒家仁学思想自身高质量现代转型的基本要求。因此，第一，要用习近平新时代中国特色社会主义思想指导实践，有效发挥现代新媒体技术、网络空间的作用优势，加大对儒家仁学思想的科学宣传力度，提升人们对于儒家仁学思想的认同度，引导人们采取科学的态度看待儒家仁学思想的历史地位和时代价值，不断满足人民群众日益增长的文化需求，自觉抵制西方腐朽文化的冲击，坚定文化自信。第二，要创作与儒家思想有关的文化作品，开展儒家仁学思想的教育教学和实践体验，营造宣传儒家仁学思想的良好氛围，使其融入人们的生产和生活实践之中。第三，要在教育环境的建设中，践行和培育社会主义核心价值观，坚持立德树人、以文化人，建设社会主义精神文明，加大学校图书馆对于儒家经典典籍的收藏，丰富校园传统文化活动，为个人在学生时代提供更多传统文化知识获取来源，缩小学生对儒家仁学的认识距离，使其通过有意识的引导掌握儒家仁学思想中的精华，从而更好地理解社会主义核心价值观的内容。

(三) 儒家仁学思想的实践应用

儒家仁学思想蕴含的价值理念凝结着中华民族的民族智慧和思想精华，其政治智慧为社会主义国家治国理政提供借鉴。推动儒家仁学思想融入社会主义核心价值观内化研究，既要促进其融入现代思想文化体系，自觉成为现代主流价值观念的组成部分，成为助推现代化建设的历史文化资源；又要促进现代思想文化体系自觉吸纳儒家仁学思想的精华。在当前现代化建设实践持续推进的同时，拜金主义、个人主义等思想依然层出不穷。这些问题是反映"仁"丧失的直接表现，故儒家仁学思想的研究对助推现代化建设具有重要意义。一方面，儒家仁学思想蕴含的政治智慧、价值理念、道德规范和精神追求，对提升人民群众文化素养、增强国家文化软实力及建设社会主义文化强国具有重要意义。如儒家仁学思想有引导和规范价值，"仁者爱人"的人际交往观为促进社会和谐提供道德规范，"天人合一"的生态伦理观是协调和改善人与自然环境关系的理论依据。另一方面，儒家仁学思想具有凝聚力和向心力，社会主义现代化建设离不开儒家仁学思想的精神滋养。"仁"的思想作为儒家思想体系的核心，主张以爱人之心去协调社会和人际关系，倡导体贴民情、爱惜民力、取信于民、正身律己，这些主张对当前构建社会主义和谐社会具有现实意义，能够凝聚人心，汇聚力量，激励和引导人民群众主动担负起现代化建设的使命。

第三节 儒家仁学思想现代转化的原则方法

儒家仁学思想的现代转化是一项长期性的、连贯性的系统工程,需要依据一定的方法和原则展开与推演。对于传统文化的传承,习近平总书记明确指出:"要摒弃消极影响,弘扬积极因素,坚持古为今用、洋为中用,辩证取舍、推陈出新。"这一思想为推动儒家仁学思想现代转化提供了原则遵循。以抽象原则为指导,结合文化转化发展从一般逻辑、客观动力、主观能动三个角度提出儒家仁学思想现代转化的三个具体方法。

一 儒家仁学思想现代转化的原则要求

在推动儒家仁学思想现代转化的过程中,要遵循国家政策方针的基本要求,坚持古为今用、立足现实,洋为中用、放眼世界,辩证取舍、推陈出新的原则。要在当代社会主义建设的实践中、中西文明的融合中,认识儒家仁学思想的普遍价值,突破儒家仁学思想的历史局限,提升儒家仁学思想现代转化的实效性。

(一)坚持古为今用、立足现实

儒家仁学思想现代转化是为了使其更好地与现代文明相适应,从而更好地服务于社会主义现代化建设,脱离现实需要的转化发展是没有意义的,也是无法实现的。儒家仁学思想的转化发展必然要立足于中国社会主义现代化建设实践的现实之上,以适应时代发展为根本原则,促进社会进步,以助力社会主义现代化建设为根本目标。中国现代化建设最大的现实有两个层面的含义,一个是中国特色,一个是社会主义性质。因此,在儒家仁学思想现代转化的过程中,一方面要以中国特色为导向，结合中国时代和实践特点进行创新转化，使儒家仁学思想能够服务于中国现代化建设实践，帮助解决现代化建设中遇到的实际问题，进而实现民族振兴。另一方面，儒家仁学思想在现代转化的过程中，要通过结合现代化建设实践发掘自身的时代价值，赋予自身新的内涵，以达到"古为今用"的目的。

中国作为社会主义性质国家，当下以社会主义核心价值观为主流价值观。儒家仁学思想诞生于观念保守、男耕女织的农业生产实践活动中，具有一定的局限性；社会主义核心价值观形成于民主法治、科技发达的工业生产实践活动中，有深远的前瞻性和科学性，不同的社会发展阶段使二者具有异质性。同时，儒家仁学思想与社会主义核心价值观又具有契合性，儒家仁学思想中的"民本、正义、仁爱"等理念都是社会主义核心价值观的价值目标和追求。二者的异质性和契合性关系要求我们对儒家仁学思想的分析鉴别必须建立在社会主义国家和人民的价值追求的基础上。儒家仁学思想的现代转化要在中国的社会制度、现代化建设的背景下进行，决定了儒家仁学思想的现代转化必须坚持马克思主义的主导地位，在社会主义核心价值观的指导下，用科学的立场和观点定位自身的历史地位和时代方位，在继承传统的同时进行创新，并随着时代的发展和现代化建设的实践不断发展完善，承历史而新，承现实而新，挖掘自身优势，完善自身不足，提升自身吸引力和感染力，发挥自身在社会实践中的积极作用。

（二）坚持洋为中用、放眼世界

在当前全球化不断加深的背景下，各国交流日益深入，为了更长远地发展必须放眼全球，旁征博引，壮大自身。在经济上，我国的现代化建设相较于西方资本主义国家起步晚、基础弱，需要学习西方发达国家的先进技术、经营方法，借鉴他们的知识和经验推动我国经济发展。在文化上，面对外来多元文化，要充分吸收优秀成果促进自身发展。面对当前全球化进程加速的情形，儒家仁学思想与世界文化愈加不可分割，联系日益密切，"走出去"开展深入的文化交流迫在眉睫，儒家仁学思想要实现自身的现代转化和发展，必须要进一步加强与外国文化对话。因此，儒家仁学思想现代转化的过程中，应当且必须坚持自主开放，以海纳百川、积极进取的开明态度吸收外来文化中一切有益的优秀成果为我所用，从而丰富、发展和完善自身的文化理论体系。在吸收借鉴外来文化的同时，必须时刻保持警惕。西方文化经历多次工业革命的洗礼，包含丰富的现代化思想内容，但其本质上属于资本主义性质，与我国的社会主义性质存在根本上的差别，错误地吸收会导致文化不进反退。社会主义核心价值观，是我国价值体系的精髓。作为符合我国国家性质及价值体系需求的核心价值，社会主义核心价值观必须保持在价值观体系中的主体地位。以此为基础，才能在广泛吸收外来文化成果的过程中，进行合理有效的提炼和转化。

具体而言，儒家仁学思想在面向世界、海纳百川时不能盲目地"拿来"，而是要根据社会主义核心价值观建设的目标要求，按照中国的具体国情，对外来文化进行甄别和改造。面对形形色色的外来文化，我们既不能故步自封也不能"全盘西化"。首先，要用社会主义核心价值观的标准对其价值内核和价值追求进行分析、鉴别及批判；其次，将经过甄别和改造之后的优秀传统文化与中国具体国情相结合；最后，在借鉴这些外来文化的过程中，将其中的优秀部分以中国实际需要为基础进行消化、改造，使其融合为中国文化的一部分，为中国现代化建设服务。总之，儒家仁学思想的现代转化必须将其融于人类文明之中，尊重、学习和借鉴世界各国文化中对我国社会主义文化建设有利的经验，对我国人民精神生活有益的成果，博采众长、洋为中用，传承创新，不断提升自身生命力和竞争力。

(三) 坚持辩证取舍、推陈出新

任何事物的发展都不是一成不变和一蹴而就的，儒家仁学思想作为我国传统文化的主流思想，其内涵必然会随着时代的发展而丰富，否则就可能被淘汰。儒家仁学思想博大精深，无论是在历史上还是当下社会都有着不可小觑的影响力，但其归根结底是一种产生于自然经济、长期服务于皇权政治的封建文化，具有一定的局限性，传统儒家仁学思想中的"三纲五常、男尊女卑"等观念属于糟粕，与社会主义核心价值观要求相悖，不适应当前社会发展需求。另外，作为人类历史发展过程中的优秀遗产，儒家仁学思想中"克己复礼为仁""讲信修睦""仁者爱人"等思想，由个人修养推及家庭、社会、国家，是社会主义核心价值观的重要历史文化资源。实现儒家仁学思想的现代转化应坚守辩证取舍的态度，在"取其精华，去其糟粕"的基础上进行创新和发展，结合社会发展现实，概括时代发展特色，赋予其新的时代内容，实现儒家仁学思想的核心理念、基本思想和主要精神与社会主义核心价值观内化融通。

社会主义核心价值观的民族性要求溯本求源，批判性传承才能建立、提升和增强民族自豪感、民族自信心和民族凝聚力。继承是创新的前提和基础，在弘扬民族文化的过程中，不能简单复古，而是要科学分析社会主义核心价值观与儒家仁学思想的内在联系，以社会主义现代化建设实际需求为导向，以世界局势发展为着眼点，综合分析现存多元社会思潮，革故鼎新、推陈出新，才能实现对儒家仁学思想的真正传承，发挥其在民族伟大复兴中的当代价值。

二 儒家仁学思想现代转化的方法遵循

从中华优秀传统文化转化发展的角度来看，推动儒家仁学思想现代转化主要遵循以下三个方法。一是坚持历史继承与创新超越相结合，这是儒家仁学思想现代转化的一般逻辑；二是坚持内在动机与外在动机相统一，这是儒家仁学思想现代转化的客观动力；三是坚持发展逻辑与主观创造相促进，这是儒家仁学思想现代转化的主观依靠。

（一）坚持历史继承与创新超越相结合

坚持历史继承，就是要珍惜历史、回顾历史、继承历史。哲学家汤一介认为一个民族只有在回顾继承自己的历史过程中吸取到向前奋进的力量，才能实现民族的伟大复兴。历史证明，每一次思想文化上的飞跃都是在其源头找到前进力量后，才能得到创新超越，发出新的时代光芒。欧洲文艺复兴是因为其在古希腊文明中找到了前进力量，宋明理学发展是因为其在孔孟思想中找到了前进动力。思想文化转化成果只有在历史传承中才能开启新的篇章，在当今人类文明步入新轴心的时代下，推动儒家仁学思想现代转化，就必须回到儒家思想中找到前进动力。坚持创新超越，就是要在历史继承的前提下获取新的文明、实现新的飞跃。贯彻新发展理念作为"五大发展理念"之首，彰显了新时代"革故鼎新、源远流长"的历史智慧，是中国共产党关于创新理论和实践的重大升华，也是我国建设社会主义市场经济体系的前提条件。创新作为引领发展的第一动力，是中华五千年悠久文明得以生生不息的根本原因，而创新精神更是中华民族和中国人民最鲜明的智慧底色。离开历史继承的前提，创新超越只能是无源之水、无本之木，很快就会干涸、停止成长。不忘历史、守住原典才能更好推进民族文化创新，善于继承才能更好超越，正如欧洲现代化成就是在古希腊文明和基督教革新发展的基础上结出的硕果，中国文化的创新，也需要对传统的创新超越。

创新超越的前提是历史继承，历史继承的目的是创新超越，如果说历史继承是一种历史责任的话,那么创新超越更是一种时代责任。实现儒家仁学思想的创新超越,需要以马克思主义为指导、以社会主义核心价值观为指引,既要对中华民族传统文化进行历史继承、创新超越,又要对西方文明进行科学扬弃、创新超越。实现儒家仁学思想的转化发展,需要处理好历史继承与创新超越的关系,因为它们是互相联系、互相促进、不可分割的有机整体,共同构成了中国文化发展的内在逻辑,也是推动儒家仁学思想转化发展的首要遵循。

(二) 坚持个人内在需求与时代外部要求相统一

内在需求与外在要求是关于事物发展的动力关系的哲学问题,属于唯物辩证法关于事物发展原因和动力来源的范畴。文化发展主要是在内在需求和外在要求的共同推动下进行的,需要以内在需求为根据、外在要求为条件,注重内在需求所发挥的作用。这种文化发展的一般规律是儒家仁学思想转化发展的遵循,必须把握和运用好这两种动机,坚持内在推动与外在促成有效结合是推动儒家仁学思想转化发展的基本方法,只有这样才能使儒家仁学思想健康稳步地转化发展。内在需求是指事物内部存在和发展变化的根据,是区别于其他事物的内在本质和自身发展的根本性源泉。党的十九大明确了我国新时代的社会主要矛盾,这种矛盾不是单一的矛盾,而是系统多维的矛盾综合体,其文化层面的基本矛盾构成了推动儒家仁学思想发展的内在动机。在社会主义市场经济飞速发展的今天,人们的精神世界容易受多元文化思潮的冲击而形成一定程度的文化迷失和价值观错乱,当代中国社会文化发展需求和文化生产之间的矛盾,从内部驱动着儒家仁学思想的现代转型。所以要处理好、把控好、引导好人们对儒家仁学思想的文化需求,从而促进儒家仁学思想更好地融入和服务于现代文化生产,进而推动儒家仁学思想转化发展。

外部要求是影响事物发展变化的外部条件，在发展进程中对事物变化发展起加速或延缓作用。时代外部要求通过内部需求促进，个人内部需求又在时代外部要求的发展趋势中得到满足。新时代背景下，推动儒家仁学思想转化发展的要求主要表现为以下两点。一是新时代中国特色社会主义建设的客观需要。中国共产党需要从儒家仁学思想中汲取治国理政智慧，坚持和发展新时代中国特色社会主义，进而制定一系列方针政策为儒家仁学思想的转化发展提供制度保障和人才支撑。二是文化多元化交流互鉴的有利条件。儒家仁学思想的发展需要在自身和其他文化的交流互动中实现，文化交流是文化发展的外部要求，现代中国文化的多元化并存和交流互鉴是推动儒家仁学思想转化发展的重要力量。要积极推动儒家仁学思想与其他文化交流对话，使社会主义先进文化和世界优秀文化成为儒家仁学思想自身丰富完善的宝贵借鉴，从而实现儒家仁学思想的转化发展。

（三）坚持客观规律与主观能动相结合

坚持发展逻辑，就是要尊重文化发展的一般性规律和民族性特征，是推动儒家仁学思想转化发展需要遵循的基本规律，决定了儒家仁学思想现代转化发展的客观要求和方向进路，这也是推动儒家仁学思想主观创造的前提条件。一方面，中华优秀传统文化的发展体现了以经济发展为基础、以文化累积为条件、以文化交流为重要动力的文化发展的一般规律，它要求树立正确的文化发展观，采取先进的文化发展方式，掌握科学的文化分析方法，立足发展全局创新文化。另一方面，中华优秀传统文化的发展体现了以经济为基础、以社会环境为条件、以特色文化元素为重要动力的民族特性，要求把握儒家仁学思想产生和发展的历史条件，掌握儒家仁学思想发展的基本实际，结合文化发展的一般性规律和民族性特征，最大限度地实现创新发展。

坚持主观能动着力点在于人的需求上，借以充分调动人的主观能动性和创造精神。主观能动性调动的程度决定了儒家仁学思想创造性转化和创新性发展的实现效率。在文化创造中，人需要发挥自身的主体性，激发自身的创造潜能，自由自觉地进行文化传播与创造。人民群众具有主观能动性和创造精神。历史证明，人们的实践活动是一种文化产生与发展的根源所在，思想文化是人们进行精神文化活动的实践产物，推动思想文化发展进步需要依靠人的力量。发展逻辑是基础，主观创造是关键，要坚持发展逻辑与主观创造的有机统一，才能推动儒家仁学思想的转化和创新发展。

第四节　社会主义核心价值观引领儒家仁学思想现代转化的路径

社会主义核心价值观凝结着中华民族和中国人民共同的价值目标和取向，实现儒家仁学思想现代转化才能使其历久弥新。儒家仁学思想现代转化，必须提炼儒家仁学思想的精髓实质、规范儒家仁学思想的宣传方式，用社会主义核心价值观来引领、指引儒家仁学思想的发展方向，赋予其蕴含的"仁"的精神、思想理念、道德伦理新的时代内涵和现代表达形式，增强其生命力和影响力，展现其独特魅力和时代风采。

一　用社会主义核心价值观提炼儒家仁学思想的精髓实质

社会主义核心价值观是在马克思主义思想的精髓和中华传统文化的精华的基础上提炼而来的。作为当代中国的主流价值观，其中浓缩了深厚的历史渊源和理论渊源。一方面，有着两千多年历史的儒家仁学思想是中国历史演进过程中形成的优秀文明成果，影响着我们的过去、现在甚至未来，对中国的现代化建设乃至世界文明都有重要的作用；另一方面，社会主义核心价值观是马克思主义中国化优秀成果，其鲜明的时代特征、民族风格、实践品质具有意识形态属性。作为儒家学说的核心仁学思想，其中不乏众多优秀的基因，对中国社会和中华文化的繁荣发展具有借鉴作用并产生深远影响，但由于时代限制，其中同样蕴含着与当代社会不相适应的落后观念，应从多角度、多层次提炼儒家仁学思想的精髓实质，深入探究儒家仁学思想与社会主义核心价值观内涵之间的关系，通过国家、社会、个人三个层级的价值目标，回溯儒家仁学思想，防止其走向"复古"的"极端"，发挥好儒家仁学思想礼仪天下、与人为善、仁爱互助、和而不同的精髓实质，更好地担负起弘扬中华文化、传播社会正能量的使命，更好地与现代社会相适应、相协调。

二 用社会主义核心价值观规范儒家仁学思想的传播方式

儒家仁学思想倡导的"仁"凝结着历史与文化的传承，注重个人对家庭、对社会、对国家、对世界的道德伦理、责任义务和价值观念，重视国家、社会、民族的利益，主张人们从内心深处关心、爱护和帮助他人，为社会大众服务。以"以爱己之心爱人则尽仁"等为代表的优秀伦理价值观在当今社会仍具有广泛适用性和重要意义，可以为中国文化复兴注入源头活水，保障中国文化的民族特色"不褪色"，塑造中国作为世界负责任大国的形象，应大力推广、大力弘扬、大力宣传。

在互联网时代，由于引导、监管不到位和受不良资本驱动，大众的文化观念会被诱惑而偏离主流价值观念，"鬼畜文化""佛系文化""颜值文化""网络丧文化"等文化现象屡见不鲜，去中心化的网络世界使信息内容在一定程度上具有破坏性、欺骗性和虚假性，导致出现了网络暴力、众声喧哗等失序现象。因此，将社会主义核心价值观和儒家仁学思想的"灵魂"与互联网文化的"躯体"有机结合，促进互联网时代社会主义核心价值观传播方式的健康发展，需用社会主义核心价值观规范儒家仁学思想的宣传方式。第一，要在社会主义核心价值观的规范下系统梳理、甄别、萃取儒家仁学思想，充分运用媒体传播、文艺创作、礼仪推广、民间传承等途径，广泛宣传普及儒家仁学思想的精髓实质，大力弘扬中华传统美德，提升国民的道德修养，让儒家仁学思想在一代代接续传承中不断发扬光大。第二，要坚持以马克思主义思想为指导，牢牢抓住宣传工作的主导权，凸显社会主义主流意识形态和价值观念，适应分众化、差异化传播趋势，对社会主义核心价值观的宣传实现"方式创新、内容创新和载体创新"，对古代儒家仁学经典书籍的宣传实现"深入浅出、通俗解读和批判继承"，同时努力做到图文结合、声情并茂，使受众更具广泛性。第三，要提升儒家仁学思想的育人功能，在国民教育中加入儒家仁学思想教育，科学恰当、借鉴性地把儒家仁学思想融入思想政治理论课、课程思政建设、日常思想政治教育等领域，为推动解决我国思想政治教育所面临的问题和挑战贡献力量。①

三　用社会主义核心价值观指引儒家仁学思想的发展方向

儒家仁学思想在中国封建社会中始终保持着主流意识形态的地位，在漫长历史进程下，也滋长了一些腐朽观念，出现男尊女卑、专制独裁、迷信守旧、陈腐不化的陋俗。因此，儒家仁学思想一定要弘扬时代主旋律，坚持朝正确方向发展，用社会主义核心价值观规范儒家仁学思想传播，更好地发挥其启迪思想、净化心灵、陶冶情操、传播文

---

① 朱莉：《先秦儒家思想对社会主义核心价值观的涵养作用研究》，博士学位论文，山东大学，2015年。

明的积极作用。美国学者帕森斯认为，价值体系需要依靠社会制度和社会机制才能更好地自动实现。儒家仁学思想能够始终作为中国古代社会的主流意识形态，是因为其与古代中国的基层制度、科举制度等社会制度相契合，才得以被人们接受认同和不断巩固发展。儒家仁学思想作为一种意识形态也需要制度的保障才能扎根现实，持续推进，沿着正确的方向发展。

第五节　用社会主义核心价值观指引儒家仁学思想的转化应用

"中华优秀传统文化传承发展工程，是建设社会主义文化强国的重大战略任务，对于传承中华文脉、全面提升人民群众文化素养、维护国家文化安全、增强国家文化软实力、推进国家治理体系和治理能力现代化，具有重要意义。"[①] 儒家仁学思想是中华优秀传统文化的重要组成部分，孕育于中华民族既往历史的生产生活实践，扮演着不可或缺的角色，发挥着积极的导向作用。随着我国全球化程度加深，新时代给儒家仁学思想的现代发展带来新挑战，应深入挖掘儒家仁学思想的价值内涵，既要融入世界文化又要保持自身特色。因此，基于社会主义核心价值观的视域，在当代语境下，儒家仁学思想需要从内容、宣传和实践的现代转化中实现传统文化的创新发展。

一　社会主义核心价值观引领儒家仁学思想内容的现代转化

社会主义核心价值观引领儒家仁学思想内容的现代转化，就是促

---

① 中共中央办公厅、国务院办公厅：《关于实施中华优秀传统文化传承发展工程的意见》，《人民日报》2017年1月26日第6版。

使传统文化在科学转型中做好继承和发展。马克思主义理论作为实现人类解放的学说，在当今主流意识形态中具有指导地位。社会主义核心价值观作为马克思主义中国化的最新理论成果指导中国特色社会主义建设。儒家仁学思想要在新时代实现新发展，必须坚持马克思主义立场，为中国社会主义现代化建设服务，立足世界全球化与现代化和中华民族伟大复兴现实，吸取包括马克思主义先进思想在内的一切世界先进文化成果。

儒家仁学思想历经几千年的风雨，并在中国近现代社会转型的剧变之中曲折发展，说明了儒家仁学本身具有强大的生命力，有着足够韧性迎接现代化挑战。但在儒家仁学思想内容的现代转化过程中，接受社会主义核心价值观的引领是其必然的时代要求。在此基础上才能摆脱社会关系血缘的简单狭隘，充分有效地利用其原有的丰富内涵，将个性修为、理想追求与国家命运和社会发展联结起来，将国家发展、社会进步和个人成长的价值取向融为一体。在时代变化和发展的历程中，人们的表达方式、语言习惯都发生了巨大变化，要积极寻找变化之中所存在的共性，找出儒家仁学思想与社会主义核心价值观内容的相通相合之处。如儒家仁学思想中的"孝、忠、信""真、善、美""修己安人""尚中贵和"等均与社会主义核心价值观有重合范畴，但这并不意味着寻找相通相合便是简单地归纳对应或者通过关键核心词语的复现便能实现继承。继承也不是简单的古为今用，而是通过对传统儒家仁学思想底蕴的深刻解读和对现代文化环境的深入了解，寻求其在实践中的转化，使得儒家仁学思想成为促进社会主义核心价值观建设的强大文化根基与动力支持。在社会主义核心价值观的引领下儒家仁学思想内容的现代转化，对个人以及国家都有着重大意义，它的实现既是个人价值观形成的基点，也是国家价值观发展的关键。

二 社会主义核心价值观引领儒家仁学思想宣传的现代转化

社会主义核心价值观中蕴含的巨大价值性，对于引领儒家仁学思想实现现代转化具有非凡意义。"培育和弘扬社会主义核心价值观必须立足中华优秀传统文化。牢固的核心价值观，都有其固有的根本。抛弃传统、丢掉根本，就等于割断了自己的精神命脉。"① 儒家仁学思想与社会主义核心价值观血脉相连，二者都是于民族文化的土壤之中结出的硕果。儒家仁学思想注重结合现实开展人生观、世界观和价值观教育活动，在长期的实践中形成了行之有效的教育方法与完整高效的方法体系。伴随着我国现代化进程的持续推进，国民的价值取向日趋多元，不同的个体针对各自的利益、责任等价值观问题的看法也呈现出多样化。在如此形势下，培育社会主义核心价值观使之内化于心、外化于行，对于巩固价值观体系的大众基础以及丰富个体精神家园至关重要。推动儒家仁学思想创新发展，使其获得崭新生机离不开宣传方法的现代化转型。儒家仁学思想现代转化要始终立足于当下实践，以开放的态度借鉴吸收其他民族和国家的优秀文化，遵循社会主义核心价值观，遵循现有制度、法律、规章和政策，坚持法治与德治齐行、引导与约束相结合，以增强全社会对核心价值观的认同感和自觉践行力为目标，确保文化建设沿着社会主义核心价值观指引的方向前进。② 儒家仁学思想宣传现代化转型，是一项诸多文化内涵、价值要素联动贯通的复杂工程。2021年9月，中央宣传部、中央政法委、全国人大常委会办公厅、司法部印发《关于建立社会主义核心价值观入法入规协调机制的意见（试行）》，要求制定部门规章、司法解释性质文件、

---

① 《习近平在中共中央政治局第十三次集体学习时强调：把培育和弘扬社会主义核心价值观作为凝魂聚气强基固本的基础工程》，《党建》2014年第3期。
② 李泽泉：《坚持以社会主义核心价值观引领文化建设》，《红旗文稿》2021年第1期。

其他各类规范性文件和党内法规、社会规范等都需充分体现社会主义核心价值观的内容和要求。社会主义核心价值观制度化，是规范协调价值取向和行为方式、消解民众价值冲突的重要途径。用儒家仁学思想优秀成果涵养社会主义核心价值观并使其融入个人日常生活，将儒家仁学思想优秀成果贯穿国民教育的全过程，使优秀传统文化的传承与教育环节实现有机融合，促使儒家仁学思想在潜移默化中实现与当代价值观的契合，使儒家仁学思想朝着适应社会主义先进文化的方向发展。

儒家仁学思想宣传的现代转化，离不开社会主义核心价值观引导和规范，儒家仁学的大众化、实用化转变也必须在社会力量的宣传监督中实现。首先，充分运用新技术、新媒体传播方式。发挥主流媒体的作用，如《国家宝藏》《典籍里的中国》《中国诗词大会》《衣尚中国》等"传统文化类"电视综艺节目，在微博、微信、抖音、bilibili等社交媒体中广泛传播，扩大了人们对儒家仁学思想的知晓率，通过系统研习儒家经典把握其精神实质，跳出传统经学的狭隘眼界，赋予儒学全新的时代内涵，以此引导和鼓励更多的文化工作者投入相关文化精品的创作，使儒家仁学思想更贴近群众生活，使普通民众贴切地感受到社会主义核心价值观引领传统文化的影响力。其次，伴随中国社会进入转型时期，儒家仁学思想进入中西文明对话与国际交流领域，推进了国内优秀传统文化认知认同基础上对外交流教育机制的构建。如线下建立"孔子学院""中小学孔子课堂"，介绍中华优秀传统文化；线上通过 Youtube、Facebook、Twitter 等社交软件，以更多样的形式使中国传统文化精华在国际舞台上传播。当然，这一切都需建立在加强互联网的监管机制、规范网络发展的前提和基础上，从而确保网络环境持续提供正能量，在价值观培育过程中发挥积极作用。除此之外，实现儒家仁学思想的现代转化还必须充分发掘其固有资源，充分利用中国传统节庆日的教育资源，这些节日本身就蕴含着或多或少的儒家伦理价值。合理挖掘主流价值并传承其当代活力，提高公民的集体文化认同，进而增强民族凝聚力。①

三 社会主义核心价值观引领儒家仁学思想实践的现代转化

社会主义核心价值观植根于中国五千年的传统文化土壤，凝练于中国共产党领导人民长期奋斗的伟大实践，是社会主义先进文化的精髓。社会主义核心价值观对于儒家仁学思想实践的现代转化的引领作用，体现在其本身具有的发展性特点。当今世界处于开放合作的大环境之中，我国国力持续增强，有利于继续发扬儒家仁学思想的求同存异和兼收并蓄。在内，中国作为一个团结的多民族国家一直致力促进不同文化的交融共生发展，增强了各民族的向心力、凝聚力，并为中华民族文化大繁荣做出了贡献；在外，中国坚持改革开放的对外政策，以宽广的胸怀、自信的气质源源不断地吸纳众多外来文化，使中国成为世界文明的重要交汇之地。

社会主义核心价值观引领儒家仁学思想实践的现代转化，必须摆脱儒家仁学思想个体践行陷于抽象的现实困境。对此，需要通过社会主义核心价值观的引领，使儒家仁学思想中的道德价值观念植根于普通民众的日常，融入当代社会发展风尚，使其深入人心，转化为大众崇尚的家国情怀。社会主义核心价值观引领儒家仁学思想实践的现代转化，要在继承儒家仁学思想精髓的基础上，充分吸收儒家仁学蕴含的道德人文资源、思想理念和概念的合理之处，对于不当之处要给予改造，实现儒家仁学思想的创新并使其产生新的文化形态。儒家仁学思想的现代转化对于社会主义核心价值观道德主体自觉意识的强化，

---

① 包雅玮：《儒家仁学思想的现代阐释及价值观转化路径》，《江苏海洋大学学报》（人文社会科学版）2022 年第 1 期。

促进人民养成内生自律的修养习惯以及构建知情意行统一的心理结构，都具有重要现代价值。实现创新性发展与创造性转化之后的儒家仁学思想新态，有助于使儒家仁学思想成为社会主义多元文化格局中的一员并在现代社会发挥积极作用。坚定文化自信，坚持开放合作，激发儒家仁学思想的现代活力，就是传承"和而不同"的文化关系。儒家仁学思想的现代阐释有助于提升自身的魅力和生命力，从而更好地推动社会主义文化丰富繁荣。儒家仁学思想的现代阐释研究呼应了当前"一带一路"与"构建人类命运共同体"的倡议，以坚定的文化自信，以中华优秀传统文化为根基，充分尊重各国文明多样性，推动多元文化的交融发展。

第六节 本章小结

儒家仁学思想在发展过程曾面临诸多困境和竞争，最后却脱颖而出，定于一尊，成为中国长达两千多年的主流意识形态。其原因主要在于儒家仁学思想自身理论体系的开放性促使其不断发展与革新，同时对其他优秀思想文化兼收并蓄，在不改变自身根本的基础上以新形态满足所在历史阶段社会、政治环境的需要，为每个个体提供了一条内在修养与自我超越的成圣成贤之路。在当前百年未有之大变局的世界背景下，寻找国家民族，乃至世界人民的思想文化新出路。儒家仁学思想要面向现代文明，必须对自己的传统文化进行反省，消解与现代化进程背道而驰的因素，弘扬与社会发展适应的内容，取其精华，去其糟粕。突破儒家仁学思想的历史局限，提升其现代转化的实效性，实现人们对儒家仁学思想从思想认同到情感认同、从理论认同到实践认同，不断提高人们的道德文化素养，将文化自信转变为文化自觉，最终使儒家仁学思想在新时代绽放新的光芒。

此外，当前国内各类思想文化的相互交流、相互交融和相互交锋日益频繁，培育和践行社会主义核心价值观面临着新形势、新问题、新挑战，同时也面临着新机遇。社会主义核心价值观从儒家仁学思想这方沃土中汲取了丰厚营养，又必然反作用于儒家仁学思想的现代转化，促成并构建其与儒家仁学思想相互依赖、相互作用、相辅相成的有机统一关系。

在社会主义核心价值观视域下，对儒家仁学思想进行现代阐释研究，以社会主义核心价值观的价值内容和理论框架探讨儒家仁学思想与社会主义核心价值观的关系。在当代社会主义建设的实践中，在中西文明的碰撞融合中，从马克思历史唯物主义和辩证唯物主义角度，要坚持古为今用、立足现实，洋为中用、放眼世界，辩证取舍、推陈出新的原则。深刻理解和把握儒家仁学思想的精神实质和内涵，深入认识儒家仁学思想的普遍价值和当代价值。在近现代社会转型及西方文化的冲击下，立足当下梳理儒家仁学思想与社会主义核心价值观的内在契合，摆脱儒家仁学思想现代困境，从理论维度探讨社会主义核心价值观引领儒家仁学思想的内涵价值传承，从实践维度探讨传统文化基因需与当代文化相适应、与现代社会相协调的基本元素，实现社会主义核心价值观视域下儒家仁学思想的现代化阐释，才能延续和发展中华民族的历史文脉。

第七章 儒家仁学思想与社会主义核心价值观内化的相通相合研究

习近平总书记指出:"一个民族、一个国家的核心价值观必须同这个民族、这个国家的历史文化相契合,同这个民族、这个国家的人民正在进行的奋斗相结合,同这个民族、这个国家需要解决的时代问题相适应。"社会主义核心价值观与儒家仁学思想的契合性,是在历史的碰撞与现实的对话中产生的,既有科学基础又有价值源泉,二者的相互融通创造出崭新价值。但二者又各自有着基于生长环境产生的独立且极具价值的不完全调适的内容,因而二者融通契合的道路必然是一个长期、渐进的过程。社会主义核心价值观集中体现了全体人民共同的价值追求,社会主义核心价值观内化需要中国千年文脉传承的儒家仁学思想的丰富滋养;儒家仁学思想的现代传承与创新发展,需要社会主义核心价值观的指引;二者相通相合才能更好地为实现中华民族的伟大复兴提供文化支撑和价值引领。在实现儒家仁学思想与社会主义核心价值观内化的相互融通的道路上,借由社会主义核心价值观推动儒家仁学思想现代化阐释的基础上,还需挖掘儒家仁学思想的精髓内容资源以推动社会主义核心价值观的内化进程。

第一节　儒家仁学思想与社会主义核心价值观契合的基本逻辑

儒家仁学思想与社会主义核心价值观在本质上都是实践理性，都属于意识形态领域的价值认识。作为儒家思想的核心，仁学思想不是空泛的哲学概念或僵化的伦理教条，而是在长期的教化过程中所形成的理论体系和实践经验，是能够深入日常生活且有与时俱进的价值认知。

儒家仁学思想与社会主义核心价值观的契合性主要体现在二者的近似性、互通性和依赖性上，在价值取向和培育目标方面具有一致性。社会主义核心价值观的凝练，离不开对中华优秀传统文化的继承和发展，儒家仁学思想为其提供了沃土，受传统的儒家仁学思想指引又必然反作用于儒家仁学思想的现代化塑造，其与儒家仁学思想是相互依赖、相互作用、相辅相成的有机统一关系。儒家仁学思想与社会主义核心价值观的相互契合，是一个循序渐进、动态发展、不断演化的过程，符合文化发展演进的一般规律，贯穿于中国历史发展的各个时期。

一　儒家仁学思想与社会主义核心价值观的时空缘起

中国传统文化极具凝聚力、生命力和感召力，是发展中国特色社会主义文化和社会主义核心价值观的深厚文化基础。中国传统文化的核心价值与传统家国一体的社会结构和以自然经济为主的经济结构基础相适应，包含丰富的价值理念。① 儒家仁学思想与社会主义核心价值

---

① 师娅：《中国传统文化与社会主义核心价值观建设》，硕士学位论文，陕西师范大学，2017 年。

观契合的逻辑起点源于二者时空的交集，且这种交集是在中华民族的近现代历史演进过程中逐渐形成并不断发展走向深化的。

孔子通过不断学习与反复验证，结合尧舜至周公的政治理想和道德实践总结出前人智慧，依照"立天之道曰阴与阳，立地之道曰柔与刚，立人之道曰仁与义"（《易经·说卦》）等诸多先民淳朴自然的原始道德观，将"仁义礼"作为自身创立儒家仁学思想的理论主脉。通过薪火不息的教育将自身价值观理念不断传承并由一代代人结合时代背景不断发展演变。其后由其私淑弟子孟子发展提出"仁""义"，荀卿又进一步发展，将"仁义礼"的概念阐述贯通。至汉武帝任用董仲舒"罢黜百家，独尊儒术"，推行集百家之长、适应中央集权封建社会的新儒学，仁学思想以新的内核成为当时中国占主导地位的价值观，并延续两千多年，塑造了中华民族隐忍不屈、慎终追远的民族性格，同时也保障了民族血脉的薪火相传。在这两千多年中，面对诸多外域思想文化与价值观的冲击，儒家仁学思想从未动摇，以其开放性、科学性等价值观优势，一次次批判吸收壮大自身并维持中国社会的稳定。儒家仁学思想促进了中国农业社会的稳定与发展，但随着社会经济的发展，农业文明有其固有的封闭性，小农经济的脆弱性反过来也限制了仁学思想。

1840年鸦片战争之前，中国是一个以自给自足的小农经济为主体，封建专制主义高度发展的农业大国，政治经济的一度遥遥领先和地大物博的天然优势，使得中华民族始终乐观地保持着泱泱大国的自傲与盲目。在这种盲目骄傲之下，先民自诩天朝物产丰富足以自给自足，无须与外国通商交流，自明朝颁布海禁政策，中国便逐渐切断与世界各国的联系。到了清政府时期，与外国的文化交流益疏，长期实行闭关政策，"四书五经"将人们的思想禁锢起来，清政府对不满情绪或评议时政者施行残酷镇压，封建制度的弊端已严重地阻碍中国社会政治、文化、经济的发展。但"世界潮流,浩浩荡荡",自乾隆末年西方开始工业革命,故步自封的中国在世界浩荡潮流中泥古不化,造成了不进则退的结果,与蒸蒸日上飞速发展的西方工业文明相比,清朝曾自诩雄霸天下的国势,在盲目自信的故步自封导致的发展停滞和官僚体制的内部腐化中早已江河日下。闭关自守曾一度是保持中国封建制度稳定发展的重要条件,一定程度上的确防范了外敌入侵,然而却错过了了解世界跟进发展的重要时机。最终只能以这种封闭保守状态,被经过工业革命快速崛起的西方列强用鸦片、枪炮暴力破开,彻底断绝了清政府继续闭关锁国和自给自足的可能,迎接中国的是逐渐沦为半殖民地半封建社会的屈辱历史与落后封建制度的土崩瓦解。西方各国对中国的入侵使得中国被动加入世界市场并成为原料产地,中华民族不得不与世界开启了全面对话的历程,儒家仁学思想也随之开启了与世界各国文化对抗、交流、融合的过程。由于经济、军事实力差距悬殊,西方文化价值观以蛮横的姿态闯入国民精神世界中,无可避免地产生了学术文化与价值观领域的"西学东渐"现象,在这场与西方文化的角力中,中华民族史无前例地处于劣势,面临着生死存亡的考验,文化保守主义和文化虚无主义不断滋生,儒家仁学思想受到冲击,中国的文化自信受到严重损伤。[①]

正是在这样的时代背景下马克思主义传入中国,开启了马克思主义与中国传统文化的第一次碰撞。最初,马克思主义与中国传统文化的历史碰撞并不顺利,而后以毛泽东为代表的共产党人意识到马克思主义不能机械地套用,马克思主义的普遍真理必须和中国革命的具体实践相结合,和中华民族的民族特点相结合,才能恰当地发挥其优势,实现马克思主义的中国化。在实践上,中国共产党以马克思主义思想

[①] 房广顺、隗金成:《社会主义核心价值观与中华传统文化的契合性》,《马克思主义研究》2015年第10期。

为指导，引领革命的航船，领导中华民族和中国人民，一路高歌猛进、浴血奋战、劈波斩浪，开辟了农村包围城市、武装夺取政权的革命道路，夺取了新民主主义革命的伟大胜利，创造了科学、民族、大众的新民主主义文化，成立了中华人民共和国。新中国成立之后，中国共产党领导中国人民进行"三大改造"，确立社会主义制度并开始建设社会主义文化，为社会主义核心价值体系的提出奠定了政治前提、物质基础和文化条件。改革开放后，邓小平同志于1982年9月1日在《中国共产党第十二次全国代表大会开幕词》中提出"把马克思主义的普遍真理同中国的具体实际结合起来，走自己的道路，建设有中国特色的社会主义"。儒家仁学思想与马克思主义理论二者独立发展并相互结合形成社会主义核心价值观。2014年1月，中央办公厅下发《关于培育和践行社会主义核心价值观的意见》提出"三个倡导"，是社会主义核心价值观的基本内容，开启社会主义核心价值观引领社会主义意识形态建设的理论与实践探索，使儒家仁学思想与社会主义核心价值观的当代对话成为可能。

社会主义核心价值观和儒家思想在各自发展过程中，作为所在时代社会的主流文化，都在积极吸收所在时代的先进文化的有益成分来不断发展和完善自我。儒家思想在发展过程中，吸收和融合其他各学派的文化思想理念，社会主义核心价值观也注重挖掘优秀传统文化的深厚价值底蕴，保持自我活力和生命力，丰富和发展自身理论。

二 儒家仁学思想与社会主义核心价值观的当代际遇

儒家仁学思想作为中华优秀传统文化的代表，在中国的历史发展过程中有着举足轻重的地位，其思想中蕴含的优秀文化资源与社会主义核心价值观深度契合，并通过引导和宣传来提高人们的道德素养和内在积极性。党的十六届六中全会首次提出建设社会主义核心价值体系，内容是对当时的国内和国际形势进行分析，是应对外来腐朽价值观念输出的对策，也是回应现实历史文化传承变革。① 社会主义核心价值观需要进一步发展才能体现强大的生命力，二者在碰撞融通过程中不可避免地存在诸多矛盾与分歧。其当代际遇便是针对二者融通过程中的对于儒家仁学思想的扬弃以及对社会主义核心价值观发展方向的选择。②

社会主义核心价值观与儒家仁学思想产生于不同的历史阶段、不同的社会制度，也是不同的思想体系，二者在命中注定的机缘下终将在某一个时代碰撞交融，继承传统、指导现实、面向未来。二者之间的碰撞交融关系在历史上的认识大致分为三个方面。一是认为儒家仁学思想以克己复礼的怀旧情结寄托民族情感，夹带强烈的封建复古主义和保守主义色彩，试图在现代社会再现昔日的成就；二是认为社会主义核心价值观作为先进文化，与传统的儒家仁学思想难以融合，否定儒家仁学思想等传统文化在新时代社会发展中的目的和效果；三是认为社会主义核心价值观与儒家仁学思想既对立又统一，认为"一个民族、一个国家的核心价值观必须同这个民族、这个国家的时代问题相适应、奋斗目标相结合、历史文化相契合"③。

伴随新中国的成立，在社会主义革命和建设时期，中国共产党坚持独立自主，突破了西方资本主义国家的围堵封锁，领导中国人民志愿军参加抗美援朝战争，挫败了美帝国主义的嚣张气焰，增强了中华民族在世界的地位，走出了"不选边站队、不依附强权"的中国发展道路，这对于一个经济基础相对薄弱、社会百废待兴的新中国而言，

---

① 郭自强：《儒家仁学思想与社会主义核心价值观融合研究》，硕士学位论文，中原工学院，2022年。

② 朱晓楠：《儒家文化与思想政治教育融合探究》，《常州工学院学报》2022年第3期。

③ 房广顺、隗金成：《社会主义核心价值观与中华传统文化的契合性》，《马克思主义研究》2015年第10期。

彰显了中国共产党非凡的政治智慧。中国共产党在对社会主义的探索中一直坚持马克思主义真理，确立了社会主义基本政治、经济、文化等制度，为社会主义核心价值观的形成和发展打下了坚实的基础。社会主义核心价值观得以在中华大地蓬勃发展，离不开中国共产党的正确领导，同时，中华民族优秀传统文化中的儒家仁学思想在现代延续和发展，儒家仁学思想与社会主义核心价值观的现实契合才成为可能。①

三 儒家仁学思想与社会主义核心价值观的时代契合

中华优秀传统文化中蕴含丰厚的思想资源，可以为新时代社会的思想文化建设提供有益的启发。深入挖掘和阐释包括儒家仁学思想在内的优秀传统文化，使其成为涵养社会主义核心价值观的重要思想，成为儒家思想与社会主义核心价值观契合与相通的文化源头活水。②儒家仁学思想的扬弃既是社会主义核心价值观建设的要求，也是儒家仁学思想展现自身生命力的必然。二者得以产生时代契合的根本原因在于历史与文化发展的必然规律，更能促进社会主义物质文明建设。

以邓小平同志为核心的党的第二代中央领导集体，在深刻总结和借鉴我国社会主义、世界社会主义建设的经验与教训的基础上，遵循和顺应人类社会的发展规律、中国人民新的期盼，提出了"社会主义的本质，是解放生产力，发展生产力，消灭剥削，消除两极分化，最终达到共同富裕"③的科学结论，并坚持社会实践发展和理论创新，提

---

① 师娅：《中国传统文化与社会主义核心价值观建设》，硕士学位论文，陕西师范大学，2017年。
② 严瑞：《论儒家思想与社会主义核心价值观的契合与相通》，硕士学位论文，安徽大学，2015年。
③ 《邓小平文选》第3卷，人民出版社1993年版，第373页。

倡解放思想、实事求是的精神，实践是检验真理的唯一标准。摆脱旧的思维方式和僵化的观念束缚，回归马克思主义的科学立场，遵循了人类社会的发展规律，开创了改革开放的壮举，顺应了人民群众的热切期盼。① 思想的彻底解放带来了社会发展活力的充分涌流，充分展现社会主义优越性。我国经济社会发展不断取得历史性突破，粮食产量跃居世界首位，人民群众的温饱问题得到彻底解决和根本性转变；国内生产总值超过日本成为世界第二大经济体和中上等收入国家；出口超过德国成为世界第一大出口国和18世纪工业革命以来继美日德英之后第五个世界工厂。中华民族统一大业取得重大突破，香港、澳门顺利回归，国际地位得到显著提升；中国加入世贸组织；相继举办了亚运会、奥运会、世博会等国际赛事；"神舟一号""嫦娥一号"成功发射等。党的十八大提出"三个倡导"，这是社会主义核心价值观的基本内容，是对中国特色社会主义核心价值体系的凝练，也是当代社会主义核心价值观的培育方向。儒家思想作为中国传统文化的重要组成部分深刻影响着中华文明。在具体问卷调查中亦显示，参与者中76.95%认为社会主义核心价值观来源于传统文化，说明普通民众有传统文化的认知认同基础，理解社会主义核心价值观与儒家仁学思想的相通相融。一方面，在公民中积极培育并践行社会主义核心价值观，另一方面，重视优秀传统文化的传承与创新，既加强了文化自信，又促进了社会主义核心价值观与儒家仁学思想的全面互动与深度契合。

进入新时代，中国共产党人作为绵延赓续中华文化的忠诚继承人，更加重视对传统文化的规划发展。从建设文化工程到将其列入"十四五"规划，从发展实施意见到2035年远景目标，再到《中共中央关于

---

① 房广顺、隗金成：《社会主义核心价值观与中华传统文化的契合性》，《马克思主义研究》2015年第10期。

党的百年奋斗重大成就和历史经验的决议》①的提出，历史和实践证明，中国共产党一直以来都十分重视优秀传统文化的传承与发展。坚持党的全面领导是优秀传统文化在新时代下传承发展的根本原则和重要经验。② 因此，在实现中华民族伟大复兴中国梦、全面建设社会主义现代化国家的历史进程中，要把握思想灵魂、把牢方向引领，积极培育和践行社会主义核心价值观，传承好、弘扬好、运用好，用儒家仁学思想的哲学逻辑和教化观念为公民道德建设、国家治国理政、人类改造世界提供有益启迪。社会主义核心价值观与儒家仁学思想的优秀成分相承接，彰显了中国人民和中华传统的价值追求和道德伦理，展示出鲜明的时代特征和民族精神，二者的有机结合体现在本质上的深层次契合，也必将在高度契合中一起见证和推动中华民族伟大复兴中国梦的实现。

第二节　儒家仁学思想与社会主义核心价值观契合的内在本质

儒家仁学思想与社会主义核心价值观的契合性开放性为前提，既有科学性基础又有价值性源泉。既体现社会主义核心价值观的一般运动发展规律，又符合当代中华民族的现实情况和根本利益。

一　儒家仁学思想与社会主义核心价值观契合的科学性基础

社会主义核心价值观的科学性，本质上源于马克思主义的科学性。

---

① 《中共中央关于党的百年奋斗重大成就和历史经验的决议》，人民出版社2021年版，第23页。
② 郭自强：《儒家仁学思想与社会主义核心价值观融合研究》，硕士学位论文，中原工学院，2022年。

马克思主义是科学的世界观和方法论,其自诞生之日起就以科学彻底的理论掌握群众、说服群众,成为无产阶级的思想武器,用科学真理性和价值合理性指导无产阶级掌握改变世界的革命理论,吸引和感召世界各国各民族人民自主选择和主动接受马克思主义。社会主义核心价值观代表着中国先进文化的前进方向,从诞生之日起就始终保持着与社会经济基础相融洽的适应张力。科学社会主义的宏伟大厦是在马克思主义唯物史观和剩余价值学说的基石上建立的。社会主义核心价值观的科学性还在于社会主义运动的现实性和实践性,是历史必然,符合当代中华民族的根本利益,是科学社会主义普遍原理在以儒家仁学思想为代表的中华民族传统文化的沃土之上结出的科学硕果。对于一种思想与价值观科学与否的评判,既不能教条于线性关系,也不能关注它所提出的宏大口号,而是看其是否能够促进社会生产力的发展。因此,首先必须把社会主义核心价值观置于实践的基础之上。在践行社会主义核心价值观的过程中,人民群众须秉持这种科学的态度。科学的态度从本质上讲就是立足于实践,激发社会主义使其迸发出科学真理,才能实现民众社会主义核心价值观内化。

儒家仁学思想的科学性,是它切实体现了中华民族的民族性格并经历了两千多年的历史考验,具体表现为它是符合生态伦理、体现人文关怀的价值观。儒家十三经中《易经》被誉为"万经之祖",孔子韦编三绝反复阅读其文,借助卦爻辞体味其间人文精神,指出自然、人与社会之间的和谐统一。认为天(自然)人之间具有同一性,具有相成、互补性。这点从《易》中对卦象的解释里拾掇可见。如《乾》卦释曰:"天行健,君子以自强不息。"《坤》卦释曰:"地势坤,君子以厚德载物。"《屯》卦释曰:"云雷,屯,君子以经纶。"《大畜》卦释曰:"天在山中,大畜,君子以多识前言往行。"每一种卦象都对应着君子的一种品德,八卦既成则可表示世间的万事万物,而每一物都与人息息相关，人若具有这些美好的德行则可能达到儒者所追求的"超凡入圣"的精神道德境界。同时这些都表明人是自然的产物，和自然万物具有相通性。同为儒家经典的《春秋》是儒家文以载道观念的具体体现，其中认为人的仁义之德源于天道并蕴含在阴阳变化中，与天地、四季及自然万物息息相关。行仁义之道乃是行天道，是符合社会要求的道德之行，"仁"与"义"是通过归纳社会人际关系进而总结出的对人理想人格的基本要求。如果不遵循仁义，那么个人在社会关系中必然失败，社会也会因此动荡不安。同时儒家仁学思想还意识到了一些极端情境的存在，即应当如何处理个人的利益与仁义道德的冲突？进而提出了礼的标准，而"礼"某种意义上可谓法的前身但又高于法的境界。正是"仁义礼"三者相互依存、相互制约的存在构成了儒家仁学思想的科学性。

除此之外，儒家仁学思想的科学性还表现为它对当代问题的积极应答。儒家仁学思想的"仁"从自然界到人类社会方方面面规定了人的基本行为准则，包含道德尺度的基本要求，极大程度上避免了西方人类中心主义和无政府主义忽视自然环境保护、缺乏社会集体责任意识的问题。具体表现为在自然中尊重、顺应天地自然，在人与自然的和谐相处中形成"仁"的价值观并达成"仁善"；在社会生活中则为政治谋略、社会责任、道德情感、素质品性等方面的内容，包含高度人文情怀和自觉政治关爱。

同时，儒家认为"仁者，人也"。朱熹更把"仁"定义为人道德理性和伦理情感的本质。那么那些尚在路途并未达到"仁"的人算不算是人？这个问题并无具体明确的答案，但可以推断出儒家把"仁"作为一种人固有的道德理性，并需要由圣人引导达成其一生所追求的至高价值观。周敦颐说："圣人定之以中正仁义，而主静，立人极焉。"（《太极图说》）。其中"人极"便是仁的最高境界，离不开指导，更离不开实践。儒家仁学思想中"君子无终食之间违仁,造次必于是,颠沛必于是"也阐述了实践的重要性,强调仁的品格不是与生俱来的,对仁的实践也不会一蹴而就,只有不断实践才能真正接近和达到仁的最高境界。继承和弘扬儒家仁学思想,绝对不能简单复古,也不能盲目排斥,而是要用科学的态度,坚持辩证取舍、古为今用,对儒家仁学思想"仁"的精髓加以拓展完善,推动儒家仁学思想创造性转化和创新性发展,使之与社会主义核心价值观相互融通,增强其生命力、感召力和影响力。

二 儒家仁学思想与社会主义核心价值观契合的价值性源泉

社会主义核心价值观体现了中国共产党的价值理想,贯穿于对人类美好社会的价值追求。社会主义核心价值观的自觉践行,既因为其汲取中西方思想智慧精华在理论和实践上合乎逻辑规律的科学真理,又因为其表达的价值追求符合中华民族和中国人民的根本利益、共同心愿和价值理想,能够真正带领中国人民走向民族复兴。对中华民族而言,社会主义核心价值观决定其发展方向、精神动力及思想境界。对中国人民来讲,社会主义核心价值观决定其实现奋斗目标中的人生价值取向;社会主义核心价值观是在对资本主义价值观的批判中确立起来的,人的主体感受与精神世界在社会财富的急剧膨胀中被无情抹杀,资本家们因无偿占有工人的剩余劳动形成了他们之间不可调和的对立关系,直接导致了资本主义社会不断发生饥荒贫穷、经济衰退、贫富差距、战争暴乱等社会问题,深刻揭示了资本主义价值观所标榜的自由、平等、博爱的欺骗性。为打破这种阶级对立关系,实现人与人之间的平等、人的自由全面发展,社会主义核心价值观实现了人的工具性价值与目的性价值的有机统一和完美结合,体现了对人的主体价值的充分尊重。

从儒学的角度看,"仁"的观念由内而言,"五常"等观念包含了对人的内在德性的注重,由外而言又借助"礼"塑造普遍的社会规范。其所展现的内在德性与外在行为与社会规范交融的价值取向,无疑有助于根植于社会主义核心价值观超越西方哲学中德性伦理与规范伦理之间的对峙,实现个人、社会和国家由内而外的和谐统一。"仁者人也"是儒家仁学思想在历史上提出的重要论述。不同的人对"仁者人也"的本质有过不同的理解和诠释,孟子说"仁也者人也"(《孟子·尽心下》),拥有"德行"并推行"仁恩"是人的本质,《礼记》记载"仁者人也,亲亲为大",认为互相友爱且有远近是人的本能。到了宋代朱熹说"仁者,人之所以为人之理也",认为仁是作为人之理而存在于人身上。但究其所以,"仁者人也"的命题始终在强调人与"仁"之间的关系,并借此规范人与人,人与社会、国家,乃至世界的关系。面对当代人类共同价值的思考,用"人类共同价值的最根本的原理"诠释"仁者人也"的新时代内涵。由此可见,儒家仁学思想对应对时代发展过程中的现实问题具有不可忽视的意义。

社会主义核心价值观完成了从"以物为本"到"以人为本"的升华超越,从国家、社会、个人三个层面历史地、立体地阐释了中华民族当代的价值取向,合理继承并创新了儒家仁学思想中"天人合一、和合大同"思想,充分展现了自古以来中国便具有的最深层次的价值追求,并在新的时代背景下实现新发展,究其所以在于社会主义核心价值观和儒家仁学思想都反映了中国人民和中华民族的价值取向、价值目标,维护了中国人民和中华民族的根本利益,从而在价值性源泉上是相契合的。

三 儒家仁学思想与社会主义核心价值观契合的开放性前提

文化在交流、融合中才能实现互相取长补短,共同进步,只有以包容的心态面对世界各地不同的文化，不同民族和国家才能共同促进世界文明的发展。也只有在文化融合的基础上，各族人民才能融洽地相处，谋求彼此的共同发展。① 社会主义核心价值观是马克思主义和以儒家仁学思想为代表的中华优秀传统文化在当代彼此交融补益的甘美硕果，而二者共同具备的开放性是其形成的重要前提。首先从马克思主义来看，其本身是开放的，是因地制宜、因时而变的理论，以高度的科学性、开放性在世界范围内广泛传播并产生巨大影响。马克思主义具有空间、时间和内容上的开放性。它用理论的力量影响着不同国家的发展，指导实践并推进世界历史的发展进程，以科学理论作为有力的思想武器指导世界范围内的社会主义运动；在追求真理的道路上不断进行自我发展、自我创新与自我完善，成为推陈出新、吐故纳新、生机盎然的生命体。就其起源而言，它本身便是马克思和恩格斯以开放的科学态度积极汲取德英古典哲学与经济学及英法空想社会主义的优秀成分，并在其所处时代的实践基础上，科学深刻分析资本主义社会生产方式和深度总结世界历史规律之后抽象出来的世界真理。

中华传统文化的开放性，源于五千年历史文化发展历程中不断地求变求新以适应自身发展，并与世界文明不断交融。儒家仁学思想作为中国封建历史中的主流文化延续两千年，既有高度的内部开放性又有外部融通性。儒家仁学思想由孔子扬弃先贤思想确立产生，在汉代经改善后发展成为官方正统思想，同时，汉代佛教文化开始传入中国，道家思想完成转型并日趋成熟，隋唐时期西域文化和辽金文化、蒙古文化、满族文化等，都在一次次冲击传统儒家文化的过程中，被儒家文化以其包容性与强大文明魅力和价值观理念所吸收，在历史的长河中深深地受其影响而逐渐融入中华文化，并成为长期居于社会价值观

---

① 吕雯瑜：《社会主义核心价值观与儒家传统伦理思想的融通研究》，硕士学位论文，吉首大学，2018年。

制高点的中华优秀文化成果的儒家仁学思想的养料，促使其常变常新。同时，儒家仁学思想以其文化包容性与历史存在的其他学说始终保持"和而不同"，一方面因价值观点差异相互竞争，另一方面又在争辩中相互借鉴。儒家仁学思想具备自我发展完善的能力和特质，立足于本土又兼具国际视野，既吸收外来先进文化又输出独具民族特色的思想体系使历经两千多年的历史与实践考验依然能够保持旺盛的生命力。当今社会，中华民族依旧保持着开放的胸怀与包容的态度，推进当代中国文化的发展创新。

在新时代背景下，社会主义核心价值观作为科学马克思主义和以儒家仁学思想为代表的中华优秀传统文化的结晶，成为中国社会主流的意识形态，其依然保持着开放性的重要文化特征，吸收了世界多元文化价值中的优秀价值观成果，既凸显马克思主义政党不懈追求的价值准则，又兼容并蓄反映人类认识改造世界的价值理念和思想文化，并以此适应时代发展的客观需要，成为人类文明共同成果和人类社会科学发展的思想成果。社会主义核心价值观的理论内涵和思想外延始终关切时代价值发展特征。马克思主义和以儒家仁学思想为代表的中华优秀传统文化本身所具有的包容性在社会主义核心价值观的开放性中再一次以具体应用的形式得以体现。

第三节 儒家仁学思想与社会主义核心价值观契合的基本特性

儒家仁学思想与社会主义核心价值观契合的基本特性主要体现在三个方面：一是民族性与世界性相统一；二是先进性与广泛性相统一；三是现实性与理想性相统一。民族性与世界性体现在二者都是特定社会历史背景下的产物，有着一定的社会历史限制，但其也蕴含着超越一定时空限制的普遍价值意义。先进性与广泛性表现为二者对于其所在时代都有着超前的指导意义以及立足于广大人民群众立场的"民本"或"民主"思想。现实性与理想性表现为二者都立足于一定的社会现实，致力解决其所在时代最根本最迫切的现实问题，同时又给出历史前进的目标规划以及最终要达成的理想社会蓝图。

一　民族性与世界性相统一

文化的世界性是各种文化普遍具有的属性，是共性。文化的民族性是各种文化的个体性和独特性，是个性。世界上的人类文化，都是以民族文化的形式存在并展现出不同的形态。民族性与世界性的关系，体现了普遍性与特殊性、共性与个性的辩证统一。民族性表现为植根于博大精深的民族文化、秉承了中华民族的优良传统、致力实现民族复兴的历史伟业；世界性表现为具有鲜明而独特的开放性、海纳百川的包容性、广泛持久的世界影响力。当今世界各种文化，目不暇接，只有坚守民族本根，国家才能自信从容地屹立于世界民族之林。[①]

儒家仁学思想作为中国传统文化的思想精髓，在中国，乃至世界思想文化史中都占有不可或缺、无可替代的位置，其中蕴藏着全人类的宝贵精神财富，是解决世界问题的"核心密码"。因此，儒家仁学思想既是中华民族的文化精髓，也是人类世界的宝贵文化遗产。一方面，在孔子创立的儒家学说基础上发展起来的儒家仁学思想，是中国传统文化的重要组成部分，其始终立足于时代发展，蕴含着中华民族最基本的文化基因，是民族发展壮大的滋养源泉，是中国人民在参与国家政治、军事、经济、文化等建设过程中逐渐形成并区别于其他民族的

---

① 马健永：《新时代视域下民族性与世界性的融通对习近平新时代中国特色社会主义思想的理论阐释》，《西南石油大学学报》2022年第2期。

独特标志，反映了中华民族自古以来坚守的文化精神和文化精髓，具有鲜明的民族特色。另一方面，自从孔子创立的儒家文化成为中国传统文化的主流后，儒家仁学思想在世界文化史与思想史中都占有举足轻重的地位。早在秦汉时代，儒家文化便以其先进开明的文化优势辐射东亚，先后传入越南、朝鲜、日本等国家，形成了以古中国为政治文化核心、以儒家文化为思想道德的东亚文化圈，亦称"儒家文化圈"。随着16世纪大航海时代的来临，世界文化交流进一步扩大深入，儒家文化以其独特的开明性与时代价值远播西洋，18世纪，中国的儒家文化在法国广泛传播并对法国启蒙运动和大革命产生深刻影响。到了21世纪，许多国家给予儒家仁学思想高度赞扬和充分认同，纷纷以派遣留学生、设立孔子学院、翻译儒家经典著作等形式来学习和传播儒家仁学思想。面对儒家仁学思想世界价值的思考，"仁者人也"给出"世界最根本的共同价值"的新时代诠释。从伦理道德角度看，儒家仁学思想提出的"以德服人""己欲立而立人、己欲达而达人""己所不欲勿施于人""天下为公""和而不同"等价值表达了人类共同的价值追求，其构成"和平""发展""公平""正义""民主"等道德和伦理的基础。2015年9月28日，习近平总书记在第七十届联合国大会上提出和平、发展、公平、正义、民主、自由的"全人类共同价值"理念。儒家仁学思想、社会主义核心价值观、人类命运共同体理念、"六大理念"都是一脉相承、同向同行的，由此可以看出，儒家仁学思想已成为世界文明互相借鉴、沟通交流的桥梁和纽带，在世界文化和国际社会的影响力日益提升。

马克思主义与其指导下建立的社会主义文化同样既是世界的，也是民族的。在社会主义制度下融合本土实践与文化传承形成的社会主义核心价值观同样具有民族性与世界性。一方面，社会主义核心价值观是马克思主义中国化成果，但因其植根于拥有五千年深厚文化底蕴的中国大地，不可避免地接受其优秀传统文化的影响和浸润。在此过程中，它显然不再是马克思主义最初的理论表述，而是科学概括扬弃儒家仁学思想的"仁者爱人""仁爱孝悌""仁义礼智信"等思想精华和传统格局后，按照中国传统文化中固有的儒家仁学思想思维理路、文化特质、逻辑脉络进行重塑、改造和雕琢，把涉及国家、社会、公民的价值要求融为一体，实现对儒家仁学思想的传承和升华。另一方面，社会主义核心价值观是马克思主义中国化发展的最新成果。中国共产党运用马克思主义理论领导中国人民走上了蓬勃发展的民族复兴之路。马克思主义理论揭示了人类社会普遍的价值追求，是在汲取人类优秀价值理念的基础上发展起来的，是为"改造世界""改变世界"而诞生的，是超越资本主义社会性质的，这便表明了它在理论本性上与以往的差异。社会核心价值观表述的公平、民主、自由，主张世界各国一律平等、世界大事共同商量、世界人民不受欺压，是人类社会共同的价值目标，对推动人类进步、世界关系和世界贸易的公平化、民主化、自由化具有积极的指导借鉴意义。因此，儒家仁学思想和社会主义核心价值观的民族性与世界性的基本特性是相一致的，这决定了二者能够共同推进中华民族的伟大复兴。

二 先进性与广泛性相统一

先进性是广泛性向更高层次的飞跃，广泛性是先进性发展要求的基础，二者在共同的方向上相依相通、互渗互补。社会主义核心价值观内化既不是纯粹的先进性要求，也不是纯粹的广泛性要求，更不是先进性与广泛性的简单相加，而应体现二者的有机结合。先进性要求用较高的价值规范要求受教育者，其对象是社会的中坚力量和时代的楷模，对社会的道德原则和规范起表率作用，由于他们的个体需要层次较高，因此，对他们进行高要求的内化；广泛性要求用基本的价值规范要求受教育者，易于被一般群众和社会公民所接受，教育的目的往往易于完成。①

先进性和广泛性是彰显文化生命力的两个重要维度，某种文化只有二者同时具备且达到相辅相成的完美配合，才能保持自身存在的持久生机。在人类发展历史上，先进文化发展需要大众文化的支撑，大众化离不开先进性的引领。一方面，马克思主义认为，能否推动社会进步和生产力的发展是评判思想文化或价值观念是否具有先进性的唯一标准。儒家仁学思想所蕴含并强调的修身自爱、忠恕爱人、民本爱民、精忠爱国等思想精髓能够促进社会和谐稳定，给予生产生活以坚实保障，因而它无疑是先进的，即便置于当代，对我们加强社会主义精神文明建设、和谐社会建设，加强党的纪律作风及意识形态建设也有积极的借鉴意义。另一方面，儒家将"爱和礼"融于一体的仁学思想作为核心灵魂，以社会大众的根本利益和价值追求作为践行的实际基础，依据广大民众的认知能力和认知习惯生成。在中华文明的历史长河中先是经历了由"百家争鸣"到"独尊儒术"的过程，其后又有历朝历代的不断扬弃发展，始终占据中国封建文化的主流地位，被普通大众认可、接受并在传统社会中实现由上而下的普及。贯穿于儒家仁学思想核心的忠、孝、悌、恕等各项美德成为封建伦理核心、政治原则规范，长期在封建社会政治思想领域占主导地位。传承孔子"我欲仁，斯仁至矣"，孟子"以仁存心，以礼存心"的美好信念，两千多年来，"正心养性，中正而诚"的儒家仁学思想修身养德的学问渐渐形成了中国社会共同认可的道德价值准则。儒家仁学思想不仅是一种意识形态，事实上已经内化为中华民族儿女的一种生活方式，体现在民族生活的方方面面。

---

① 郝云：《论道德教育的先进性要求与广泛性要求》，《理论月刊》2000年第12期。

在马克思主义中国化过程中，社会主义核心价值观的总结和提炼，经历了先进性与广泛性的逐渐统一。一方面，社会主义核心价值观回答了中国这样的社会主义大国，应该"建设什么样的国家和社会""培育什么样的公民"的问题。它是结合社会主义伟大实践，顺应时代发展要求，在充分吸收人类历史发展中一切优秀文明成果的基础上进行自我改造、自我发展和自我重塑的成果，代表着当代中国最深层次的价值取向，代表着全国各族人民的价值准则，代表着中国特色社会主义先进文化的前进方向。另一方面，对于社会主义核心价值观的科学概括，既具有引领社会思潮、凝聚社会共识的广泛性特征，又具有简洁明快、通俗易懂、便于普及、易于践行的大众性特征。社会主义核心价值观以古为鉴，古为今用，不断创新，使绝大多数人自觉接受并主动践行，对其产生价值共鸣，指导大众主动提高自身思想素质、塑造高尚人格并引领大众的日常行为和实践，是整个中国社会普遍认同的价值理念、价值理想、价值目标的集中反映。因此，儒家仁学思想和社会主义核心价值观的先进性与大众性是相统一的，在中国共产党高度自觉的文化鉴别、文化传播和文化创新的推动下必将走向全面振兴和繁荣。

三　现实性与理想性相统一

现实性是指具有内在根据的、合乎必然性的存在，是客观事物和现象各种联系的综合。理想性是人们对未来社会和自身发展的向往追求。理想性与现实性的统一，既是满足当下的物质和精神需求，又有对未来生活目标的憧憬。对未来不懈追求，是理想形成的动力和源泉。

先秦儒家仁学思想既具有理想性又有现实性。一方面，理想性之道不受外在因素约束，即天地间唯道为最尊，而势不能多之。另一方面，儒家仁学思想的理想性之道不脱离于具体事物而存在，内在于事物之中，贯通于日用常行间。① 儒家仁学思想既提出了对所在历史阶段的价值要求，也表达了对未来的价值追求。一方面，儒家仁学思想虽历经兴衰与变迁，但仍具有蓬勃的生命力和强大的影响力，是破解当今世界发展难题的重要智慧宝库，它为当代世界各国解决冲突、互不干涉、和平共处、共谋发展提供理论指导，为反对霸权主义与极端民族主义、推动构建人类命运共同体提供价值标准，使得儒家仁学思想在新时代焕发新生机，体现了历久弥新的当代价值，表现出强烈的现实性。另一方面，儒家仁学思想具有超越性和理想性。首先，儒家仁学思想的提出者孔子，他的一生所为便具有一定的理想性。于学习、读书可至"韦编三绝"，学乐以至于"三月不知肉味"；于政治，不顾众人反对列举少正卯"五大罪"将其处死，为削弱三桓势力企图公然拆毁三桓所建城堡，毫不避让强敌，最终被迫离开鲁国。其后带领弟子周游列国处处碰壁甚至遭到围困，然而孔子却道："朝闻道，夕死可矣""吾道一以贯之"，始终坚守自身，未放弃对于理想的追求。其次，孔子对于人性与人的道德的认识具有一定的理想性。他提出要把爱的情感作为教化人的首要条件，使人恪守礼仪，孝悌忠信，崇德好学，知命乐天，达到道德理性的自觉境界从而成为君子。但君子之上仍有贤人、圣人，这便超出了常人的范畴。贤人为人处世、言行举止皆是道德准则，他好善乐施，能使人民富有，普济天下，让民众摆脱贫困后更能摆脱疾病。圣人的品德是与天地万物自然法则融为一体，来无影，去无踪，对于世间万事万物把握透彻，行事通达无阻。同时与天下的一切生灵和睦相处、不分彼此，又让芸芸众生永远难以洞悉他的崇高伟大和德行尽头。再次，孔子提出的仁学思想中所描绘的社会具有一定的理想性。在春秋战国那样混乱割据、礼乐崩坏的社会情境下，

---

① 薛振春：《儒家优秀文化与社会主义核心价值观相容性研究》，硕士学位论文，河北大学，2017年。

各国都想厉兵秣马，称霸一方，孔子却反其道而行之提出仁学，倡导早已走向衰微的礼乐文化，向往建立最高层次的"大同社会"。这看似违背了时代潮流，但他的理想社会却远远超越了当时的社会生产条件。

孔子的思想及其作为又有着一定的现实性。"仁"是孔子匡时济世之良方，孔子不仅是一个思想家，还是一个勇于奋斗并实现个人抱负的实践家。孔子也意识到个人抱负的超越性，非一人一时一世所能达成，因而广收门徒，传播思想，培养了一批愿意终生为之奋斗的后继者，朝着向往的人类理想生活不懈努力追寻。孔子使用教育这种方式进行文化传播传承，毫无疑问，他是成功的。追随他的三千门徒七十二贤者继承了他的社会理想，为改造社会和匡扶正义营造社会仁爱氛围。但这些"济世之才"不仅需要培养"仁者爱人、泛爱众"的人格情操，还要为成为"天下归仁的仁人君子"而不懈奋斗。最终让儒家得以熬过战火，在生产力相对发达、社会环境稳定的汉朝开始成为华夏民族主流政治思想，吸引着古往今来的饱学之士继续构建理想社会。

社会主义核心价值观继承了马克思主义的理论品质和儒家仁学思想精髓，实事求是地阐述价值追求和美好愿景。一方面，社会主义核心价值观以中国的社会现实为立足点，深入研究"中国社会发展所需要的价值观"。解决现实问题是马克思主义最重要的理论品质之一，始终走在时代的最前列、站在人类思想的最前沿、立于社会发展潮流最前端，以一种务实的态度引领当代中国实现民族的伟大复兴，它不是用死板的教义指导社会实践，而是注重从具体的实践出发发展理论。另一方面，社会主义核心价值观又是超越现实的，它是具有导向功能的理想性的价值观，对未来美好社会的憧憬是推动价值主体自觉践行的动力。它既超越了儒家仁学思想，又实现了对马克思主义思想的中国化创新，同时也注重现实与未来之间的适度张力，确保价值准则和价值追求契合未来社会发展的需要。

第四节　儒家仁学思想与社会主义核心价值观契合的内容维度

2012年12月，以习近平同志为核心的党中央在科学凝练各个层面价值共识的基础上，对中国社会主义核心价值观用"三个倡导"做了简要概括，即国家层面价值目标、社会层面价值取向和个人层面价值准则，提倡富强、民主、文明、和谐，自由、平等、公正、法治和爱国、敬业、诚信、友善。这三个层面的倡导区别于西方个人主义价值观，三个层面是相辅相成、紧密相连的有机统一整体。儒家仁学思想作为社会主义核心价值观思想价值的源泉，二者在精神上、血脉上、价值上是贯通的、相连的和契合的。因此，在社会主义核心价值观视域下对儒家仁学思想进行现代阐释，不仅能深入理解儒家仁学思想的实质，还能增强文化自觉和文化自信，提高人们的思想政治觉悟水平和道德文化品质素养，使儒家仁学思想在新时代绽放新光芒。

一　国家层面的价值目标

儒家仁学思想与社会主义核心价值观在价值目标上相互契合。社会主义核心价值观是国家层面的价值目标，"富强、民主、文明、和谐"是国家的建设目标，体现公民对国家建设的价值依归。公民的国家主人身份，要求其以主人翁的意识参与国家的建设和管理。社会主义核心价值观引领社会风向和个人的价值取向，推动国家层面的核心价值观契合于公民伦理关系，深化公民个人对国家的认同感和归属感。儒家治国和平天下的思想体现了天下大公、大同世界的理想追求，其伦理模式、民本思想、整体意识、治国原则及人文情怀等思想中蕴含着国家建设层面的价值观念。① 有了基本的物质前提，以富强为保障，国家的价值观教育才有广泛施行的可能。

与社会主义核心价值观相同，儒家仁学思想亦将富强作为行政基础之一。儒家仁学思想将富强解释为"富民强国"，并将其列于行"王道"之始。儒家认为，富是符合人的本性追求的，只有满足了人民利益需求，社会才能长治久安，国家才能繁荣富强。"富与贵是人之所欲也。"（《论语·里仁》）经济基础决定上层建筑，只有满足了民富的需求道德才能够真正推行。《孟子·滕文公上》有云："民之为道也，有恒产者有恒心，无恒产者无恒心，苟无恒心，放辟邪侈，无不为已。"恒产在当时社会中指田产，放在如今便是固有之财富，而"恒心"则为稳定的道德意识，同样也包含人们对于社会的认同和遵纪守法的秩序观念。按照儒家的理解，人只有有了固定的财富，才可能进一步寻求遵循道德礼法，不然"夫腹饥不得食，肤寒不得衣，虽慈母不能保其子，君安能治其民哉"（《汉书·晁错传》）。"有德此有人，有人此有土，有土此有财，有财此有用"（《礼记·大学》），传统价值观在国家建设层面，强调德治与民生的融通。统治阶级在社会治理中要提高人民的物质生活水平。②

和谐社会需要以雄厚的物质作为基础，强国是富民的重要保障，富民是强国的基础，二者相辅相成。"仓廪实"一直是中国社会的治国期许，"政在使民富"（《说苑政理》），只有保障百姓的物质生活，君王统治才能牢固。"民富，则君不至独贫。"（《论语集注》）富强体现了国富民安的价值目标，"财富多""仓廪实"是治国期许，也蕴含着

---

① 朱晓楠：《儒家文化与思想政治教育融合探究》，《常州工学院学报》2022年第3期。
② 翟子夜：《社会主义核心价值观的历史文化底蕴研究》，博士学位论文，黑龙江大学，2020年。

社会安定和人格尊严，契合社会主义核心价值观中核心理念所指。①"故王者富民，霸者富士，仅存之国富大夫，亡国富筐箧、实府库。筐箧已富、府库已实，而百姓贫，夫是之谓上溢而下漏，入不可以守，出不可以战，则倾覆灭亡可立而待也。"（《荀子·富国》）只有保障人民富裕，国家才能有坚实的基础进一步发展军事、科技以立足世界之林成为强国。"子曰：足食、足兵，民信之矣。"（《论语·颜渊》）"足食"置于"足兵"之前，寓示国家强大的基础是要解决好人民的生计，然后才有可能进一步富国强兵，推行王道、建设强国。至于何为足，孟子这般描述："五亩之宅，树之以桑，五十者可以衣帛矣；鸡豚狗彘之畜，无失其时，七十者可以食肉矣；百亩之田，勿夺其时，数口之家可以无饥矣；谨庠序之教，申之以孝悌之义，颁白者不负戴于道路矣。七十者衣帛食肉，黎民不饥不寒，然而不王者，未之有也。"（《孟子·梁惠王章句上》）"政之急者，莫大乎使民富且寿也。"（《孔子家语·贤君》）"庶矣哉。冉有曰：既庶矣，又何加焉？曰：富之。曰：既富矣，又何加焉？曰：教之。"（《论语·子路》）富民是治国安邦的前提，有重要的政治意义。"得天下有道：得其民，斯得天下矣；得其民有道：得其心，斯得民矣；得其心有道：所欲与之聚之，所恶勿施尔也。……虽欲无王，不可得已。"（《孟子·离娄上》）"不独亲其亲，不独子其子""老有所终，壮有所用，幼有所长，矜寡孤独废疾者皆有所养。"（《礼记·礼运》）在儒家民本思想中包含了民富思想。②

民主精神在中国历史发展进程中早有起端，往往是冠以"民本"的名义出现。"民本"最早以文字的形式表达出来是《尚书》中的

---

① 翟子夜：《社会主义核心价值观的历史文化底蕴研究》，博士学位论文，黑龙江大学，2020年。
② 严瑞：《论儒家思想与社会主义核心价值观的契合与相通》，硕士学位论文，安徽大学，2015年。

"民本"思想,即"民为邦本,本固邦宁"。而溯其历史源头可以追寻到尧、舜等贤君明主治理的神话传说时代。而最早可考的真正将"民本"作为基本行政要求是在周朝,武王伐纣立国后充分吸收夏"尚鬼""淫祀"暴虐剥削民众以致灭亡的经验教训,将民心民众作为统治的基础,树立了"顺德保民"的朴素政治观。但此时"民本"尚处于幼稚阶段,保留着对"天命"的敬畏迷信因素。直至孔子提出"子不语怪力乱神",将鬼神因素完全从"民本"中剔除,重视人、肯定人,真正把人民作为国家发展的基础。进而以"仁"为核心要求,认为统治者要做到"仁者爱人",提出了儒家仁学思想的"仁政"理念。孟子提出了"民贵君轻"的政治理念,"民为贵,社稷次之,君为轻"(《孟子·尽心下》),用以提高"民"在国家政治生活中的重要地位。到清末,辜鸿铭、唐君毅等诸多学者认为"民本"即"民主",是自古以来便存在于国人理想之中的政治理念,且是"最高的民主精神",一切为了民生,为了人民安居乐业。

"文明以止,人文也""观乎天文以察时变,观乎人文以化成天下"(《周易》)。儒家文明观念的基本内涵"文明",指通过人文教化达到社会和谐、天下太平。如孔子的"述而不作,信而好古",儒家关于文明的仁学理念继承于周公旦所制周礼,这是周人反思商朝灭之教育后制定的用于约束个人修养德行达到政治上"保民"的目标。周公制定的这套礼仪是中华民族的文明开端,但作为文明之核的"诗教、礼教、乐教"只存在于贵族统治阶级,文明教化具有极大的局限性。直至孔子创立"有教无类"的教育理念,让文明教化不分阶级,进一步确立了中华民族作为"礼仪之邦""文明古国"的身份。

和谐是儒家思想中的核心价值观,追求和谐的目标就是使社会各方面都高度协调、相宜,即实现"天下为公"这一儒家政治理想的最高境界。"无求生以害仁,有杀身以成仁"(《论语·卫灵公》)、"仁以为己任"(《论语十则》)等激励着无数志士仁人为维护国家利益抛头颅洒热血,牺牲自己的生命来维护心中对于理想目标的追寻。"和谐"作为国家层面的社会主义核心价值观最终的落脚点,是儒家"和而不同"价值理念的概括与创新。儒家和谐思想包括人与自身、人与人、人与自然和人与社会之间的和谐,蕴含了中国人丰富的生存智慧,是契合人民利益的价值理想,是社会主义的本质属性,是千百年来深深融入中国人民血脉的观念和准则,集中体现了劳有所得、学有所教、老有所养等美好生活愿景,是社会主义现代化国家社会建设和生态建设的核心价值目标和价值理想,既符合民族复兴的方向,也与科学社会主义的具体实践目标相契合。"和谐"与儒家仁学思想中的"和合"思想在价值追求上相互融通,蕴藏着中华民族精神基因,昭示着中国人的社会理想。在人与自然关系日益被关注的今天,和谐的价值愈显重要,儒家"天人合一"思想不但体现出其在自然界中追求人与自然的平衡,也体现出其在人类社会中追求人伦秩序的和谐,这为人与人、人与社会、人与自然的和谐提供了理论基础,为核心价值观提倡的和谐提供了价值目标。从国家层面,要坚持社会主义核心价值观主导地位和主流意识形态地位不动摇;要以社会主义核心价值观指导国家政策的制定与执行,贯穿于国家政治、经济、文化、意识形态建设的顶层设计;必须让社会主义核心价值观成为一种主流价值观念上的倡导,成为国家和民族的价值追求和实现中华民族伟大复兴的文明标杆与精神追求,为中国乃至世界提供源源不断的充满正能量的价值目标和价值理想,不断增强中华民族的凝聚力、向心力和文化软实力。

二 社会层面的价值取向

自由、平等、公正、法治,是社会主义核心价值观在社会层面上提倡的价值取向,具有凝心聚力、价值引领的导向功能。"正义而为谓之行。"(《荀子·正名》)荀子直接将"行"当作"正义"表述,认为行道就是从道行事,是行义,是人类追求的最高境界,"义,人之正路也"(《孟子·离娄上》),"以正行义,事业已成"(《荀子·赋篇》)等也说明了这一点。儒家思想体现了对人的主体性原则的充分尊重。"皆可为尧舜",意为人无高低贵贱之分,人人都可以通过道德修养、道德实践来落实人格目标。儒家文化与充满等级制度的封建社会伴生发展,小农个体经济的不稳定性导致农民习惯于依赖群体和宗族的力量,孕育了中国传统价值观中朴素的群体意识。在宗族建设和社会成员中形成了普遍认同的社会理想和伦理观念,中国传统文化普遍认为个人的自我约束是社会和谐发展的前提。儒家从人与天下共存的理念出发,以包容的态度安身立命,以规范的态度实践担当,"家国天下"是儒家历代思想家和政治家的思想情怀。"大道之行也,天下为公"(《礼记·礼运》)。阐释了儒家学派的政治理想及其对未来社会的憧憬。"四海之内,皆兄弟也"(《论语·颜渊》),意为天下人亲如一家,"兄友弟恭",和睦相处。"穷则独善其身,达则兼济天下"(《孟子·尽心下》),指个人的成就和成果要惠及天下。"徒善不足以为政,徒法不能以自行"(《孟子·离娄章句上·第一节》),以"礼治"和"德治"为基础,建立以家庭为本位的大一统的宗法秩序。①

中国共产党自成立之日起,就把实现自由平等写在共产主义伟大旗帜上,并带领中华民族和中国人民为之不懈奋斗。社会主义核心价值观是社会层面的核心价值观要求,契合于公民伦理关系的构建过程,助推中国特色社会主义建设,"自由、平等、公正、法治"是人们对现实社会秩序的价值诉求与期待。儒家仁学思想注重的"仁"体现在社会群体品质和能力上。清朝《说文解字注》作"独则无耦,

---

① 翟子夜:《社会主义核心价值观的历史文化底蕴研究》,博士学位论文,黑龙江大学,2022年。

耦则相亲，故其字从人二"之词，强调"仁"是由人与人之间相处的社会关系形成的，"仁心、仁道"需要与其他个体发生交互作用，"仁"这种美好品质、品德和能力，至少需要在两个主体交互作用的基础上产生，"仁"是人的社会关系的总和。社会主义核心价值观中的"平等"与儒家仁学思想中的"正义"，二者在价值取向上是契合的，"正利而为谓之事，正义而为谓之行"充分体现了这种契合。我国的法治建设重视对法治思维与依法办事能力的培养，社会主义核心价值观在社会层面倡导的"法治"与儒家仁学思想中的"礼制""正义"在价值取向上是相互契合的。"道之以政，齐之以刑，民免而无耻；道之以德，齐之以礼，有耻且格。"（《论语》）孔子认为刑罚通过折磨人的肉体使人感到畏惧，在于使人远离犯罪的行为。儒家"德刑相辅"为社会主义核心价值观社会层面价值取向提供了法制建设思路。① 孟子在孔子儒家伦理观的基础上进一步将"礼"道德化，突出强调"礼之用，和为贵"，用"仁"和"义"规范人们的行为。而儒家仁学思想的真正精深之处在于，"仁"是人本情怀与理性的融合，人脱离外在的信仰和盲目的崇拜在于人的道德主体性缺失，并从人本情怀、人本理性和道德规范三个维度将人的品格修养落实在社会关系中。人本情怀，体现在社会关系中，是漫长历史文化积淀和社会主流思想共同作用产生的结果；人本理性，以相对完备的价值体系将社会终极关怀作为个体的目标追求；道德规范，用道德准则规范人与社会之间的关系。"在中国人那里，道德义务的本身就是法律、规律、命令的规定……这道德包含有臣对君的义务，子对父、父对子的义务以及兄弟姊妹间的义务。"②

---

① 田锦宗：《优秀儒家文化与社会主义核心价值观契合研究》，硕士学位论文，大理大学，2017年。
② ［德］黑格尔：《哲学史讲演录》，商务印书馆1983年版，第125页。

"自由、平等、公正、法治"的社会价值取向，是中国共产党一贯的价值追求，体现了中国特色社会主义的基本社会属性，社会主义核心价值观的培育和践行也离不开社会这一大环境。因此，要采取各种方式、方法和形式开展社会文化活动，将社会主义核心价值观融入社会理想，营造践行社会主义核心价值观的浓厚社会氛围，促使社会主义核心价值观成为社会全体公民的精神向往和价值追求。

三 个人层面的价值准则

中国传统文化重视伦理道德，人自出生就受到伦理文化的熏陶，浸润于伦理道德规范，对个人约束的主要原则便是伦理中心主义原则。中国传统价值观缺少差异、个性的观念，强调约束个人的道德品行，认为个人道德高于一切。在"仁义礼智信"作为伦理道德根本评价标准的前提下，中国传统价值观更强调"礼乐之教"。①

"爱国"既是中国传统文化中标志性的价值特质，也是中华民族持续发展的精神动力。"普天之下，莫非王土。率土之滨，莫非王臣"（《诗经·小雅·谷风之什·北山》），表明了强烈的爱国忠君思想。"凡犯我大汉者，虽远必诛"（《汉书·傅常郑甘陈段传》），这是誓死捍卫国家领土的爱国主义。"捐躯赴国难，视死忽如归"（《白马篇》），这是为国捐躯的爱国主义情怀。"恨不抗日死，留作今日羞。国破尚如此，我何惜此头"（《就义诗》），这是热爱国家的爱国主义情感。爱国是社会主义核心价值观在个人层面中居于首位的价值准则。爱国是爱自己的领土神圣不可侵犯；爱国是爱建设社会主义的同胞；爱国是爱社会主义和国家的文化与制度。社会主义爱国观拓展了传统的爱国观念，儒家思想中的爱国主要体现的是忠君报国，这与社会主义核心价

---

① 翟子夜：《社会主义核心价值观的历史文化底蕴研究》，博士学位论文，黑龙江大学，2022年。

值观体现的保家卫国、维护国家利益方面有关联之处。

"敬业"在儒家经典学说中被视为"礼"。儒家的敬业理念包括坚持不懈和尽职尽责。孔子将"敬"称为"精一","敬业者,专心致志以事其业也"(《朱子文集·仪礼经传通解》),表明敬业的首要条件是专心踏实的工作态度。中国传统"敬业"观强调在实现个人价值的同时要有服从集体的奉献精神。社会主义核心价值观个人层面的敬业理念,是推动社会良性发展的核心动力,表现为踏实勤奋、持之以恒和大胆创新,是通过个人努力,在实现个人价值和社会价值之间寻求最佳平衡点。

"诚信"在儒家思想中是一种天道和原则,努力做到诚,就是做人的原则。"诚者,天之道也,诚之者,人之道也"(《孟子·离娄上》),"反身而诚,乐莫大焉"(《孟子·尽心上》)都表明修身是儒家思想的第一要义。"诚者,天之道也;诚之者,人之道也。诚者,不勉而中,不思而得,从容中道,圣人也;诚之者,择善而固执之者也"(《中庸》)。"人而无信,不知其可也"(《中庸》),都阐述了君子要诚实守信。儒家的修己成人思想与社会主义核心价值观诚信的价值准则相一致。①

"友善"在儒家思想中是传统美德的彰显。"子为政,焉用杀?子欲善而民善矣"(《论语·颜渊篇》),意为治理政事不需要杀戮,只要想着行善,老百姓自然不会犯上作乱。"入则孝,出则弟""老吾老,幼吾幼","见善如不及,见不善如探汤"(《论语·季氏》),要向善而为并避开不善的行为。"不责人所不及,不强人所不能,不苦人所不好"(《中说·魏相篇》),对于友善的行为有具体规范。传统价值观"仁者爱人"的友善理念强调个人礼教行为,滋养了社会主义核心价值

---

① 朱晓楠:《儒家文化与思想政治教育融合探究》,《常州工学院学报》2022年第3期。

观的友善理念。① 各个家庭成员之间要友善相处，实现整个家庭的和睦。儒家仁学的友善理念是对个人处世要求和国家发展要求的总和，社会主义核心价值观个人层面的友善价值准则，包括了对个人的本质要求和维护社会和谐要求，二者有相似和关联之处。②

社会主义核心价值观倡导的价值准则规范着公民的思想行为，旨在解决"什么样的公民才是社会所需要"的问题，是对每位社会成员的道德自律和道德约束。其价值不是孤立的存在，而是融入国家和社会价值之中。就公民的价值目标而言，社会主义核心价值观是具有引领地位的，它引领公民个人的全部社会实践活动和思想行为方式。公民个人是社会的最小单元，公民道德准则来自个人层面的价值目标和价值准则的引导和约束，并在思想行为方式中养成。在社会工作、经济生活、职业活动、科技创新和网络空间中，公民受社会公认的道德准则的影响并约束个人的行为，在互联网发达的时代，个人行为也要按照科技伦理的基本要求，形成具有鲜明时代特点的网络伦理规范和习惯。因此，每个公民在生产生活各领域需要社会主义核心价值观的指导和保障，避免出现消极怠工、诚信缺失、社会暴力等不良社会问题。中国自古就是礼仪之邦，强调个人的道德要求，孔子以人为本位的儒家仁学思想，将"仁"由普遍性的道德概念上升到具有教化实践性的人本思想，推动了人自我发现和自我实现。孔子儒家仁学思想是孔学的根本范畴，是人性结构的理想。樊迟问仁，子曰："爱人"；问知，子曰："知人"。"爱人""知人"作为儒家仁学思想的价值理想和实现路径，把落脚点都放在了"人"字上。只有个人参与生活生产实

---

① 翟子夜：《社会主义核心价值观的历史文化底蕴研究》，博士学位论文，黑龙江大学，2022年。

② 郭自强：《儒家仁学思想与社会主义核心价值观融合研究》，硕士学位论文，中原工学院，2022年。

践活动，"仁"才能被真正践履。社会主义核心价值观的"爱国、敬业、诚信、友善"，与儒家以"仁"衍生出的"忠、敬、信、恕"在价值准则上相互契合，儒家仁学思想宣扬"仁以为己任"，激励仁人为维护国家利益贡献自己的力量。儒家仁学思想主张对待事业要敬，曾提出"敬事而信"。儒家仁学思想重视诚信，认为"诚"是一种真实不欺的品行，"万维皆备于我矣，反身而诚，乐莫大焉"（《孟子·尽心上》）。董仲舒认识到"信"所具有的社会功用，诚与信二字相连共同成为儒家的一种社会伦理美德。儒家仁学思想提倡的"己所不欲，勿施于人"突出了"友善"的维度。可以说，儒家仁学思想至今影响深远，其在个人层面与社会主义核心价值观在价值目标和价值准则上相互契合。

第五节　儒家仁学思想与社会主义核心价值观内化的相互融通

社会主义核心价值观内化，是价值理念对社会中的人有目的、有计划、分层次的施加影响，使其形成符合社会主义国家政治、经济、文化需求的稳定的立场、态度，并借此指导他们进行有利于中华民族伟大复兴的实践活动。儒家仁学思想以"仁"为核心，是培养从"亲民"不断内化到"止于至善"的"君子"实践，由"修身"到"治国平天下"的过程。就本质而论，儒家仁学思想的历史演进与社会主义核心价值观内化进程一致，都是思想顶层设计和教育实践普及相结合的过程。二者都属于社会意识形态，包含价值认识和实践理性两个方面的内容。因此，儒家仁学思想与社会主义核心价值观内化的相互融通，主要通过价值认识和实践理性，在理念、目标、内容和方法等层面实现价值认识方面的融通。实践理性方面的融通则主要体现在主体、载体、环境和机制等层面,通过儒家仁学思想与社会主义核心价值观内化的相通相合研究理性解决当前社会主义核心价值观内化价值和实践的困境。①

一 儒家仁学思想与社会主义核心价值观内化价值论域的融通

社会主义核心价值观内化的价值,是主体在对内容的认识和实践的基础上形成的,以个人的自我实现和发展及国家社会的和谐与进步为目的呈现出来的一种"肯定的"主客体关系。社会主义核心价值观内化的价值论域,是指以国家、社会和个人层面的现实理想和崇高追求为主的核心价值观在发展中所包含的理念、目标和与之相应的价值观内化内容和方法。因此,儒家仁学思想与社会主义核心价值观内化在价值论域的相互融通,是价值主体在"民主、自由、平等"的目标下,建立实现价值理念、目的、内容和方法相互融通的"肯定的"关系。

(一)理念融通的原则

社会主义核心价值观内化的基本价值理念是"以人为本",既保证人民的根本利益——"为了人民",又发挥人民的创造精神——"依靠人民"。"以人为本"根植于中华优秀传统文化之中,《管子·霸言》中就有"以人为本"的表述,在中国共产党"全心全意为人民服务"的理论创新和社会实践中得到了升华,包含着对个人的利益、地位和作用的肯定。如倡导的"民主",就是以保障人民的基本权益为前提,文明、自由的价值观既是人类社会进步的积极状态,也是个人实现自

---

① 张江波:《儒家仁学思想及其当代价值研究》,博士学位论文,兰州大学,2020年。

我价值追求的途径，平等地享有政治、经济权利可以使个人获得应有的尊重，保障个体生存和成长的需求。儒家仁学思想与社会主义核心价值观内化的理念融通应坚持以下原则。

一是弘扬人的主体价值。人作为"创造着"历史和被历史"所创造"的社会活动的主体，贯穿于社会主义核心价值观国家、社会和个人三个层面。儒家仁学思想蕴含着以封建伦理道德教化人的本质功能。社会主义核心价值观凸显人的核心要素，弘扬人的主体价值，充分尊重人的主体性，彰显培养发展人、规范塑造人、尊重提升人的根本出发点和落脚点，① 充分激发作为主体的人在践行社会主义核心价值观中指导或寻求指导的自觉性，对思想政治教育内容、方法的选择性，进而彰显人的自主性、创造性和主观能动性的主体价值。二是优化人的成长环境。人性的丰富来源于供给环境，个人成长环境的优化是社会主义核心价值观践行的基本保障。社会主义核心价值观教育需优化教育的顶层设计，积极营造好氛围和环境，并适应个体身心特点和成长规律，创新学校德育课教育教学体系，使大中小学校德育课程有效衔接，增强社会主义核心价值观教育的科学性、系统性和实效性，推进其进教材、进课堂和进学生头脑，在自我体验中实现社会主义核心价值观的主动认同。三是促进人的全面发展。加强社会主义核心价值观教育是立德树人的必由之路，以社会主义核心价值观的价值理念促进人的全面发展，关键在"促进"的动机上，人的发展信仰成为社会的动力支持，人的发展又成为推动社会发展的动机，实质上是尊重人的价值主体性的具体表现，社会主义核心价值观内在本质特征，是培养全面发展的社会主义建设者和接班人。

---

① 陈庆国、张莹：《新时代大学生社会主义核心价值观认知逻辑探究》，《东北师大学报》（哲学社会科学版）2021年6期。

(二) 目标融通的宗旨

儒家仁学思想和社会主义核心价值观目标融通的实现，需要彼此的交流与对话。① 社会主义核心价值观作为马克思主义中国化的重要成果，从国家、社会、个人层面凝聚全社会的价值共识，兼顾社会价值本位和个人价值本位，引领社会的全面进步。马克思主义认为，"人"始终是历史发展的动机和目的，而且满足"现实的人"的"美好生活需要"才是历史发展的真实目的。全面发展的人需要在全面进步的社会中塑造，美好生活既是社会发展的客观状态，也是具有充分主观能动性的人的主观建构。马克思主义认为社会发展的最高标准，是人的自由全面发展和全人类的解放。因此，社会发展应尊重公民的主体地位，满足个体需求，使个体在自我认知、选择和创造中全面提升自己。儒家仁学思想与社会主义核心价值观内化目标融通的宗旨主要体现在以下几点。一是关注个人价值本位，实现现实中每个人的自由而全面的发展；二是摆脱人限和物限，实现人们的利益诉求和价值愿望；三是树立中国特色社会主义理想，实现国家、社会、个人的和谐统一，使社会主义核心价值观融入人们的生产生活和精神追求中；四是通过学习和实践、创造与生活，实现自我发展和超越。②

(三) 内容融通的条件

儒家仁学思想与社会主义核心价值观内化的内容融通需要满足以下条件。一是先进性与普适性相统一。先进性体现在二者的融通以马克思主义为指导，体现共产主义的价值追求，与共产党员的价值追求

---

① 吕雯瑜：《社会主义核心价值观与儒家传统伦理思想的融通研究》，硕士学位论文，吉首大学，2017年。
② 张江波：《儒家仁学思想及其当代价值研究》，博士学位论文，兰州大学，2020年。

保持一致；普适性体现在凝练民众的认知能力和认知习惯，使绝大多数人产生价值共鸣，自觉接受并主动践行。二是系统性与层次性相统一。系统性体现在儒家仁学思想和社会主义核心价值观包含丰富的内容，这些具体内容之间相互关联、相互作用组成一个有机的整体。层次性体现在责任主体结构上的层次性，价值目标设置的层级关联，也包含了社会主义核心价值观内化过程必须由点及面，由感性认同到理性践行，按层次有序进行。三是时代性与历史性相统一。关于时代性，社会主义核心价值观是在我国社会主义建设、改革与发展的过程中形成的价值观念与追求，体现我国发展的现实需要与时代要求，并将随着社会发展不断丰富完善。关于历史性，社会主义核心价值观根植于历史传统，是对以儒家仁学思想为代表的中华优秀传统文化的思想内涵的传承，其核心内容在一定时期内具有相对的稳定性和连贯性。

（四）方法融通的要求

社会主义核心价值观是一定社会条件下的精神文明产物，凝聚了传统与现代的主流发展理念，与社会形态和传统文化有着密切联系。[①] 社会主义核心价值观内化的方法是在实现其教育理念和目标过程中，传递教育内容所采取的各种手段。社会主义核心价值观内化必然要经历"知""情""行"这种由外到内、由认知到情感再到行为的逐步深入、连续推进的转化过程。[②] 儒家仁学思想与社会主义核心价值观的方法融通主要体现在以下几个方面。一是理性认知。从理论层面，分析社会主义核心价值观内化的生成逻辑、发展进程、科学内涵和时代特

[①] 郭自强：《儒家仁学思想与社会主义核心价值观融合研究》，硕士学位论文，中原工学院，2022年。

[②] 廖启云：《社会主义核心价值观内化机制的系统构建》，《系统科学学报》2018年第8期。

征等，鼓励个体科学认知社会主义核心价值观内化的原因和推动社会主义核心价值观内化的方法，进而促进儒家仁学思想与社会主义核心价值观的方法融通。二是情感认同。情感认同作为心理认同，是个体价值观内化的催化剂，推动人的实践活动。社会主义核心价值观必须最大限度地转化为人们的情感认同。要对社会个体进行爱国主义教育，使之在了解历史发展脉络和我国现实国情的基础上，增强民族自豪感和社会归属感，对社会主义核心价值观产生积极的情感体验。三是道德优化。国无德不兴，人无德不立。核心价值观既是个人的德也是国家的德、社会的德。因此，社会主义核心价值观内化要激发社会每个人心底本能的善良的道德意愿、道德情感，使主体可以自主进行道德选择、评判和约束，自觉做到修善德、怀善念、做善举。四是实践转化。理论发展的终极目标是指导实践、推动实践向前发展。科学的理论只有经过实践才能得到完善、发展和创新。社会主义核心价值观内化的关键在于行动，要在社会生活中积极践行并得到正面的反馈调节，才能让全体人民形成行动自觉。社会主义核心价值观既属于国家主流意识形态的理论范畴，也在实践层面回答了"社会主义合格公民应当具有什么素质"的问题。社会主义核心价值观内化，只有融于当代中国整体建设的实践之中，融于百姓日常劳动实践之中，才能体现其现实价值。

二 儒家仁学思想与社会主义核心价值观内化现实论域的融通

在新的历史条件下，社会主义核心价值观内化的现实，是其内化过程中所涉及的"真实的即时物"。在社会主义核心价值观内化的过程中，人民群众是培育和践行主体。社会主义核心价值观内化现实论域的因素主要包括内化主体、载体、环境和运行机制。因此，儒家仁学思想与社会主义核心价值观内化现实论域的融通主要体现在内化过程中各要素"客观状态"的优化。

（一）主体融通的表现

"人"作为社会主义核心价值观内化的主体，具有独立的自我意识和认知能力，也具备积极主动的实践能力。因此，在社会主义核心价值观内化的过程中，要考虑承担和参与主体的知、情、信、意、行，尊重价值主体地位，保障价值主体利益，发挥价值主体价值。儒家仁学思想与社会主义核心价值观内化的主体融通主要体现在以下几个方面。一是尊重价值主体地位。价值观作为人认定事物、辨别是非的一种认知标准或者思维模式，是基于人们一定的思维感官做出的认知判断或理解选择。社会主义核心价值观培育过程中的关键因素之一是价值主体，其培育和践行更是离不开居于统率和决定地位的价值主体即人民群众，要尊重价值主体地位，满足人民群众的利益，实现价值主体的理论自觉性和价值自觉性，使价值主体的知、信、行等要素辩证转化且不违背一定的社会准则，从而形成价值主体正确的价值选择，最终实现价值主体知行合一，以此达到社会主义核心价值观培育的目的和效果。[①] 二是保障价值主体利益。社会主义核心价值观内化，要关注个人的发展需求、兴趣爱好和利益诉求，获得个体的理论认同、情感认同和价值认同，让价值主体切身体会到社会主义核心价值观是从其根本利益出发，为个人及其所在的社会国家服务的，让社会个体真正对社会主义核心价值观产生认同感和归属感并形成主体自觉，从而实现社会主义核心价值观内化、落细、落实。三是发挥价值主体价值。社会主义核心价值观内化是一项系统性工程，要实现从理论知识

---

① 郑晶晶：《社会主义核心价值观的中华优秀传统文化底蕴研究》，博士学位论文，大连海事大学，2017年。

向行为实践的转化，需要强化价值主体的认知、情感、信念、意志，实现价值主体践行社会主义核心价值观并使其融入人民群众的日常生活。

（二）载体融通的功能

载体是能被教育者运用的、联动主客体的介质形式，社会主义核心价值观内化的载体是指能承载核心价值观建设的使命、目标、内容等信息的介质形式，能够潜移默化地影响和规范教育者和受教育者的信仰与实践。儒家仁学思想与社会主义核心价值观内化的载体融通需要实现以下功能。一是承载功能。社会主义核心价值观内化的载体必须能正确、准确地承载核心价值观内化的使命、目标、内容等信息，并通过主体与客体之间的互动交流达到社会主义核心价值观内化的目的。内化的载体必须承载社会主义核心价值观所涵盖的思想观念、政治观点、道德规范等信息，如果信息缺少，主客体之间互动交流就无法达到价值观内化的目的；如果信息有误，甚至会使价值观教育产生反向作用。二是传递功能。社会主义核心价值观内化的载体可以作为输入输出的中介传递相应的信息。载体蕴含的各种信息，只有经过传递功能，才能实现社会主义核心价值观内化的主客体之间的双向交流。三是教化功能。社会在构建自己的核心价值体系时，必然会选择一种与其价值诉求相一致的理论作为指导思想。社会主义核心价值观内化的载体所承载和传递的信息必然代表无产阶级政党对自身理想信念和行为规范的集中表达，能代表最广大人民的根本利益和要求，最终在主体与客体的互动中实现社会主义核心价值观的内涵输导。

（三）环境融通的体现

社会主义核心价值观内化的环境，是指所涉及的各种外在条件和因素，既包括培育和践行社会主义核心价值观所处的外部大环境，又包含个体所处的内部小环境。社会主义核心价值观内化的内容、目标、方法受环境全方位、多层次的影响，直接关系主体人的认知、情感和行为。主体创造环境的同时也被环境影响。儒家仁学思想与社会主义核心价值观内化的环境融通，主要体现在以下几个方面。一是导向作用。社会主义核心价值观内化环境的导向作用实现的方式，主要有文化导向、舆论导向、规范导向和利益导向。大众文化承担着满足人民群众的精神文化、生活需要、建设美好精神家园的使命。大众媒体可以利用图文并茂、声像俱全的方式使社会主义核心价值观的内容生动传递。家庭道德规范、社区道德规范、行业道德规范和公共生活道德规范等，促使人们成为社会主义核心价值观的实践者。核心价值观只有符合主体切身利益，才会得到人们的承认和接受。二是激励作用。社会主义核心价值观具有强大的感召力、亲和力，可以激发主体在锤炼自身品格中加强自我修养，创造人生价值和社会价值。当社会主义核心价值观转化为个人生产生活的具体实践时，可以更好地拉近主客体之间的距离，形成情感共鸣并入脑入心。三是示范作用。社会主义核心价值观内化环境的示范作用，主要通过党员尤其是党员干部率先垂范，以人格力量感召群众，起到示范引领的作用，再通过舆论宣传等手段将社会主义核心价值观的理念渗入普通群众之中，为培育、践行和传播社会主义核心价值观树立榜样，营造氛围，形成带动力。

(四) 机制融通的特性

社会主义核心价值观内化的运行机制是由教育者、教育内容、教育对象、教育工具和教育方式等各要素相互作用形成的动态过程。儒家仁学思想与社会主义核心价值观内化的机制融通需要具备以下特性。

一是系统性。社会主义核心价值观内化过程中，教育者、教育内容、教育对象、教育工具和教育方式构成了内化的基本要素，它们紧密联系、相互协作，形成密不可分的有机系统。二是双向性。社会主义核心价值观内化既包含理论形态内容向常识形态观念的转化过程，又包含常识性的意识与观念推进内容深化和大众化的反刍过程，所以是一个双向过程。三是联动性。社会主义核心价值观的内化过程是与生活实践的联动过程。抽象的价值观念必须日常化、具体化，转变成与人们生活息息相关的思想内容，才便于社会成员理解、接受。四是实践性。实践活动可以增进社会成员对社会主义核心价值观的情感体验，在实践中检验自身价值观的合理性与可行性，并不断地进行修正，从而加速社会主义核心价值观的内化进程。

第六节　儒家仁学思想在社会主义核心价值观内化创新发展中的理论启示

社会主义核心价值观以优秀传统文化为底蕴，以马克思主义为指导，是一种历史性的存在，具有强大的凝聚力和引领力，在中国特色社会主义伟大实践中实现了价值观念的多层聚合。面对社会主义核心价值观内化存在的现实问题，儒家仁学思想在价值层面有主导论、目的论、结构论和方法论的理论启示，在现实层面有主体论、载体论、环境论和管理论的理论启示。

一　儒家仁学思想价值层面的理论启示

儒家仁学思想中蕴含的道德理念对中国人影响深远，在中国数千年的历史发展中内化于国人心中并体现于日用常行。其中仁政爱民的价值理念、独立人格的君子操守、公正和谐的政治主张等价值理念与社会主义核心价值观的价值目标相契合。① 借鉴儒家仁学思想的教化经验,尝试从不同的价值层面得出坚守社会主义核心价值观的主导论启示、确立核心价值观最终目标的目的论启示、构建核心价值观稳固体系的结构论框架、促进核心价值观深度内化的方法论启示。

(一) 儒家仁学思想在价值层面的主导论启示

所谓"主导",是一个作用概念,有着主导性的事物必然可以统领全局,在事物发展过程中引导着其发展方向。儒家仁学思想自汉武帝推行"罢黜百家,独尊儒术"的思想方针后,便始终居于中国古代政治、经济、文化等方方面面的主导地位,引导、带动、规范、决定着中国传统社会的价值走向,并创造出相应的独特物质精神面貌,保障了中国传统社会的和谐稳定,为中华文化实现一脉相承提供有利环境。

1. 儒家仁学思想在中国古代社会处于主导地位的意义

春秋战国时期,是中国由奴隶制社会向封建制社会转型的阵痛期,社会动荡不安,百姓流离失所,然而思想文化却欣欣向荣,形成了百家争鸣的景象。政治上,周王室逐渐衰微,各诸侯国封建割据,互相征伐以追求称霸或一统天下。文化上,由传统的"学在官府"转变为"学在民间",培养出大量的有志之士,他们积极寻求新的方法与道路企图救世济民。儒、道、名、法、墨等诸多思想于各国政坛此起彼伏,彼此吸收、不断发展,形成了百家争鸣的盛况。在这样的格局之下,文化形式内容的多样性为社会转型谋定出路,对历史发展具有推动作用。然而,在汉高祖谋定天下后,形势发生了微妙的变化,比起百家争鸣,大一统的和谐稳定才是人心所向。汉初,吸取秦用法家思想严

---

① 薛振春:《儒家优秀文化与社会主义核心价值观相容性研究》,硕士学位论文,河北大学,2017 年。

刑苛政三世而亡的教训，采用道家无为而治的思想给予宽松政策与民休养生息，在一定程度上恢复了经济，但又导致了礼教不行、尊卑不严、诸王势力坐大、匈奴外患猖獗等不良的社会政治影响。因此，儒家以其尊卑有序、礼制严明、与民仁爱等保障社会井然有序的诸多优点出现在了统治者视野中。先是儒生陆贾借助天人感应学说，联系起德政与社会效用，以强制力量将道德推行至社会各个层面，建构了汉代的儒学体系，奠定了汉初儒家仁学的理论基础；接着贾谊抑法制崇礼制，并提出了强化中央集权实现大一统的国家理念；然后董仲舒施行"罢黜百家，独尊儒术"，正式确立儒家的"官学"地位，从上而下解决了汉朝社会诸多动荡因子，并开启了后世两千多年以儒家仁学思想为主导思想的封建社会，构建起整个中华文明的骨架。

儒家仁学思想"官学"主导地位的确立，实现了其自身的新生，从而解决了先秦诸多思想与价值观遗留的影响社会和谐发展的价值冲突问题，结束了儒、法、道三家在政治思想领域此起彼伏的争斗，使得统治阶级有了一以贯之的政策方针，稳定了西汉政局，并推进了中华民族的大一统事业进程。

2. 儒家仁学思想在中国古代社会的主导地位的原因

儒家仁学思想在中国传统社会中两千年而不改其质，其根源在于中华民族自诞生之初，便拥有"慎终追远"的朴素价值观。"曾子曰：'慎终追远，民德归厚矣。'"（《论语·学而》）表明儒家重视忠孝等伦理道德观念。儒家仁学思想的历史渊源悠远绵长，其一方面是孔子慎终追远价值观理念下的产物，是孔子"述而不作"总结上古三皇五帝贤明统治时期的仁爱理念并延续周公仪礼之道的成果；另一方面，儒家仁学思想在慎终追远精神下延续发展，是诸多后继大儒怀着对先辈的崇敬，在总结过去正确历史经验的基础上，结合当下现实环境具体调整的智慧结晶。因而，儒家仁学思想的发展历程有历史发展的惯性，更离不开其自身的民族性与现实性。除了"慎终追远"理念下民族性与现实性结合形成儒家仁学思想使得核心价值观延续外,儒家仁学思想的"天人合一"概念中蕴含的理想性与广泛性也促进了其主导地位的形成。个人修养方面,孟子以"天人合一"为出发点,提出了颇具理想性的"性善论",认为人人都生而有善。"心之官则思,思则得之,不思则不得也,此天之所与我者。"(《孟子·告子上》)孟子认为"天"是心性的根源,人生而有善就像天生而存德一般,同时这与生俱来的善,亦需后天环境的培育与个人主观能动的引导,使其不受扭曲才能达到"天人合一"。"尽其心者,知其性也。知其性,则知天矣。存其心,养其性,所以事天也。"(《孟子·告子上》)董仲舒进一步拓展了"天人合一"的内涵理念,使其在政治与社会生活方面都发挥了巨大的作用。"人之受命于天地,取仁于天而仁也"(《春秋繁露·王道通三》),董仲舒将天神化、人格化后尊天为"百神之大君、万物之祖",主宰世间万物,给予统治者与普通人以警示,统治者若无德不仁则天降灾祸,山川易位,普通人则会遭受灾厄病魔,乃至"天打雷劈"。这种近乎迷信的天人感应理论在精神层面具有极大的理想性,但也在极大程度上对社会各个阶层起到了广泛的内部制约作用,尤其作用于统治阶级。

儒家仁学思想得以保持其主导性地位,原因在于"求变贵和",或称"中庸之道",这一点充分体现了儒家仁学思想的开放性与世界性。《中庸》中,孔子赞扬其最得意弟子颜回:"子曰:'回之为人也,择乎中庸,得一善,则拳拳服膺而弗失之矣。'"[1] 颜回以一颗虚怀若谷的心接受美好的事物,并恭敬至诚地信服,遵循效仿。这是孔子最为赞赏之处,也是孔子一生追求的境界之所在。同样,另一本儒家经典

---

[1] (汉)戴圣:《礼记·第三十一篇·中庸》:总第5284节,总第21921句。

《周易·系辞下》亦言："易，穷则变，变则通，通则久。"遭遇困境则追求通达开放，在不断学习理解中求变，不断反思进而求通，推进儒家仁学思想延续千年。

纵观儒家仁学思想两千余年的发展历程，其于内遭遇了一次次政治动荡、社会转型、思想文化变革的冲击，于外遭受了景教、佛教等宗教渗透与众多外来民族文化的挑战，但从未见其跌落主流价值观的主导地位。儒家仁学思想以其包容性、世界性，展现出虚怀若谷、求变贵和的特性。在不变初心"仁"的前提下吸收外来文化精髓提升自身，产生了"理学""心学"等诸多形态，进一步适应并促进中国社会发展进程，进而哺育了东南亚的汉文化圈，甚至对西方启蒙运动、文艺复兴都有着指导性价值意义。

3. 儒家仁学思想主导地位方法在当代的应用可能

核心价值观是能够在整个价值思想体系中处于主导地位并发挥核心作用的价值观。儒家仁学思想以其对于社会和谐、政治稳定、民族大一统的重要作用，在中国古代社会长期居于价值思想体系的主导地位，充分体现其作为核心价值观的角色的力量。而社会主义核心价值观作为结合当代中国实践经验并吸收优秀传统文化内容形成的核心价值观念，具有积极进步的导向作用，给予广大人民群众以正确的观念塑造，保障社会和平稳定发展，人民幸福安乐，国家富强，民族振兴。寻求社会主义核心价值观本身具有的与中国传统儒家仁学思想的诸多相通相合之处、儒家仁学思想教化的成功经验，必然对社会主义核心价值观发挥其主导性作用具有重要借鉴意义。

自大航海时代以来，世界市场逐步形成，各个国家的思想文化彼此渗透交融，不但为传统僵化的思想观念带来了新的血液，也彻底打破了各国文化在长期历史发展进程中形成的稳定价值观体系。在此过程中伴随着世界经济一体化逐渐形成，经济文化都迈向了全球化进程。

信息技术加强了各国之间的交流,全球化合作打破了国家之间的壁垒,各国都在不断向外输出自己的优秀特色文化,同时也不可避免被外来文化所影响。多元文化一方面为现代国人的价值观发展提供了丰富营养,另一方面,国人的价值观又在多元文化造成的多元选择间不断遭受冲击,出现文化价值选择的迷茫,甚至被别有用心的外来势力扭曲,误入歧途。

历史总会有惊人的相似,这样的时代背景在思想文化层面,与汉朝初期的百家争鸣及其所造成的冲突有相近之处。陆贾继承儒家"以民为本"的教化思想,强调仁义爱民,同时注重刑法之用。政论家贾谊在继承陆贾主张的社会教化思想的基础上提出礼治的重要性,认为"教者,政之本也"(《新语·大政下》)。君主大臣应当为之做出榜样,并对实践仁学思想价值的贤才给予奖赏,以效视听,同时将仁学社会教化成果纳入官员职能考察之中,从而形成符合封建统治秩序的社会风尚,进而自上而下轰轰烈烈地开展儒学复兴与儒家仁学思想价值观的塑造,为社会发展、人心道德树立了风向标,平息了各类思想文化冲突。因此,儒家仁学思想主导地位方法在当代的应用可总结为以下三点。

一是法治。汉代统治者为了树立儒家仁学思想的核心价值观地位并使其内化,以"大德小刑"为宗旨,采取了一系列法律措施。如汉文帝十二年,诏令"以户口率置三老孝悌力田常员"[①],推广"孝悌力田"制度并规定相应的褒奖条令,"其遣谒者劳赐三老、孝者帛人五匹,悌者、力田二匹"(《汉书·文帝纪》)。统治者出于对"孝者""悌者"与"力田"的不同重视,采取不同奖赏,但都给予了促使家庭和睦的"孝悌"与为保障生产生活的"力田"以充分肯定,给予民

---

① (东汉)班固:《汉书·文帝纪》,第124页。

众正确的价值导向并激发了民众的生产积极性。汉武帝时期又立法"不举孝，不奉诏，当以不敬论。不察廉，不胜任也，当免"（《汉书·武帝纪》），将地方官员推动儒家仁学思想内化纳入汉代法律之中，察举孝廉之成果成为考核汉代官员的一项重要标准。汉代立法融入儒家仁学思想诸多观念之后，形成了良好社会风气和稳定的社会统治秩序。社会主义核心价值观内化必然少不了法治参与。2016年《关于进一步把社会主义核心价值观融入法治建设的指导意见》发布，宪法、民法典等众多法律纳入社会主义核心价值观内容，在法律规范体系层面确立了社会主义核心价值观的重要地位。党的十九届四中全会通过的《中共中央关于坚持和完善中国特色社会主义制度推进国家治理体系和治理能力现代化若干重大问题的决定》提出了"完善弘扬社会主义核心价值观的法律政策体系"。2022年出台的《关于在人民法院工作中培育和践行社会主义核心价值观的若干意见》《关于深入推进社会主义核心价值观融入裁判文书释法说理的指导意见》等文件以及多个典型案例，促进社会主义核心价值观在法治实践中真正落地。但社会主义核心价值观内容抽象、宏大、复杂，国家和社会层面哪些应当入法入规，哪些应当融入政策体系，以什么方式融入法律政策体系，需要继续研究。针对个人层面所倡导的爱国、敬业、诚信、友善，进一步深入立法，有利于保障社会井然有序、人民安居乐业、家庭幸福美满。

二是礼制。礼制是对法治的补充，是社会文明的具体体现，它从细节上保障着秩序的运行。"人生而有欲；欲而不得，则不能无求；求而无度量分界，则不能不争；争则乱，乱则穷。先王恶其乱也，故制礼义以分之，以养人之欲、给人之求。使欲必不穷乎物，物必不屈于欲，两者相持而长。是礼之所起也。"（《荀子·礼论》）在儒家看来，礼是对人的欲望的约束，在生活生产分配上指定先后，使不同的人按照不同的次序获得不同程度上的满足，使人们"各得其宜"（《荀子·正论》），借以保证社会的稳定。

三是德治。儒家仁学思想作为以人为核心的思想理论体系，在其教育体系中，将文化知识教育作为基础，道德教育作为重点，涵盖了丰富的思想政治教育资源，提倡尊师重教的教育思想。子曰："夫民，教之以德，齐之以礼，则民有格心；教之以政，齐之以刑，则民有遁心。"（《礼记·缁衣》）教育的思想价值观建设应由家庭到国家，由道德到政治，而这又建立在个人教育的基础上。个体于外进行知识道德学习，于内进行内省，做到修身齐家，克己复礼。从而学思结合，知行统一，做到对家庭，重人伦，讲孝悌；对民众，德化之，仁爱之；对社会，德为本，修睦信。

（二）儒家仁学思想在价值层面的目的论启示

目的论意指人类行为具有一定的目的性，个人有未来的目标和愿望，一般意义上，目的把人类的集体潜意识引向未来。儒家仁学思想贯彻天人，一方面寄意于培育出以仁爱为核心，以个人层面的"修身"为出发点，进而做到社会层面的"齐家"最终得以成就"平天下"宏愿的贤达；另一方面企图教化民众，运用礼乐引导人们自律修身、讲信修睦，促进社会和谐。儒家仁学思想的这一目的论一方面充分立足现实环境，另一方面又树立了个人道德修养与人生终极目标的远大理想，同时借国家意识形态的思想主导地位与有教无类的教育观，跨越时间空间规定国家、社会和个人的相互关系。

1. 提高民众素质培育和和谐社会环境的现实性

人文与道德是息息相关的。子曰："文，犹质也；质，犹文也。"（《论语·颜渊》）文是一个人的言谈举止，质是一个人内在的道德品性，一个人外在之文与内在之质是息息相关的。又曰："质胜文则野，文胜质则史，文质彬彬，然后君子。"（《论语·雍也》）在儒家仁学思想中，提升自身道德是一切社会事务进行的起点。一个人只有具备了一定的道德素质再加上个人能力才能真正达成目标。孔子认为，当一个人内在、外在相互匹配且都达到了一定规范便可以称为君子。"大学之道，在明明德，在亲民，在止于至善。"（《大学》）"八条目"即格物、致知、诚意、正心、修身、齐家、治国、平天下。体察身边事物，向自然、向前人虚心学习，修习心性后在实践活动中进一步努力提升自己的道德修养，让道德行为与道德修养互相反馈促进。在此修身过程中，儒家仁学思想归纳出了个人自我修养、人与自然、人与社会、人与国家的道德规范并形成了相应的价值观体系。最为鲜明的体现便是"长幼有序""尊卑有别"的人伦关系，它要求社会尊重敬爱长者、关爱保护幼者，官吏廉洁奉公、爱民如子，帝王顺应民意、为民造福。这些道德规范，以及与之伴生的诸多礼仪，保障了社会公平、社会正义，维护了社会和谐秩序，充分体现了中华民族的民族精神。

2. 仁学追求目的社会的理想性

在讲信修睦、修身齐家治国平天下的现实实践基础上，儒家仁学思想中又规划出了"天下大同"的社会理想。"大道之行也，天下为公。选贤与能，讲信修睦，故人不独亲其亲，不独子其子，使老有所终，壮有所用，幼有所长，矜、寡、孤、独、废疾者皆有所养。男有分，女有归。货恶其弃于地也，不必藏于己；力恶其不出于身也，不必为己。是故谋闭而不兴，盗窃乱贼而不作，故外户而不闭，是谓大同。"（《礼记·礼运》）怀着强烈的入世治世精神和情怀，儒家仁人志士前赴后继，他们用实践探索如何到达所向往的理想大同社会。在他们理想的大同社会中最根本的特征是"天下为公"，人人克服自身私欲不受遮蔽，以一颗大公无私之心将集体、国家的利益放在首位；社会呈现出政通人和、稳定和谐的场面。针对创造大同社会，"民为贵，社稷次之，君为轻"（《孟子·尽心下》）中"民贵君轻"的政治理想，主张将百姓民生放在第一位，同时给建立大同社会指出了具体方法即"王道"。由于时代与生产力的限制，孟子将其表述为"养生丧死无憾，王道之始也"（《寡人之于国也》），"七十者衣帛食肉，黎民不饥不寒"（《孟子·梁惠王章句上》）以及"不违农时""庠序之教"。总结为以下两点：一是要珍爱自然，不能竭泽而渔，在充分了解自然环境的生产力后，再进行开发，同时给予其恢复时间。二是要重视教育，百年大计教育为先。其中一些理念如仁民爱物、顺应自然的思想核心可以借鉴。同时要立足当下、放眼未来，以一种长远发展的眼光看待自然，合理利用自然环境资源，同时注重道德理念与理想目标建设。

孔子的弟子有曰："百姓足，君孰与不足？百姓不足，君孰与足？"（《论语·颜渊》），可见大同社会的建设同样以民富思想为基础，只有当执政者追求的不是一己私利的满足，而是天下百姓的富足，国家才能富强，大同社会才可能真正实现。儒家仁学思想中构建的"大同社会"的终极社会理想与孟子提出的"王道之行"的基础社会理想，皆由于当时社会生产力的限制未能实现。新中国成立以来，在马克思主义的指导下一步步迎来了繁荣富强的光明前景，承接发展前人的社会理想创造出具有时代特征的新社会理想，在进一步发展生产力促进社会繁荣、提高民族自信心的同时，将会有更多的儒家仁学思想文化被发掘利用，从而加速社会主义核心价值观内化的进程。

（三）儒家仁学思想在价值层面的结构论启示

H. N. 康达科夫在《逻辑学词典》中写道："结构是作为整体的事物、现象、过程各方面、各部分之间的牢固、相对固定的联系关系和相互作用。"从我们产生一个想法到实际行动的过程中，大脑已有一连串的活动。

儒家仁学思想结构上整体表现为以道德理想主义支撑理想世界和以伦理中心主义支撑现实世界的双旋架构。这样的结构让人得以立足现实的同时树立远大高尚的社会理想，自我赋予人性的神圣，价值遵循不再仅仅是处于现实具体环境以及对环境适应的被动情形下的模仿，而变成了一种自觉的遵循与信仰的追寻。同时双旋结构的框架下，道德理想主义和伦理中心主义对立统一，不仅形成了人们对于人心秩序即自我道德价值的追寻，也形成了对于社会稳定秩序的追求。以"和"的中心理念实现道德理想主义与伦理中心主义共融的同时，产生了对于"天人合一"的进一步思索与实践，最终形成了以"和"为核心、以"生"为发展方向的儒家传统价值观体系。"和"具有"开放性"和"保守性"的双重特性。一方面以"和而不同"的"开放性"包容事物的多样性；另一方面以"保守性"表现出"整体的动态的和谐"从而产生巨大的凝聚力，成为儒家价值观体系的核心。以"生"为发展方向表现为"生人"与"生物"两个方向，并按"亲亲、仁民而爱物"的层次逐步展开，其以"修身、齐家、治国、平天下"等理论和实践关联了个体、家庭、社会以及国家。个体之间的"和而生"具体表现为儒家五常"仁义礼智信"，家庭之间表现为"家和万事兴"，社会层面表现为"重群贵和"，国家层面则是"救世济民"及"天下为公"，以此为基础，儒者以安人、安百姓、安天下苍生为己任奔赴"大同"理想社会。

从我们产生欲望到实际行动的过程中，大脑已有一连串的活动。从结构功能上看，核心价值具有保持和维护价值观体系在结构上的稳定性功能。"民之为道也，有恒产者有恒心，无恒产者无恒心。"（《孟子·滕文公上》）使民有恒产才能使其有恒心，教化才有实施的可能；"利养其体，义养其心"（《春秋繁露》），人自然有基本需求（利）的满足，但心才是身体的主导，养心是基本需求。当代人对于利的需求超过利之基本，是非必要的过度需求。当代人对于利的需求绝对超过孟子或董仲舒所考虑的基本之利，将价值的根据放回仁义中将是必不可少的拨正之举。① 儒家的另一超越在于将"天人合一"定为"和"的最高境界。"和"是包括人在内的天地之间的"大和""至和"。此结构将儒家传统核心价值观体系推至"天地之间"。②

中国传统文化属于关系本位的文化，其构建的各类关系以伦理为基础。这种伦理关系以人与人之间的责任关系为核心纽带，责任感也就随之成了中国传统儒家仁学最为重要的一环。通过责任，儒家将个人、社会、国家联结成一个不可分割的整体，这个整体结构的起点与核心便在于个人。

从个人层面来看，古者八岁入小学，学习洒扫应对进退，以及六艺"礼乐射御书数"提高自身能力对未来立身负责，同时为家庭尽一丝绵薄之力，做些力所能及的简单家务。获得一定的基础能力并到达一定年龄后入大学，进一步学习格物致知，同时修身塑造自身道德品格，进而树立"明明德""平天下"的道德理想与社会理想。此时，个人修养已经基本形成，四书尤其是《诗》早已烂熟于心，可以运用《论语》所称《诗经》"兴、观、群、怨"的四种功能以"赋诗言志"来与人交游从而做到群。这时已开始逐步走向社会，群己关系的构建成为学习立身的重中之重。《荀子·王制》称人和动物本质的区别便是："人能群，彼不能群"。而《辞海》中"群"的释义有合群。"己"则表示自身、自己，是和"人"即他人相对的自我。步入群体后，能力与责任都逐渐扩大，这时依据个人自身需要和

---

① 王涵青：《从孟子与董仲舒的"仁—义—利"结构论道德实践的主体价值抉择》，《衡水学院学报》2020年第5期。
② 李煌明：《论儒家传统核心价值观体系的结构》，《云南师范大学学报》（哲学社会科学版）2009年第2期。

能力来确认自己应当承担的社会任务,逐渐成为群体不可或缺的一部分。在这个融入并不断学习处理个体与社会、个人与群体间关系的过程之中,中国传统儒家仁学思想将和谐归纳为最为关键的核心。子曰:"礼之用,和为贵,先王之道斯为美。"(《论语·学而》)这里的和谐不仅仅是表面上的和气融融,而是由内而外的,从自我身心出、发以自我为观照进而言及他人。"万物各得其和以生,各得其养以成。"(《荀子·天论》)个人自我修养提升意识与社会责任意识都是儒家思想的主要内容,此时个体已经具备了"仁、义、礼、智、信"的美德而成为君子,在解决了自身生存所需后,便开始怀有强烈的社会责任意识,思想视域扩大,思考实践都将以国家社会的整体利益为出发点,个人自觉承担起对他人、对群体、对社会甚至对国家的责任。

从国家责任层面来说,"乐以天下、忧以天下"(《梁惠王章句下》)以济世救民为己任的儒家理想人格,其自身表述为"思天下之民,匹夫匹妇有不被尧舜之泽者,若己推而内诸沟中,其自任天下之重也"(《孟子·万章下》),被后人概括为"以天下为己任"(《北齐书·崔暹传》),并接续其精神一脉相承,历朝历代无论治乱兴衰,都有无数仁人志士挺身而出以一己之力承下对天下治乱安危的责任担当。如《南史》中记载的孔休源,以及"以天下为己任……日夜谋虑兴致太平"(《宋史·范仲淹传》)的范仲淹。至明末清初顾炎武的"天下兴亡,匹夫有责"(《日知录·正始》),"以天下为己任"便不再仅仅体现于儒者士人之上,它已被推行为每一国民之要求。当然这天下并不仅仅是国家责任,儒家仁学思想中的天人观,认为人和天地自然万物都是息息相关的整体存在,因而这天下必然考虑到自然。"我们必须时时记住:我们统治自然界,绝不像统治者统治民族一样,绝不像站在自然界以外的人一样,相反地,我们连同我们的血、肉和头脑都属于自然界,存在于自然界的。"① 人生活在自然界中,吃穿用度的原料都取之于自然,必然需背负起对于自然的责任。

(四) 儒家仁学思想在价值层面的方法论启示

传统儒家强调的修身,兼含知识、道德和审美三种修养,其中尤为重视培育和践行儒家之道德修养。把仁义价值内化为个人人格修养,并展现于社会和政治实践。"君子所性,仁义礼智根于心。其生色也睟然,见于面,盎于背,施于四体,四体不言而喻。"(《孟子·尽心上》)"仁义礼智"之心是君子的本性,持有这一本性能达到治理天下的目的。以道修身,内在自觉反省。修身需要经历一个长期、渐进和复杂的历程。社会主义核心价值观的培育和践行,需以心体之,以身行之,顺着心性的内在要求以觉醒和扩充心性中的善端。通过宣传树立典范、楷模,重视以礼修身,仁义与礼内外结合。"夫子循循善诱人,博我以文,约我以礼。"(《论语·子罕》)善于用典籍丰富知识,用礼节约束言行,引导个体不停止学习。

儒家仁学思想因其基于自然人性论逐步发展建立而成的独特哲学体系而被称作"情本哲学"。"天有阴阳风雨晦明之气,人有喜怒哀乐好恶之情。"(《隋书·志·卷二十九》),其起源于天人和合的朴素观念,重视情感的作用。以人的自然情感为出发点,孔子阐述了对仁与礼的理解。"不学礼,无以立"(《论语·季氏》),礼是人作为独立个体步入社会,以及成人的根基和基本要求。同时,"仁也,中也,诚也,礼之本也",儒家仁学之仁是礼的根本精神所在和最终意旨所归,它是真正符合人的内心情感的基本要求,是保证人不会迷失混乱保持"诚"的根本。因而孔子始终强调"人而不仁,如礼何"(《论语·八

---

① 《马克思恩格斯全集》第 39 卷,人民出版社 2016 年版,第 209、159 页。

俏》)。"礼本于人情,情生而礼随之。"孔子对于人生最终自在境界的描绘——"从心所欲不逾矩"(《论语·为政》),展现了这种内心情感发出的仁与外在行为展现的义完美结合后的自在,这是儒家仁学价值观下道德自觉与道德自然由内而外的完美统一。

孟子承继了孔子所倡导的儒家仁学视角下以情感为出发点的伦理精神,并将其进一步放在社会结构的具体情境下进行完善。提出"仁,人之安宅也;义,人之正路也"(《孟子·离娄上》),将人的情感与仁义德行、家国情怀联系在一起,完成了身心合一、家国一体的道德价值观构建,这一点具有深沉的切己性和家园感。荀子延续这种以人最为本真的情感为出发点的价值体系,并反证了礼法之用最终只有回归到情感才能真正发挥其作用。"人无法,则怅怅然;有法而无志其义,则渠渠然;依乎法而又深其类,然后温温然"(《荀子·修身》),人如果失去礼法约束,将无所适从;有礼法不知原因仍会感到局促,只有"晓之以理,动之以情"(《论语》),让百姓深刻体会到立法的具体规则及效用并且从心底认同遵循,立法才能真正发挥其作用。

总的来说,中国人自古以来的伦理观,都是以自然情感为基础,由自然情感建立起血缘亲疏的界限进而转变为理性情感,通过理性升华使其拥有稳定、真实的特性,并转变为与责任一致的道德情感,从人本身的自然情感出发来寻找恰当合理的约束。同时儒家思想中的政治理想,也是由此阐发。孟子所提出的王道政治理想,便是一种由自然情感升格为道德情感的结果。人以自然血缘为基础形成"亲亲之爱",进而推及"爱众",乃至"泛爱万物"的道德情感,通过情感的"推""扩"两种方式由"内圣"逐步达到"外王"。这种情感依据个人能力与所处社会阶级而改变,当儒生处于庶人阶层则体现为"达则兼善天下"的君子人格;处于统治阶层则体现为将道德情感推至天下民众，辅佐君王共同实现"推恩足以保四海""与民同乐"的政治理想。当然这种能够推动秩序建构的情感并不是一种单纯的发自内心的情感。

人之为人的道德情感，在礼和法、仁和义、理和情之间融通。儒家强调"礼"和"仁"不离于人，是身心一如之人。"君子当有所好恶，好恶不可不明。"（《与崔群书》）当道德建立在发乎本心的情感之上，显得牢靠却又易变。因而，如何保证情感的长时间保持、情感表达的一致成为道德树立的关键。而这之中，第一点便是要抵制以金钱为准的势利观，做到重义轻利。"饭疏食饮水，曲肱而枕之，乐亦在其中矣。不义而富且贵，于我如浮云。"（《论语·述而篇》）孔子超脱利害关系的道德之"乐"，不被外界环境所干扰它会为利所折节，是真正的"情性之正"。李泽厚夸赞道，把情感保存、延续并提升到高级水平是儒家仁学思想的"文化的功绩"，它将生物本能的自然情感与理性相结合，使其体现在外在的道德规范中。

核心价值观与道德为何物，对于人又有何具体价值，对于这个问题的回答是儒家仁学思想顺应人的自然情感本性又指导人的理性实践的重要来源。在社会主义高速发展的今天，核心价值观的树立已迫在眉睫，按照何种价值观来进行什么样的道德生活，又选择哪一种价值理念及其伦理生活形式，依从于民族发展进程中的文化模式和教育塑造下的行为养成。社会主义核心价值观的内化应该贴近民族传统，适应人们天性中的道德潜能并激励人们自觉反思道德生活。

二 儒家仁学思想现实层面的理论启示

（一）主体论

人民群众作为价值观内化的主体具有自身的独立自主性，具体情境下受社会主流价值观的影响，但因其拥有足够的自主选择权和独立人格，从而具有明显的主体性特征。在当代复杂的世界背景下，社会具有文化多元性与生存环境差异性等特征，如没有科学有效的价值观内化方案，必然导致内化的结果千差万别。因而学习儒家仁学思想内化策略，探究如何在保障个体主体性的前提下实现社会主义核心价值观内化至关重要。

早在先秦儒家便意识到了人的主体性特征，并将其作为儒家仁学思想宣传发展与内化的重要条件。孔子认为，人类的主体性特征能够令人执着于理想追求，而摆脱现实具体环境的束缚，使他心无挂碍地提升自我，并立下匡世救民的宏愿，进而不辞劳苦，周游列国，广收弟子，企图将自己的仁爱主张宣传于世。"子欲居九夷。或曰：'陋，如之何？'子曰：'君子居之，何陋之有？'"（《论语·子罕》）在孔子看来，充分利用自身的独立自主性，积极发挥主体意识是实现个体价值的内在动力，拥有积极坚定的主体意识便可以获得强大的精神道德力量，即便所居偏僻、物质贫乏也无关紧要。"我非生而知之者，好古，敏以求之者也。"（《论语·述而》）如同孔子凭其"好古""敏以求之"的主体意识，继承周礼创立儒家仁学思想一般，价值观内化若不依赖个人的主体意识，也是不可能达到目的的。

在先秦混乱割据、狼烟四起、民不聊生的年代，孔子凭借其"好古"而学的主体意识艰难地践行仁爱之道德。但仅此一点是远远不够的，个人主体精神会因为时间、世事变迁而产生迷失，因而孔子又进一步提出了不变之教"礼乐"，作为巩固培植自身与弟子坚守仁爱的主体性。"乐"用来引发人内心最根本的情感，使人不忘本真，又用"礼"规范人的言行使人不至逾越，体现了对"乐"的节制作用。在礼乐的双重作用下，使情感上升为一种道德情感，君子能够恰如其分、自主理性地表达并始终不离"仁"的内核。另外，礼乐作为一种规约方式，无论其表现形式如何，都应以摆脱人被动消极的单纯接受为前提，坚持人自身积极主动突破的主体性。这也是孔子能够摆脱物质环境限制，甚至摆脱世俗非议眼光坚守自我的前提，孔子对自身君子人格的坚守，是儒生塑造自身不懈追求不断传承的个体意识的表现。

至孟子提出"天伦之乐""人格之乐""为师之乐"为君子的三大乐事，开始将道德作为个体主体性充分发挥的快乐。"凡同类者，举相似也，何独至于人而疑之？圣人，与我同类者。""舜，人也；我，亦人也。""尧舜与人同耳。"（《孟子·告子上》)，在孟子眼中，人人皆可为圣为尧舜，都有着自己存在的尊严和价值，他否定了孔子认为普通人与圣贤的区别，进一步加强了个人主体性在自我发展过程中的作用。区别于孔子所说"若圣与仁，则吾岂敢？"（《论语·述而》)，孟子认为，人只要好学，修身，就能养就"浩然之气"，成为大丈夫，乃至圣贤。

（二）载体论

载体作为主体与客体相互作用、相互联系的纽带和实现形式，是价值观塑造传播的必要条件。儒家仁学思想在内以多种文艺形式给人以熏陶感染，形成了文以载道的文艺理论；在外则体现于各种礼仪之中，给人以行为的规约。

儒家仁学思想历来注重文艺的社会价值，将其价值理念凝固于多种文艺形式之上，形成并延续了一种"真善美"的传统艺术价值伦理，潜移默化地影响着中国古代人民的思想观念，并进而自上而下地塑造中华民族的价值观体系。孔子曰："小子何莫学夫诗？诗可以兴，可以观，可以群，可以怨。迩之事父，远之事君，多识于鸟兽草木之名"（《论语·阳货》中），以"兴观群怨"全面总结以《诗》为主要代表的先秦文学，其所蕴含的多种社会功能和作用，对后世文艺理论产生了深远影响。至汉代进一步加强文艺的载体功能，《毛诗序》开篇记载"先王以是经夫妇，成孝敬，厚人伦，美教化，移风俗"，巩固了文艺的政治功能与道德教化功能。至三国曹植则将文章提到"经国之大业，不朽之盛事"（《典论》）的地位。唐韩愈阐发"文以贯道"的思想。宋周敦颐提出"文以载道"的命题。又经后人不断发展最终归纳为"文以载道，美善合一"的文艺理论思想。当然，儒家仁学思想自战国构建起的以"仁"为中心的伦理体系不仅涉及文学，音乐、戏曲、绘画等诸多艺术形式都以其为纲要，随着儒家仁学思想的深入最终演化成了一种文化伦理，如张彦远的《历代名画记》开篇即强调"夫画者，成教化，助人伦"。

中国步入近代后，五四运动高举"民主""科学"两面大旗，但其文艺之用的最终目的仍不改儒家"文以载道"的内核，主张用文学救国救民、改造国民性格。此后时代发展过程中陆续出现的话剧、电影等表现方法，最初仍是儒家"文以载道"理论的延续。随着国家对外开放程度的不断扩大，一些固有社会伦理不可避免地受到西方文化的影响。在此过程中，文艺呈现多元化趋势，其个人主义的价值取向，一定程度上打破了传统文化思想的束缚，同时也破坏了社会伦理规约系统，在规约和自由之间出现了矛盾与冲突。儒家仁学思想以其合理性与实用性，借助文艺的载体巩固其在文化领域的核心地位，从而对社会各阶层产生潜移默化的影响并成为封建社会的价值观主体。当前，社会主义核心价值观要想筑成中华民族新的精神高地离不开文艺界的推动。

（三）环境论

儒家仁学思想的兴起与存续，根本在于其符合中国农业社会经济

第七章 儒家仁学思想与社会主义核心价值观内化的相通相合研究

环境基础，同时处在一种相对稳定的政治环境中。儒家仁学思想产生的经济背景是中国农业社会的小农经济，而与之对应的中国古代的一切政治经济变革，也往往与农业的兴衰息息相关。儒家仁学思想作为在中国农业实践基础上建立发展起来的哲学体系，符合当时特定的经济环境，拥有丰富的实践智慧，能够指引农业经济的进一步发展，是其在国家意识形态中占据核心地位的重要原因。

"天人关系"作为儒家仁学思想解释个人品德与社会规律起源的核心理论，起源于中国古代劳动人民的农业生产实践，是儒家在农业生产实践上，总结的蕴含丰富的生态伦理观念和人伦价值理论的优秀结晶。中国作为一个内陆国，广袤而平坦的陆地造就了中国古代人民生活在一个相对稳定的空间里，吃穿用度皆来自土地。由于生产力的限制，人口最终决定精耕细作的程度与开垦农田的范围，因而聚居繁衍并形成了宗族或村落，又以血脉为纽带、以宗法为约束创造出社会组织结构稳固、井然有序的生产生活空间。在这样的生产生活空间下，比起农民辛勤劳作，天时气候才真正决定了农业的产量高低。而从实践出发为实践服务的儒家仁学思想，其强调的在内的修养品德可以保障社会结构的稳定、农业生产家族的持续壮大进而形成更大的生产力。而"天人合一"的另一内涵则是在敬畏自然的前提下，充分了解并合理利用自然规律以求提高生产力。而道德除了人伦道德之外又包含着自然道德，其目标是与天地同心生养保护万物，实现人与自然的和谐相处。这一点充分体现在他们的具体言论之中，"钓而不纲，弋不射宿""伐一木，杀一兽，必以其时"（《论语》）。生态环境依靠其自身的恢复能力保持平衡，而恢复需要一定的时间，必须给予自然以一定的自我恢复间隙。"不违农时，谷不可胜食也。"（《孟子·梁惠王章句上》）"王道"的首要前提便是保障人民生活富足，这一切离不开农业生产的发展，而只有合理开发利用自然耕种土地才可能保障农业的长久发展。"草木荣华滋硕之时,则斧斤不入山林,不夭其生,不绝其长也。"(《荀子·王制》)遵循自然规律,给予动植物以充分的生长恢复时间,实现永续发展。社会主义核心价值观内化进程同样需要充分揭示其内涵,让人民大众充分了解社会主义核心价值观是符合中国特色社会主义发展的优秀成果,对于社会经济文化以及人类的可持续发展都有着积极有益的巨大价值。

  政治环境对于核心价值观的引导与塑造有着至关重要的作用。儒家仁学思想发挥效用,自西汉汉武帝统治时期正式成为国家意识形态体现,自科举制度建立达到顶峰,对中国古代社会产生巨大影响。政治环境对于儒家仁学思想的积极促进,首先体现在人才选拔制度的变化上,在汉武帝确立"独尊儒术"的思想方针后,察举制成为政府选拔官员的重要途径。察举即是"举孝廉",强调为人以孝为本,任官从政以廉为方,其后还需考试,考察内容多为儒家经学。这两项内容无疑是为儒家弟子量身定制的,也基本上确立了官僚政治体系的垄断。其结果便是无论是否入朝为官致力报效朝廷,人们自上而下都奉行儒家价值观,民以"孝"为荣,官以"廉"为约。继察举、荐举之后,中国古代出现了更为完善公平的选官制度——科举制度,科举制度的存在完全打破了上层权贵世族对于官僚制度的垄断,激发了中国社会文化和政治发展的生机与活力,充分凝聚了儒家仁学思想的政治智慧,将儒家伦理道德规范化、制度化,使伦理教育服务于政治,保障了中央集权的君主专制统治,弘扬了儒家仁学思想中以忠孝廉耻、仁义礼智为核心的价值观。这一制度在中国历史上延续了1300年,以政治制度为核心,规范了文化制度、教育制度从而建立合理的选士制度为国家服务。因此,中国古代政治环境与儒家仁学思想相互促进依存的体系,构建了合理稳定的政治社会环境,为促进社会主义核心价值观内化稳定有序地发展提供了良好的启示。

（四）管理论

儒家管理论是一种以道德为主题，讲求先人后己、自上而下，以内化实施主体自身高尚道德为实施基础，用修齐治平的修养方式最终实现管理目标的管理哲学。在其实施过程中始终秉持以人为本的核心理念，通过多种教育方式不断巩固并提升管理对象的价值观念，最终达成内化。儒家仁学思想起源于疏远鬼神而信奉"敬德保民""民为邦本"等注重人本身价值的周朝，也继承了其注重"人"的价值观的余绪。在管理思想和活动中，儒家始终把人作为主要的管理与引导对象。首先，儒家以道德教化作为自身管理思想中的重要手段，这种手段强调内化实施主体必须认识人的本质，重视人的价值，比起刑罚惩处更重要的是教育感化，使其回归"仁""善"的本质，延续道德教化。其次，儒家管理思想体现在"忠恕之道"上，提倡"人谁无过，过而能改，善莫大焉"（《左传·宣公·宣公二年》），即人都有可能犯错误，改正了仍是最好的人。不能把内化实施主体作为奴役的对象，而应该当作人来看待，这是对人的关心与爱护。[①]

党的十八大报告中强调"把以人为本作为深入贯彻落实科学发展观的核心立场"。社会主义核心价值观的内化实践需贯彻"以人为本"的管理理念。首先，市场经济下利益关注的凸显增加了现实中人际关系的疏离感，要积极肯定、充分尊重每一个主体人。"要在认识上理解人、信任人、赏识人；在情感上尊重人、关心人；在行动上鼓励人、帮助人，使教育方法富有人情味，通过教育者的情感、人格、威信等影响人，更好地促进人的健康成长。"[②] 其次，要想将社

[①] 张静莉：《儒家管理哲学的核心理念探究》，《河北科技师范学院学报》（社会科学版）2019年第1期。

[②] 石书臣：《现代德育理念与高校德育创新》，《思想政治教育研究》2011年第4期。

会主义核心价值观内化于每一个人的内心，内化实施主体就必须彻底摒弃用一个标准衡量所有人的惯性思维，尊重人的个体差异，开展有针对性的教育和管理，注重管理的层次性。内化实施主体必须要关注个体在思想素质、认知能力等方面存在的客观差异，满足内化实施客体多层次、多方面的需求与根本利益。再次，以人为本的管理理念需"以理性为中心"，即在理性引导的前提下支持人独立思考、自主抉择和自律行动。"以理性为中心"的管理鼓励人根据具体情境和特殊需要来推理、选择最佳的行动方案。在此过程中，外界干预将尽可能被限制，使价值观正确认知尽可能来自人的独立思考，变成人主动吸收社会主义核心价值观从而构建自我的价值观体系；然而当人获得错误认知时，教育者会引入预设的规则，同时借助他人生活经验、讲道理等途径帮助人正确理解社会主义核心价值观的重要性与合理性。①

儒家"修身"的自觉性，就是要实现由"他管"向"自管"、由"外管"向"内管"的转变。社会主义核心价值观要真正实现内化，必须依靠个人自身的力，产生对"他者"管理目标的认同、价值观的反思以及方法的调整等，最终实现内与外相互配合的社会主义核心价值观内化双向驱动。

第七节　本章小结

社会发展瞬息万变，社会主义核心价值观内化机遇与挑战并存。儒家仁学思想和社会主义核心价值观都属于意识形态范畴，面对社会主义核心价值观内化在价值论域和现实论域出现的问题，要以儒家仁

---

① 刘长海、许雪莹：《教育性学生管理论略》，《中小学教育》2019年第12期。

学思想与社会主义核心价值观的"相通相合"为起点，客观分析问题存在的深层次原因，从儒家仁学思想的发展中寻找解决这些问题的启示。

社会主义核心价值观内化出现问题的本质原因在于对"现实的人"的忽视，对"人"的主体性地位和价值重视不够，忽视个体的情感体验，缺乏针对性使社会主义核心价值观内化效果不尽如人意。要解决这一问题必须聚焦"现实的人"，借鉴传统儒家思想"德育"的经验，针对社会主义核心价值观内化的现实论域主体、载体、环境和运行机制存在的问题适时调整；借鉴儒家仁学思想历史进程中现有的具体经验总结提炼，进而形成对社会主义核心价值观内化创新的价值层面主导论、目的论、结构论和方法论的理论启示，现实层面主体论、载体论、环境论和管理论的理论启示。

第八章　儒家仁学思想在社会主义核心价值观内化创新发展中的应用研究

习近平总书记指出："没有高度的文化自信，没有文化的繁荣兴盛，就没有中华民族的伟大复兴。"[①] 弘扬儒家仁学思想在内的优秀传统文化实现高度的文化自信，对我们民族长久发展意义重大。中华民族复兴有传统文化释放能量和发挥作用的现实需要。儒家仁学思想，作为中国传统文化的重要组成部分，蕴含着丰富的道德思想和人文精神，对社会主义核心价值观的内化应用有着积极的指导作用，其思想内涵价值的当代开发与应用，对于解决中国当下现实问题以及促进中华民族复兴有着重要意义。因此，我们应充分挖掘儒家仁学思想内化过程中展现的实践价值，实现其与社会主义核心价值观的融合发展。

第一节　儒家仁学思想在社会主义核心价值观内化创新发展中的应用原则

儒家仁学思想根植于特殊历史与社会条件，落后保守性与时代性

---

① 《习近平在中国共产党第十九次全国代表大会上的报告》，《人民日报》2017年10月28日01版。

共存,具体性与抽象性兼有,在社会历史发展中又常变常新,展现出丰富的文化内涵与人文意蕴。在新的社会历史背景下,儒家仁学思想以其独特的价值体系为中国特色社会主义服务,为中国特色社会主义现代化服务,在批判继承与创新发展中获取内化动力,彰显民族文化自信。

一 儒家仁学思想为中国特色社会主义服务

习近平总书记强调:"中国共产党人始终是中华优秀传统文化的忠实继承者和弘扬者。"① 近代以来,中华文化的传承发展历经波折,起伏不定,最终在党的正确指引下重新焕发生机,在此过程中,中国共产党人运用马克思主义理论指导中国文化前进的方向,为中华文化的传承发展做出了卓越贡献,延续中华文脉,必须要在党的全面领导下继续深入。②

儒家仁学思想以"仁"为核心,追求建立"小康"至"大同"的理想社会,在中华民族过往两千余年的历史中,以其自身独特的价值体系,对于中国道路、理论、制度、文化四方面,都做出了其自身的探索并留下了不可磨灭的印记,为中国特色社会主义建设提供了许多经验教训。探究并规避儒家仁学思想的局限性,合理发挥其积极有益的价值,对于延续儒家仁学思想自身发展,提高国民文化自觉自信,从而更好地建设中国特色社会主义社会有积极有益的价值。可以说儒家仁学思想为中国特色社会主义服务,是儒家仁学思想存续发展的必然道路。

---

① 《习近平在纪念孔子诞辰 2565 周年国际学术研讨会暨国际儒学联合会第五届会员大会开幕会上的讲话》,《人民日报》2014 年 9 月 25 日第 2 版。
② 郭自强:《儒家仁学思想与社会主义核心价值观融合研究》,硕士学位论文,中原工学院,2022 年。

(一) 儒家仁学思想为社会主义现代化建设服务的可能性

儒家仁学思想是农业经济基础背景下维护封建社会秩序稳定发展，服务地主阶级统治的产物，具有其自身局限性。但纵观中国历史文化发展不难发现，儒家仁学思想是一门积极入世"敢为天下先"的学问，其始终直面挑战，积极应对并解决时代发展过程中的问题。儒家仁学思想具有时代性与开放性，它始终以包容的态度不断吸纳外来文化实现自身变革，以积极的态度应对每一个时代所提出的问题。这种"与时偕行"的时代性与开放性，决定了儒家仁学思想本身绝不会与现代性出现对立。在建设社会主义现代化国家新征程中，对儒家仁学思想的现代化转化不容忽视。

儒家仁学思想建立发展的过程，本身就是一个与诸多不同学说、思想文化交流对话、碰撞且融合吸收的过程。在儒家仁学思想的发展历程中曾遭遇两次巨大危机。第一次是魏晋时期开始的佛、道两家思想的兴起与攻讦。在这一次危机中，儒家弟子一面与佛道两家积极抗争保持儒家仁学思想的正统性，另一方面吸收利用佛道两家本土化、民族化和大众化历程中符合人民利益、时代需要的积极成分，合理将其融入儒家仁学思想中。历经几个世纪的漫长演化与发展，最终形成了以儒家为主兼蓄佛道的宋明理学，再一次完全确立了儒家仁学思想的文化统治地位。以史为鉴可以让我们得出，文化融合绝不是一朝一夕便可以完成的事，在文化融合的过程中，必须立足长远、拓宽视野，具有扎根当下、纵观历史与发展未来的深度与广度。第二次危机是自近代鸦片战争打开国门以来一直延续至当下，对于儒家仁学思想扬弃的合理与否将决定儒家仁学思想的最终价值。不同于以往的文化冲击，这次文化冲击涉及世界各国从经济基础到上层建筑的方方面面，被称为"三千年未有之大变局"，因而所带来的影响与挑战是空前的。在此发展过程中儒家仁学思想接连遭到打击,首先是洋务派"中体西用"的巨大失败致使其所依存的封建社会彻底崩塌,新文化运动中"打倒孔家店",之后的"批林批孔""破四旧"等运动险些使其"形神俱灭"。

随着时代的发展,迫在眉睫的家国危机不复存在,人们渐渐有了更多时间反思中国传统文化的丰富内涵并进行理性扬弃,为中国特色社会主义建设寻求方法,也为世界发展贡献中国智慧。中国共产党将中华优秀传统文化,结合革命文化、社会主义先进文化,作为共同建构中华民族新时代文化自信的关键因子、建设文化强国的根基。继承和弘扬中华传统优秀文化上升为一项"新的文化使命",而儒家仁学思想作为中华优秀传统文化的重要结晶必然在其中发挥关键作用。

(二) 当代中国特色社会主义需求

党的十六届六中全会首次提出"建设社会主义核心价值体系",依据当时的国内和国际形势,社会主义核心价值体系基本内容包括马克思主义指导思想、中国特色社会主义共同理想、以爱国主义为核心的民族精神和以改革创新为核心的时代精神、社会主义荣辱观。[1] 这一科学论断的提出是应对外来腐朽价值观念输出的关键对策,也是对时代发展和历史文化传承变革的现实回应。[2]

在中国发展进步的历程中,中国特色社会主义理论体系,不断消除遭遇的困难险阻,在逐步地探索和实践过程中明确中国特色社会主义道路的本质要求和价值追求,成为中国共产党领导中国人民前进的

---

[1] 中共十六届六中全会:《中共中央关于构建社会主义和谐社会若干重大问题的决定》,《人民日报》2006年10月19日。

[2] 郭自强:《儒家仁学思想与社会主义核心价值观融合研究》,硕士学位论文,中原工学院,2022年。

行动指南。依据不同时代所遭遇的不同挑战与国家发展的不同层次，中国特色社会主义理论在不同的时代发展出新理念，并在党的十八大明确了社会主义核心价值观的具体内容。儒家仁学思想作为中国古代封建社会的国家意识形态，塑造了中华民族的民族性格与文脉渊源，是马克思主义中国化的丰厚文化土壤，社会主义核心价值观不可避免地与之有着千丝万缕的关联。中华优秀传统文化的创造性转化与创新性发展过程中，需要始终坚持以马克思主义思想为主导意识形态，推进中国特色社会主义建设；儒家仁学思想只能在马克思主义思想的指导之下进行现代化变革，中国特色社会主义是以马克思主义为主导的科学社会主义。

（三）儒家仁学思想推动中国特色社会主义发展与运用

中华文化源远流长并给予中华民族赓续发展的丰厚滋养。在历史发展长河中，中国共产党人不断探索发展，不断总结经验，深深地明白一个民族和国家的传统文化在固本培元和民族发展复兴方面的重要作用，提出了一系列成效显著的发展规划意见。2017—2021年，党和国家政府不断致力推动优秀传统文化的转化发展，把传承优秀传统文化的理念上升为建设中国特色社会主义的基本方略，提出了要把传承优秀传统文化写入我国新征程的远景目标之中的建议。① 中国共产党人在处理国内、国际重大问题时，经常引用优秀传统文化经典回应，促进了中国文化的输出，加深了世界对我国文化的深入了解。

新的时代背景下，儒家仁学思想作为优秀传统文化的重要组成部分，必然要以崭新的姿态适应并参与时代的创造。合理运用的前提必然是批判继承，必须承认儒家仁学思想中存在诸多不足，从而深入了

---

① 秦冰馥：《中华优秀传统文化融入高校思想政治教育研究》，东北师范大学，博士学位论文，2021年。

解探寻可为时代所用之处并加以转化。充分发掘儒家思想既能实现对社会主义核心价值观内化的培植，又能帮助儒家仁学思想走出困境，实现新的超越，达到新的境界。坚持马克思主义在中国社会主义建设过程中的指导地位，同时也要继承并发扬中华优秀传统文化中富有价值的思想理念，使其在新时代中得到新应用，是促进社会发展和民族振兴的不二法则。实现中华优秀传统文化的"双创"，引导人们讲道德、有道德、守道德。

二　儒家仁学思想为中国现代化服务

中国现代化建设进程中，改革、发展和稳定是三个重要支点。改革是促进经济社会发展的强大动力，是社会主义现代化建设的重中之重。儒家仁学思想因其对于秩序稳定的追求，以一种感性思维恪守陈规，保持"中庸"，这是导致中国明清闭关锁国，落后世界潮流的主要原因，也成为当下社会主义现代化进程中的巨大阻力，因而，促进儒家仁学思想为中国特色社会主义服务，必须首先分析儒家仁学思想的局限性，进而批判继承其合理层面并发展创新。

（一）儒家仁学思想的局限性

儒家仁学思想的产生起初便是延续"礼崩乐坏"下的周礼，是农业社会固有的追求保守稳定性格的体现。后续发展也始终离不开"重农抑商"的经济政策，保护小农经济与封建王朝的稳定太平。这种封建时代下的保守的确维护了秩序，但对改革也产生了不利影响。另一方面，儒家仁学思想中中庸的行为处事原则，对于处理人伦关系、稳定社会秩序有着良好作用。但是，改革总是打破旧的格局寻求新的出路，需要对原有事物存疑、反思和批判。改革必然具有勇于尝试、敢为人先、不拘现状等思想特点，与儒家中庸求取稳定保守的思想大相径庭。

儒家仁学思想中的"天人合一"理念，一方面，对于社会生态和谐有着积极作用，但另一方面，其所产生的感性思维也影响着社会主义现代化建设的推进。"天人合一"思想注重感性，提倡整体统一的思考方式，缺乏细节理性的认知与感悟，往往得出一种宽泛的结论便不再深层探究，这也导致在思索学习西方科技理论时，对于具体细微的现象体察不够充分，造成近代中国在科技创新等领域落后西方的现状。

(二) 中国现代化过程中的需要

国家重视文化产业的发展，用文化提升国际竞争力，必须要重视民族精神的培育。儒家思想作为中国封建社会的主流思想，在建设新文化时肯定要借鉴其合理之处。因此，建设社会主义文化强国要善于从儒家思想中汲取营养，这既是尊重民族文化也是适应现实发展。现代化是一个以思想现代化为灵魂，管理现代化和技术现代化为两翼，政治现代化和经济现代化为生存和发展基础的完整体系。思想现代化的达成必须集思想之众长，需要博采古今中外思想之精华。中国共产党在深刻认识和分析社会主义现代化建设规律的基础上，把国家建设的层面总结为以"富强、民主、文明、和谐"为目标。我国现在已经全面建成小康社会，在此基础上还努力朝着基本实现现代化这个目标前进，针对2020—2035年基本实现社会主义现代化的目标进行详细规划。儒家仁学思想作为中华优秀传统文化的重要结晶，对于中国特色社会主义现代化思想体系形成有重要意义。

一是在政治建设方面，合理继承儒家仁学思想的民贵思想，提高人民当家作主的主人翁意识，保障公民的权利平等。加快德治建设与促进法治完善，促进德治与法治相结合，基本建成法治国家、法治政府、法治社会，从个体到集体实现社会主义核心价值观的内化与践行，推进国家治理体系和治理能力现代化基本实现。政府方面，进一步宣传执政为民、廉洁奉公等思想观念，增强政府公信力和执行力，推动人民满意的服务型政府基本建成。二是在文化建设方面，深入研究继承中华优秀传统文化，发掘儒家仁学思想的深刻内涵，找到当代转化新路径，增强国家文化软实力，推动社会精神文明建设，树立民族文化自觉与自信，提高民族凝聚力。促进社会主义核心价值观内化发展深入人心，在全社会广泛弘扬爱国主义、集体主义和社会主义思想。继承儒家仁学思想的重德思想，在新时代赋予其新内涵，传承创新挖掘已有社会公德、职业道德、家庭美德、个人品德，培育符合社会主义核心价值观要求的新社会风尚。社会服务体系、现代文化产业系统基本建成，对外文化交流更加广泛和多样化，中国文化自信心越来越强。三是在社会民生领域和城市建设发展方面，人民收入水平不断提高，生活更加富裕。儒家有富民为本思想，儒家仁学也就充满民生主义光辉。使城市和乡村的区域发展衔接更紧密，差距不断减小，城乡居民的收入水平也不断缩小，公民基础服务均等化基本实现。全社会基本实现老有所养、幼有所学、病有所医、弱有所扶的美好愿望。四是在生态文明建设方面，儒家"仁"思想包含敬畏生灵、博爱万物等思想内涵，在对待天人关系上主张自然与人类和谐共处，包含了朴素的生态文明的理念要素。习近平总书记提出"绿水青山就是金山银山"的发展理念，把生态文明纳入"五位一体"总体布局，环境治理效果显著，生态环境明显改善，离美丽中国的目标更近一步。

（三）儒家仁学思想的时代化生机

孔子、孟子与荀子的治国思想作为儒家德治思想中的主要内容，在与国家治理实际相结合并加以现代化的合理诠释后，对于加强新时代党的建设、助推思想道德建设、推进文化治理现代化、加快构建社会治理共同体、推动有效市场和有为政府结合等提升国家治理效能的现代化实践具有重要价值。

法治作为社会价值共识，离不开对于儒家仁学思想的探究继承。而传统儒家文化作为中国主流思想，两千余年来已经形成了其社会土壤。在当今法治建设过程中，儒家仁学思想的法制观念延续与发展是不可或缺的因素，一旦离开民族的、传统的、本土的儒家文化土壤，社会主义现代化法制建设过程中，不可避免会缺乏社会文化层面与心理层面的根基。如果一个民族缺少对传统文化的认同感和支持，那无论现代社会的法律怎样去强化社会的秩序，都会变得脆弱不堪。同时传统的儒家因其"天下为公""仁民爱物"等思想观念，蕴含了诸多优秀的法律文化，合理利用将会是现代化法制建设中强大的精神助力与保障基础。同时，儒家仁学思想下构建的法律文化如"礼法结合""礼法并治""和合"等观念与模式是超越时代的，对于保障社会长治久安有着积极的借鉴作用。

三 儒家仁学思想坚持批判继承与创新发展统一

列宁指出："马克思主义这一革命无产阶级的意识形态赢得了世界历史性的意义，是因为它并没有抛弃资产阶级时代最宝贵的成就，相反却吸收和改造了两千多年来人类思想和文化发展中一切有价值的东西。"[①] 马克思主义是在批判继承过去的历史文化的基础上，立足当下具体实践进行创新而形成的。优秀传统文化是人类社会发展进步的重要源泉，但运用时必须加以改造。而儒家仁学思想作为中国历史漫长

---

① 《列宁选集》第 4 卷，人民出版社 2012 年版，第 229 页。

发展历程中的主流思想，批判继承儒家仁学思想，并将其适用于新时代实现新的创新，对于促进马克思主义中国化，树立文化自觉、文化自信有着至关重要的作用。

对于传统文化的批判继承是马克思主义中国化发展的必然要求。1960年12月，毛泽东会见古巴妇女代表团和厄瓜多尔文化代表团，提出关于中国文化遗产性质问题时，就明确指出对于既往文化批判的必要性："中国几千年的文化，主要是封建时代的文化，但不全是封建主义的东西，有人民的东西，有反封建的东西。"① 传统文化在封建社会的专制主义中央集权的历史环境下孕育而生，存在许多落后愚昧的思想观念，但其中积极有益的元素同样不在少数。更重要的是"中国现时的新文化也是从古代的旧文化发展而来，因此，我们必须尊重自己的历史，决不能割断历史"②。历史与文化都是一脉相承连绵不断的发展过程，一个国家或民族的历史越悠久文化积淀愈深厚，在未来发展历程中所依存的思想文化基础源泉也更为丰富。

儒家仁学思想是中国传统文化的精华之所在，其"仁者爱人""伦理纲常""礼乐"等理念，不但对于维护社会和谐、促进社会发展有着积极意义，而且由于时代的限制存在封建专制落后的特性。必须将对儒家仁学思想的认识进一步深化，明确其发展方向与内容，提高对传统文化的认知高度并确立传承的明确举措，从而合理有效地对其进行批判继承，更好地迎接西方文化输出挑战，促进文化的传承发展，增强民族凝聚力与向心力，扩大儒家仁学思想的世界影响力。促进广大人民群众积极吸收儒家仁学思想，提升自身修养，心存仁爱，为人和善谦逊，从而有助于整个社会公共秩序的规范化，使公民更加自觉地

---

① 中共中央文献研究室编：《毛泽东年谱》第4卷，中央文献出版社2013年版，第50页。
② 《毛泽东选集》第2卷，人民出版社1991年版，第708页。

遵守法律法规，遵守社会公共秩序，使整个社会形成谦恭礼让、礼貌待人、团结友爱、和谐美好的社会氛围，培养公民爱护公共财物、遵守公共秩序的良好行为习惯，展现现代社会公民良好的精神风貌。教育公民尊重爱护他人、互相理解、换位思考，养成与人为善、助人为乐的意识，尊重自然、保护自然，保护生态环境，建设美丽家园，从公民的行为、思想道德方面加强社会公德建设。但儒家思想强调血缘伦理影响下的私德，私德在很大程度上影响了社会公德的建设与发展。①

第二节 儒家仁学思想在社会主义核心价值观内化创新发展中的应用要素

儒家仁学思想在社会主义核心价值观内化创新发展中的应用要素，包含内化语境、内化评价、内化方法与内化策略的创新与发展。内化语境为当前我国正处于全局式、总括式的新历史发展阶段，在社会生活高度信息化的今天，二者在融合的过程中产生了新的机遇和挑战，还需要我们在实践中不断突破。② 儒家仁学思想与社会主义核心价值观的内化创新是一种互惠共赢的方式。内化方法以"坚持马克思主义在意识形态中的领导地位"为基本准则，理论宣教、学思结合、慎独自守。同时，内化策略也以人为中心，提高主体意识、坚持内生自律、健全价值认同、注重价值践行。

---

① 严瑞：《论儒家思想与社会主义核心价值观的契合与相通》，硕士学位论文，安徽大学，2015年。
② 郭自强：《儒家仁学思想与社会主义核心价值观融合研究》，硕士学位论文，中原工学院，2022年。

第八章　儒家仁学思想在社会主义核心价值观内化创新发展中的应用研究

一　社会主义核心价值观内化创新的语境

改革开放带来了中国综合国力的提升和社会深刻变革，但多元文化侵入也带来如拜金主义、奢靡之风、诚信缺失等负面影响，因此，在全社会范围内弘扬和宣传社会主义核心价值观是非常有必要的。随着国家精神文明建设的大力推进，儒家仁学思想对公民道德和行为的影响力再次显现出来，并且与社会主义核心价值观相互关联，成为社会各界一直关注的热点问题。[①] 新时代中国共产党从顶层设计对社会主义核心价值观培育践行进行了理论拓展与实践延伸。新形势下国内各种价值观念的冲突与碰撞，西方国家的话语霸权和舆论渗透，网络时代带来的交往方式的巨大变革，三类文化交织渗透又各自呈现形成的三重架构语境，其中潜流的是各类传统思想文化、主流的是马克思主义政治文化、汇流的是日新月异的大众文化。这三类文化处于一个动态的交织变化过程中，当前的文化语境也处于不断变化、调整和完善的过程。同时在此语境下，作为社会主体的人容易产生观念冲突、价值断裂和理想虚无的情况，从而出现无法调适的心理混乱现象。在矛盾、焦虑、痛苦、无所适从等负面情绪充斥内心的情况下，以儒家仁学思想为代表的传统文化再一次出现于人们的视野之中，儒家仁学思想中蕴含的心灵充盈恬适、精神安顿休憩的价值观再度被人们向往，但由于时代限制，以儒家仁学思想为代表的传统文化早已退出了主流舞台，而单纯的复古是一种倒退。同时，人们对中国儒家仁学思想认识与理解存在偏差，"国学培训班""汉服复兴""跪拜父母"等复古形式主义乱象，此起彼伏。传播格局的变革和传统方式难以为继的矛盾日益突出，文化需求旺盛和一般供应乏力的矛盾日益突出，舆论渗

[①] 于晔：《儒家思想与社会主义核心价值观关系研究》，硕士学位论文，西安科技大学，2017年。

透加剧和主流思想备受冲击的矛盾日益突出,争夺群众激烈和宣传教育良莠不齐的矛盾日益突出,文化改革紧迫和繁荣发展形势倒逼的矛盾日益突出。① 此时,社会主义核心价值观应结合中国具体实践并继承弘扬中华优秀传统文化,其内化一旦成为社会的主流将引导人们走出精神文化困境。

二 社会主义核心价值观内化创新的评价

儒家仁学思想在社会主义核心价值观中的内化创新,是一种合理互惠共赢的发展方向。早在革命时期,毛泽东便指出:"马克思主义必须和我国的具体特点相结合并通过一定的民族形式才能实现。"而社会主义核心价值观作为马克思主义中国化的产物,与儒家仁学思想相结合是一种必然,是一个双向选择与融合的过程。社会主义核心价值观与儒家仁学思想的结合,不是仅仅信奉民族的传统的为合理存在,从而引证儒家仁学思想去证明社会主义核心价值观的真理性与适用性;也不是用社会主义核心价值观的理论框架去裁剪儒家仁学思想构成要素嵌入其中,得到一些相符合的碎片。儒家仁学思想和社会主义核心价值观二者绝不是引证与注释的关系,而是一种文化发展的必然规律,是社会主义核心价值观内化和儒家仁学思想创新必经的科学道路。文化之所以先进,就在于其根植于民族优秀传统文化之中,并善于从传统文化思想中吸收养料来实现自我发展与创新。儒家仁学思想创新发展与社会主义核心价值观内化是创造先进社会主义文化的过程,是用中华优秀传统文化的发掘创造,阐明深化社会主义核心价值观内化的过程,在此过程中,儒家仁学思想因内涵进一步丰富与获得新的内容实现现代转化,同时,社会主义核心价值观因适应中国文化土壤而深

---

① 翟子夜:《社会主义核心价值观的历史文化底蕴研究》,博士学位论文,黑龙江大学,2022年。

化了中国气派与中国风格，更利于其内化实践。

在社会主义现代化建设新时期，社会主义核心价值观通过与儒家仁学思想创新结合实现内化，本身就是一种对传统文化的批判、借鉴、吸收、融通的过程，有益于构建国民文化自信。社会主义核心价值观内化是马克思主义中国化结合儒家仁学思想现代化的过程，是马克思主义中国化进程中新的优秀结晶。社会主义核心价值观与儒家仁学思想中的优秀成分相结合，使得其自身具有更强的民族特性与民族聚合力，更有益于内化实现，而儒家仁学也因社会主义核心价值观的引领，得到批判、继承、创新，实现了现代转化。

三　社会主义核心价值观内化创新的方法

儒家仁学思想与社会主义核心价值观作为思想意识，其内化创新的方法也是相通的。儒家价值观内化方法主要集中在《论语》《大学》和其他相关典籍中，儒家仁学思想中，达成内化是治国平天下的基础条件。

（一）学思结合、慎独自守

比较鉴别法，指通过对不同事物比较分析、鉴别，得出正确的价值判断，从而提高人们价值观念的方法。不同于当前具体应用中的重学轻思，儒家仁学思想重视学习，将学习与思考放在同等重要的位置，认为思是形成理性行为达成自觉的关键，是个人修养的必要步骤，对所学所观反复研究琢磨并结合自身实际做到言行合一，始终贯彻"以我为主，为我所用"的原则。子曰："见贤思齐焉，见不贤而内自省也。"（《论语·里仁》）给予每个人德育反思的机会，看到缺点反思自身是否有同样的问题，看到优点便努力学习，比起传统的只重视正面例子显得更为全面广泛。

在对待传统文化时，中国依然延续读儒家经典、尊崇孔子的儒学道统，但新中国成立后，国家制度、社会形态都发生了根本性的变化。因此，传统文化就出现了很多与新社会形态和文化发展传承不适应的问题。社会主义核心价值观中，既包含着传统文化精髓，代表着民族的精神命脉，同时也有着新时代文化发展的新趋势。如果不能继承优秀传统文化，也难以建设一个有着更高水平、更深影响力的富有文化底蕴的国家。因此，在对待传统文化方面，我们要始终坚持辩证客观的态度，既肯定传统文化的现代价值，又从中吸收精华将其转化为现代文明，而不是单纯"复古"。要深度挖掘传统文化里的优秀部分和适应现代社会发展的部分。

（二）理论宣教法

理论宣教法也称理论宣传学习法，是指有目的、有计划地宣讲社会主义核心价值观理念，使其树立相应原则。但这种宣讲方法有时候存在生硬晦涩、脱离生活的现象，难以给予真正有效的地价值观内化培育指导。反观儒家仁学思想教化方法，注重将理念融入教化的同时，又融入诗书礼乐等社会生活的方方面面，是人们从思想到实践一言一行都关乎社会主义核心价值观的具体表现，进而真正地实现思想与行动的统一。

（三）坚持马克思主义在意识形态领域的指导地位

只有用马克思主义的根本立场和观点，科学地分析中国传统文化，坚持传承创新的思想，以史为鉴，古为今用，推陈出新，继承和创新有利于现代中国和世界发展的先进成果，才能真正以科学的态度继承和发扬中华文化的优秀传统，引领中国多元文化潮流，促进社会主义文化建设。

四 社会主义核心价值观内化创新的策略

儒家仁学思想内化进程中最重要的策略是德育为先,以人为本。对于个人的发展要求,比起成才,立德更为重要,德是做人的根本,人是社会发展进步的根本依靠。在以人为本的内化策略中,人是本体,人是主体,人是目的,人是标准。社会主义核心价值观提出的根本目的绝不是约束限制要求人,而是更好地促进协调人的发展。在这样的内化创新策略下,一切方法的具体应用都将围绕人、服务人、建设人,才能对社会主义核心价值观内化有积极作用。

(一) 提高主体意识,夯实内化基础

社会主义核心价值观培育要以人自身的价值为本位,充分证明社会主义核心价值观是在继承传统、彰显主体的前提下践行发展,也深刻回答了新时代"应该培养怎样的人、如何培养人"等根本问题。对于社会个体,应通过教育引导、制度保障、实践养成,将其培育成为时代新人。而人作为社会实践的主体,既能被社会实践所塑造和改变,又在社会实践过程中不断完善自我。

理性认知的构建是实现儒家仁学思想在社会主义核心价值观内化中创新发展的必要前提,是此应用体系的基础。对价值观的认识与了解是形成理性价值观的前提,对价值观的理性认知是价值观内化的必要思想基础。理性认知是认知达到高级阶段的一种体现,它具有知性思维和辩证思维两种特征。其中知性思维是一种对事物总体规律性的把握,辩证思维主体与客体、部分与总体具体抽象的统一。因此,实现对社会主义核心价值观内化过程的第一步理性认识,首先,要具有"知其然"的知性思维意识,明晰社会主义核心价值观的具体理论来源与本质意蕴,正确理解其与儒家仁学思想的源流关系;其次,要"知

其所以然",树立辩证理性思维,实现对儒家仁学思想与社会主义核心价值观的科学性实质的掌握。

"知其然"是对儒家仁学思想与社会主义核心价值观进行正确解读,关于儒家仁学思想作为优秀传统文化的丰富价值与现代阐释途径、马克思主义实质内涵及中国化进程,二者融合共同促进社会主义现代化的发展。社会主义核心价值观既有优秀历史文化的积淀,也有着当代实践的基础。"知其所以然"是指充分了解儒家仁学思想与社会主义核心价值观的具体内容且接受理解后,对为何践行与如何践行也有着充分的认知。认识到儒家仁学思想具有超越时代的内容特质,其本身是社会主义核心价值观形成的源泉之一,且与社会主义核心价值观具有相通相融之处,二者融通有利于推动社会主义核心价值观内化与实践进程。

(二)坚持内生自律,强化内化实践

在儒家传统文化中有"慎独""正己"的修身养性的方法。"慎独"就是说一个人在没有外界监督的时候,也能自觉自律,严以律己,谨慎对待自己的一言一行。"正己"即要正人,必正己。一个人必须严格自律,带头践行社会道德规范,发挥榜样作用。① "莫见乎隐,莫显乎微,故君子慎其独也。"(《礼记·中庸》)慎独即为自律,在人所不能见不能闻之处亦能恪守本心、保持德性,这也是社会主义核心价值观内化实践所需达到的最终境界。对于如何达到此种境界,在儒家仁学思想以心性为重要基点所塑造的道德观念中,主要是通过主体体验和个体反省的反复形式,不断内化提高自我精神道德水平,建立在树立内心世界的完美自我先见的基础上,追求道德价值的外部世界。

---

① 翟子夜:《社会主义核心价值观的历史文化底蕴研究》,博士学位论文,黑龙江大学,2022年。

社会主义核心价值观内化的根本目的是让全体社会成员从思想上、行动上认同和践行社会主义核心价值观，即实现个体意识内化、观念认知确立、自觉行为实践，才能真正体现出其作为核心价值观的价值所在。这种践行绝不是在法令强制约束与社会监督共同作用下形成的行为表象，而是一种由内而外的价值观体现。正如儒家仁学思想价值观所提及的诸如"内省""克己""自讼""慎独"等，社会主义核心价值观是建立在个体自我约束、自我反思基础上的，由理念到行动对伦理道德规范的认同，以"克己复礼"要求自我并在潜移默化中跟随或引导其践行道德规范，"见贤思齐焉，见不贤而内自省也"（《论语·里仁》），即看到品德高尚、德才兼备的人就向他学习，向他看齐；反之，则自我反省。

内生自律的内化实践分为个体自律与集体自律两个阶段。其中个体自律包含两个层面。第一层面是在外部要求指引下的跟随自律层面，通过社会主义核心价值观的社会规定由先行者带动后觉者，后觉者步入规范后，进行自我反省和不断修正，使跟随行为转变为自发行为。第二层面是自我要求的道德不断提升阶段。在先行者的带动作用下激起跟随者行动后，跟随者在思索中产生情感认同，自觉形成行为习惯方式，并不断提高自身道德水平与践行力度。"君子之德风，小人之德草，草上之风必偃。"（《论语·颜渊篇》）强调领导垂范表率的重要性。君子的德行好比是风，小人的德行就好像是草，风吹在草上，草就会跟着倒。"草上之风必偃"阶段，即从个人上升到社会共同践行阶段。在全社会形成了对社会主义核心价值观的情感认同以后，那么必将提升社会的道德水平，社会主义核心价值观内化如风行草偃，民族凝聚力与向心力也进一步加强。

在具体实践过程中，谁应做第一批先行者？《论语》提出"为政以德，譬如北辰，居其所而众星拱之"。党员干部，应当成为社会主义核心价值观强化内化实践中的领头人,做好率先垂范,积极践行社会主义核心价值观,按核心价值观塑造要求提升自我道德修养和精神品格,使得党员以北辰之姿在人民群众中产生强大的示范效应。同时,儒家仁学思想提出了"修身、齐家、治国、平天下"的王道之路,党员干部践行社会主义核心价值观,形成优秀道德品质是治国平天下的重要基础。同时,应具体落实社会主义核心价值观的践行模式,在日常生活中对于细节行为给予肯定或否定。以社会主义核心价值观指导人民形成合理正确的道德信念的同时,还应转化为具体的社会实践并予以深化,使人们在社会生产、家庭生活及个人学习领域中,都能自觉遵循社会主义核心价值观,形成道德标准、价值原则、德性修养。

社会主义核心价值观内化的目标绝不仅仅止步于形成基本的道德理念与行为规范。其践行的终极价值目标指向为树立中华民族新时代的"共同信仰""共同理想"。在当代社会实践中,社会主义核心价值观作为文化助推器,发挥着塑造国民在国家层面、社会层面、个人层面的共同价值体系,促进人民团结友爱、社会和谐进步,加速国家更快实现创新发展的重要作用,也是使公民个体获得主体性尊重,实现政府更好地为人民服务的现实举措。社会主义核心价值观的内化践行,将塑造新的社会主义先进文化,培育更为优异的民族性格。

(三) 健全价值观认同,构筑内化支撑

价值观作为一种社会意识形态,受社会经济文化生产力的制约。价值观认同离不开文化生产力中文化载体的宣传,构建内化支撑离不开教育体系完善的保障。生产力作为社会发展进步与社会变革的根本性力量,在不同的时代以不同的形态展现并影响着社会发展,而在信息技术高速发展的当代社会,生产逐渐过渡到依靠知识的传播与创新和以信息为主体的知识经济时代,电子媒介作为一种生产力起到越来越重要的作用。媒介作为一种改变社会的生产力，其价值尤其体现在改变和影响价值观的塑造。价值观在媒介系统中存储与宣传，又在媒介系统的流动中被接受，先进的价值观借助媒介给予人积极向上的影响，落后的价值观借助媒介摧毁破坏人的道德。只有占据媒介高地，充分利用各类媒介对于社会主义核心价值观的宣传输出，才能真正加强人们对社会主义核心价值观的认知、认同。在现代社会这样一个多元化、信息化的时代，社会主义核心价值观与网络信息媒介融合势在必行，通过将社会主义核心价值观植入各类知识中构成编码信息，变成人民大众喜闻乐见的具有社会主义色彩的大众文化，从而健全大众的价值认同，同时提高大众传播内容的质量，提升我国文化生产力发展水平。

（四）注重价值观践行，提供内化动力

社会主义核心价值观作为对优秀传统文化的现代继承与升华，其内化践行离不开文化激励。社会主义核心价值观是马克思主义中国化进程中为实现人的全面自由发展而提出的必由之路。而文化激励，指的是文化方面满足人全面发展的需要，与社会主义文化创新的目标不谋而合，借由文化激励价值观内化，能持续调动激发人的积极性、主动性和创造性，为社会主义核心价值观内化提供源源不断的动力。让其在文化本质上作为一种精神力量激发人的行为动机，增强人的内在动力，推动人朝着正确方向前行。用以提供内化动力，从而构建社会主义核心价值观的文化激励系统，是一个包括物质、精神、行为、制度等子系统的多元动态系统。

文化激励系统的根本目的在于推动人们形成精神内驱力，就是要求人们从心理方面推动其主要前行和自我追求发展。有了外在的物质激励，人们会产生巨大的心理动力；有了明确的精神激励，内心将产生源源不断的精神力量，推动人们奋勇向前、坚定践行。物质与精神文化激励主要体现在各种形式的个人评选、先进表彰、选树典型等活动中，通过调动积极情绪促进个体实现能动性，将目标内化成行为习惯并提升本领技能。一方面，个体需要社会主义核心价值观的正确指引，个体通过在文化激励中得到满足，并在践行社会主义核心价值观的过程中产生一定的自尊自强、团结友善等社会满足的积极心理，激发其进一步践行更高层次的核心价值观目标，树立更为远大的理想，投身社会建设。另一方面，社会主义核心价值观践行目标的文化激励，能够激发个体自我全面发展的需要与追求，拓宽个体视域范围，提升道德层次，以更加开阔的胸怀来承担中华民族伟大复兴的历史重任。

人本身具有社会性，在社会主义核心价值观践行中，人们在团体的社会实践中践行价值观，通过与他人的沟通交流协作，获得认同和共鸣，获得尊重和接纳，因此才会更有力量和信心实现价值观的内化。社会文化激励活动可以多方面开展，例如社区睦邻活动、学校班队活动、单位团建活动等，在活动开展的过程中让人们意识到社会主义核心价值观对于个人社会化发展的重要作用。

由于个人天赋秉性、所处的社会环境与教育层次都有所不同，孔子提出"有教无类""因材施教"等教育观点。儒家教育以德育为重，在德育过程中对于受教育者的道德认知界定成为道德教育工作开展的重要基础，只有了解教育对象、教育情境的不同，才能找到合适的德育方法。孔子依据弟子秉性不同，采取诗、书、礼、乐等手段提升弟子的道德情感，从而改变固有的道德认知，并激发价值观内化过程中的道德情感。道德意志同样是不可缺少的一环，儒家强调道德修养必须先"立己"而后"立人"，"内圣"而后"外王"，让弟子树立远大的理想目标激发道德意志动力。在此之后道德实践作为最关键的一步已然水到渠成。因此，社会主义核心价值观内化需要把正确认知、情感认同、坚定意志协同起来，统一发展，才能得以实现。

第三节　儒家仁学思想在社会主义核心价值观内化创新发展中的应用路径

在社会主义核心价值观的建设过程中，要把其融入社会大众生活中，而不是仅仅停留在当下的社会表层需求，要将社会主流价值取向转化为一种社会心理。[①] 探索儒家仁学思想在社会主义核心价值观内化发展中的应用路径，将其落实到日常生活细节，才能使社会主义核心价值观浸润于心。在社会主义核心价值观内化过程中，应保证人民群众的主体性地位，推进核心价值观思想转变为个体的内在品质，使核心价值观回归生活，使社会主义核心价值观内化与生产生活密切关联，建立完善的评价体系，提高内化效率。

一　坚持立足服务发挥主体性

主体性是人在实践中自主能动地表现出来的诸多能力与特性，这种特性是道德内化的关键，对于人思想品德的形成和发展具有决定性作用。社会道德不仅仅是一种外在的道德规范，其建立包含个体思想品德内在的养成和升华过程，也覆盖个体主体性作用发挥的外在表现过程，在集体的内化道德品质基础上共同达成。在此过程中人的主体性发挥既表现为个体为达到目的，在对象性活动中把握、改造和支配客体的主观能动性，也表现为个体在社会实践活动中的创造性。

社会主义核心价值观的内化要符合人们的需要，在传承儒家仁学

---

① 翟子夜：《社会主义核心价值观的历史文化底蕴研究》，博士学位论文，黑龙江大学，2022年。

思想，立足于马克思主义与社会主义当代实践基础上，促进人的全面发展，进行社会主义实践。坚持发挥人民的主体性，是社会主义核心价值观能够内化和发展的基本支撑。坚持人民的主体性地位，是社会主义核心价值观内化的必要条件，但在此过程中仍有诸多问题存在，妨碍了主体性的树立与发挥。这些问题产生的根本原因在于社会主义核心价值观的内化存在障碍。而关于如何实现社会主义核心价值观的内化，孔子在周人重德的基础上向内发掘，找到了"礼乐"与"仁"。"礼云礼云！玉帛云乎哉！乐云乐云！钟鼓云乎哉！"（《论语·阳货》），"人而不仁，如礼何？人而不仁，如乐何？"（《论语·八佾》），社会道德行为规范的根本实质在于各种礼仪规范之下人生而有之的"仁"。在儒家仁学思想中，"仁"是各种美德的集合体，是人先天而有的社会性需求产生的各种品德，是人主体性不受异化而充分展现的结果。

但仅由"礼"而"仁"远远不够，主体性的充分发挥还需经历由"仁"而"性"、由"性"而"心"两个阶段，在先天之"仁"的基础上不断发展最终达成"德性之心""认知之心""意志之心"等价值观并形成思想体系，最终实现"求仁得仁"的主体性价值观追求。儒家仁学思想强调，核心价值观的塑造必须建立在符合万物规律的自然道德基础上，接着充分调动人性发展的规律导之以理，最终形成对于自身和社会关系的理性认知，并养成相应的道德修养。在儒家仁学思想中，社会主义核心价值观的内化不仅仅是一种要求，更是自我本真追求所必要的导向，社会主义核心价值观内化的作用同样是指导人民实现自我的塑造和完善，满足人发挥主体性过程中对道德价值的需要。

儒家仁学思想对于个人的修养要求是学习如何做"人"。它以"天人合一"的理念要求个人在生活与生存过程中自觉认识自身与社会和自然万物的关联，在其中体味生命的终极意义。个人日常生活中的一言一行，既是自然体现也存在诸多异化与不足。因而要真正达到做人的境界，必须重视外在的学习与内在的自省，并将道德发展放在自我修养的首位。处于社会环境中的人，必须对自己的人性及其言行负责，在满足自身的基础上实现并满足他人和社会的期待。

二 坚持内化为基点实施策略

社会主义核心价值观的完整培育包括内化和外化两个阶段。其中，内化阶段是指把外部的理论思想转化成个人内在的道德品质，同时这也是内化的关键基础。在此阶段中，需要教育者的教育引导与受教育者的个人理解、选择、吸收，从而实现二者的结合以完成内化。

儒家仁学思想中，道德理想人格的达成被称为"君子"，而成为君子的第一步则是立志，而"志"之中不可或缺的就是对于自我品德修养的要求，即确立道德内化的目标。在内"立志"的同时还需在外"守礼"，这一阶段的礼是对个人行为的最基本约束，其直接目的在于与志的配合与巩固。社会主义核心价值观的内化同样离不开"立志"与"守礼"，社会主义核心价值观与儒家仁学思想中的道德理想人格塑造具有差异，其具体表现也存在不同。在社会主义核心价值观的"立志"阶段，需让受教育者深刻领悟社会主义核心价值观的内涵和它存在的目的及对于培养人的价值所在。其后便是"守礼"阶段，在此阶段，按照先前立志方向进行发展，进一步了解社会主义核心价值观在内化与外化过程中的具体体现，使内化与外化同时进行，理论与实践相结合，逐步发展提高自我达到自我树立的道德目标。随着社会主义核心价值观内化程度加深，个人的"立志"目标也会不断提高，在此过程中实现循环往复不断追寻积极向上的人格发展历程。

三 坚持回归生活强化现实性

坚持社会主义核心价值观内化回归生活，使内化主体在生活实践中逐步塑造形成自身的价值观体系。社会主义核心价值观内化只有在生活中进行，才能够真正接地气，实现内容的真正内化，进而增强个体价值观内化的现实性和具体性。社会主义核心价值观与儒家仁学思想，在生活中有着天然的内在密切联系。社会主义核心价值观的内化直接作用于个体，指导个体生活实践，与生产生活具有直接同一性。社会主义核心价值观内化必须培植生活实践土壤，不能成为一种抽象的、理论的存在形式。

社会主义核心价值观回归生活、回归现实需要我们去挖掘儒家仁学思想中有价值、有意义的部分。传统的学校德育课程中的社会主义核心价值观培育囿于师资力量、家长社会教育等因素，教育多以应试教育为主，重理论轻实践，这种内化形式不仅使学生脱离了真实的生活情景，难以真正理解德育的内涵与价值所在，而且可能使受教育者对相关宣传教育产生抵触心理。真正实现社会主义核心价值观的内化，必须回归生活、依托实践，依托现实社会的具体环境，根据不同的民风民俗提出不同的内化方法。

四　坚持内化实效完善评价体系

评价作为一种价值判断，对于人把握客体的意义、调整主体观念性活动具有重要作用。社会主义核心价值观的内化作为一项社会活动，需要完整的评价体系进行反馈，从而优化和完善。儒家仁学思想在漫长的文化发展中，形成了系统全面的评价体系，对社会主义核心价值观评价体系的建立与运用有着积极的借鉴意义。

儒家思想道德规范是一套较为完整的道德体系规范，《论语》收录了孔子及其弟子的言行，也充分展现了孔子对于价值观内化的评价原则，包括"因材施教""启发诱导"等。孔子把人的认识水平分为三等，"生而知之者，上也；学而知之者，次也；困而学之，又其次也"(《论语·季氏》)。意为生来就知道的是上等；学习然后知道的是次一等；遇到困难，再去学习它，是再次一等；遇见困难而不学，这样的人最难教化。这种分类并不完全科学，但其可贵之处在于看到了人的认知水平与自然品性存在的差异性。由此，孔子根据弟子的不同特征来充分体察他们的优缺点，帮助弟子以不同方法实现品德的更好发展。"柴也愚，参也鲁，师也辟，由也喭。"(《论语·里仁》)，意思是高柴过于实在，曾参不够聪颖，子张过于理想，子路过于直率。同样的道德目标，放在不同的人身上评价标准也随之变化。"求也退，故进之；由也兼人，故退之"(《论语·先进》)，因为冉有做事优柔寡断不果决，孔子便鼓励他敢于行动；子路执行力强但鲁莽冲动，孔子便戒之三思而后行，对于执行力有统一的"中庸标准"，但放在不同的人身上却要用不同的方法引导。儒家仁学思想培植的最终目标无外乎品德、能力的形成与发展，使人的社会品质、情绪情感等各方面和谐发展。

培育社会主义核心价值观应在积极吸收、辩证继承道德规范的基础上，对其进行发展与创新。我们要使用现代化科学的调研评价体系，来完成儒家仁学思想对于社会主义核心价值观内化的影响评价。通过问卷调查法、行为观察法、情境测验法等，对儒家仁学思想内化的评价标准进行普遍调查，这样有利于价值观内化的广泛性与成效性。但在调查展开中必须注意以下两点。一是注意评价的真实性。价值观相关的调查评价必须保持价值观践行主体的自然性、主动性，价值观评价所涉及的标准不能当作任务，或在外界压迫下被动达到。因而建立价值观内化评价系统，必须有意识地淡化评价活动与社会任务之间的界限，保证践行主体在价值观实践过程中具有主动性并获得道德满足。二是追求评价的激励性。社会主义核心价值观内化评价之所以坚持以客观性、科学性为评价基础，是为了检验既往培育成果，并为进一步推进社会主义核心价值观内化与践行做铺垫,其最终目标是要促进价值观内化的完成,并在全社会形成树立全民价值观的德性发展。

在任何时期,无论何种价值理念的推行都要有制度保障,确保有相对稳定的社会环境。在古代,儒家思想强调用"礼"来规范制度,划定社会关系和地位,用"法"来执行判决,惩恶扬善,二者相互配合保证国家的安定和谐。现代社会,社会主义核心价值观则是将二者结合,根据社会实际形成独特的法治体系。无论是儒家思想还是社会主义核心价值观,都是通过制度来保障社会价值体系的稳定,二者具有一致性。我国在法治建设中充分借鉴和完善了儒家仁学思想的礼法思想,用制度保障了社会主义核心价值观的践行。如以德治国就是以集体主义为原则、以个人道德素质为落脚点来构建社会主义道德规范;依法治国就是依据宪法制定的法律来保障国家安全和社会稳定。[1] 个体实现社会主义核心价值观内化的过程,也是自主陶冶道德情感、磨炼道德意志、坚定道德信仰、提升道德境界的过程。社会主义核心价值观内化评价标准要坚持过程与效果相统一,保证评价的科学性与合理性。

第四节 儒家仁学思想对社会主义核心价值观内化教育的现实应用

在社会长期的历史发展进程中,社会主义核心价值观的形成源自人与社会、自然和人与人之间的关系的建立。经过长期实践论证的伦

---

[1] 郭自强:《儒家仁学思想与社会主义核心价值观融合研究》,硕士学位论文,中原工学院,2022年。

理规范和行为准则，内化成中华民族的精神结构、普遍追求和心理习惯，外化成具有中国特色的制度规范和行为模式。[①] 儒家仁学思想对社会主义核心价值观内化的现实应用，主要从社会主义核心价值观的现实论域的四个层面展开，分别是主体、载体、环境和运行机制，并将逐步落实到内化的整个实践过程中。在践行和培育社会主义核心价值观的过程中，借鉴传统儒家仁学思想"德育"的经验，从而在主体层面尊重"人"的主体地位，塑造全面发展的人格。载体层面充分发挥家庭、学校和社会教育的基础作用和主阵地作用。环境层面注重榜样引领，营造良好的网络环境和社会氛围。运行机制方面建立完善的管理、监督和评估机制。

一 主体层面：发挥个人主体价值

社会主义核心价值观作为彰显并依赖广大人民群众主体力量的价值观念，要使抽象的理念融入社会生活并转化为人民的自觉行动，既要让核心价值观直接反映人民群众的深刻自觉认同，也要体现人民群众的主体感受。社会主义核心价值观内化主体只有积极参与实践，才能实现"为己""成仁"，才能达到"内圣外王"的价值追求。

（一）尊重受教者的主体地位

社会主义核心价值观内化要以受教者为主体，即培育重心下移，具体表现为培育的重心从传递知识转移到服务受教者成长上，要了解受教者的思想状况、认知结构和心理特点，把受教者能力的增长列为考核指标，要把促进受教者全面而自由的发展作为培育的目标。首先，应利用问题驱动、实践驱动转变培育模式，强化受教者自主学习、自

---

① 翟子夜：《社会主义核心价值观的历史文化底蕴研究》，博士学位论文，黑龙江大学，2022年。

我成长的能力，鼓励每一位受教者将自己的追求与国家、社会的理想紧密联系，形成自己的道德自觉。其次，要针对主体的差异性，对不同主体的差异需求，同一主体在不同发展阶段的需求给予差异化满足，把"以人为本"的理念灌输到培育过程的方方面面，使社会主义核心价值观的表述和呈现方式与现实社会契合，增加大众认同感。此外，社会主义核心价值观需融入日常思维，在关注现实问题中探寻社会主义核心价值观建设的现实切口。①

（二）调动受教者参与积极性

社会主义核心价值观内化过程中，施教者通过实地参观、案例分析等方式，使受教者潜移默化地对社会主义核心价值观从认知认同上升到情感认同再上升到实践认同，调动受教育者学习和实践社会主义核心价值观的积极性和主动性。受教者积极借鉴儒家"慎独""正己"理念提高个人思想觉悟和道德水平。社会主义核心价值观的建设需提高全社会公民的自我道德修养，将高尚的思想意识落到实处。② 施教者和受教者之间有效的沟通交流，施教者积极的情感体验也可以提高社会主义核心价值观的公信力，减少受教育者内化社会主义核心价值观的阻力。③ 受教者应自主选择学习的内容和方式，主动参与社会实践的环节，发挥个体的创造能力。

（三）提升教育者的综合素质

作为社会主义核心价值观内化的另一主体的施教者，其综合素质

---

① 翟子夜：《社会主义核心价值观的历史文化底蕴研究》，博士学位论文，黑龙江大学，2022年。
② 严瑞：《论儒家思想与社会主义核心价值观的契合与相通》，硕士学位论文，安徽大学，2015年。
③ 石海兵、王苗：《培育和践行社会主义核心价值观常态化机制研究》，《学校党建与思想教育》2019年第11期。

对社会主义核心价值观的培育效果有直接影响。具体表现为施教者的工作积极性和理论学习的通透性，对社会主义核心价值观的内容和意义理解的深刻性，对教育规律运用的熟练程度等多方面的内容。这些都直接影响受教者对社会主义核心价值观内容和现实意义的理解把握程度，并最终决定培育成果。因此，要培育并选拔优秀教师进行优秀传统文化讲授，提升学生们的文化素养和素质底蕴。在高校组织丰富的文化活动或学术讲座，把儒家传统文化融入大学校园生活。因此，教育者要注重自身的理论学习，根据社会发展需要不断更新完善自身的教育理念和方法，了解传统文化资源，正确把握社会主义核心价值观的精髓要义，提升自身的综合素质和人格魅力，完善道德情操，提高培育能力，率先垂范，以身作则，凝聚人心，对受教者进行思想政治教育，要让儒家文化以贴近实际的方式融入现实生活，辅助其成长，推进社会主义核心价值观内化的达成。

二 载体层面：强化家庭教育和学校教育的载体功能

儒家仁学思想非常重视个人思想道德的养成和培育，其思想中对个人的思想道德规范包含个人与社会之间、与行业之间、与家庭之间以及个人自身的道德修养等。其中尤其重视对个人思想道德的培育。在社会主义核心价值观内化的过程中，通过使家庭生活点滴和学校系统教育结合，培育个人的思想道德价值观，为社会和民族的发展培育合格公民，提供人才保障。① 在社会主义核心价值观的教育上，我们需要把儒家传统文化中的教育经验吸收进来，把价值观放在人本身和现实生活中，以健全人格养成为抓手，形成家庭、学校、社会协同发力的立体化教育路径，共同促进日常生活的实践养成。其中，从"传统"

---

① 严瑞：《论儒家思想与社会主义核心价值观的契合与相通》，硕士学位论文，安徽大学，2015年。

社会中的儒家仁学思想来看，家庭和学校对"人"的教化起关键作用。对此，当今社会应给予家庭和学校教育充分重视。

（一）加强家庭在社会主义核心价值观培育中的基础性地位

儒家仁学思想注重"家国一体"的伦理教育模式，提出"一家仁，一国兴仁"的观念，主张将家庭教育和国家、社会的主流意识相结合。家庭教育对个体价值观形成和行为习惯养成有至关重要的作用。儒家仁学思想涵盖个人成长的各个阶段，在社会主义核心价值观的内化上，要继承儒家孝悌思想，加强家庭美德建设，协调家庭成员关系。加强家庭的基础性地位建设有以下几种措施。一是营造良好家庭氛围。创造家庭成员之间的平等和睦关系，家长要主动了解孩子需求，尊重孩子意愿，与孩子平等互动，但也不能一味溺爱，对于孩子的不良价值取向和行为要及时纠正，赏罚分明，这样既能培养孩子独立自主的观念，又能在亲子的良性互动中维护家庭关系并完成家庭教育。二是坚持言传身教的教育方法。家庭是第一课堂，父母是第一教师。父母的示范对孩子的成长具有重要意义，长辈的思想观念、行为习惯、价值取向会影响到晚辈，实用主义的家长必然培养出功利的孩子，奢靡的教养方式会培养出贪图享乐的孩子。父母正确的表率，是孩子正确的价值选择和行为习惯的前提。三是树立良好的家风。家是最小国，国是千万家，家庭是小的社会，传承良好的家风，社会风气才能风清气正。家庭教育要重视家风的德育功能，通过家庭成员共同遵守家庭约定和规则，如坚持诚实守信等，每个家庭的努力都可以促进社会风气改善。

（二）将学校教育作为社会主义核心价值观内化的主阵地

儒家仁学思想将"明人伦"看成"学校"的重要功能。"父子有亲，君臣有义，夫妇有别，长幼有序，朋友有信"，后世也称为"五伦"。"学校"是培养"三纲五常"的主阵地，并将这一"仁德"辐射开来，而后影响整个社会。《论语》载："子曰：'志于道，据于德，依于仁，游于艺。'"（《述而》）以道为志向，以德为根据，以仁为依靠，而游憩于礼、乐、射、御、书、数六艺之中。李振纲在《孔子仁学五题》中认为，此句可以看作孔子成德立人的思想纲领与为学之纲。按照朱熹的解释，"至于道"中"道"所指为"人伦日用之间所当行者"，亦即日常生活中"仁德"之体现；"据于德"中"德"所指为"行道而有得于心者"，即"仁德"价值观的内化；"依于仁"中"仁"所指为"私欲尽去而心德之全也"，即通过行动内化后善良德性品格已为成人所固有，达到了道德实践的最终境界。其后"游于艺"中所指"艺"，朱熹释为"礼乐之文"及"射御书数之法"，是孔子所处时代学生通过教育所必须掌握的技能。至此四事完备，仁德的教育才算真正完成。朱熹总结为："此章言人之为学当如是也。盖学莫先于立志，志道，则心存于正而无他；据德，则道得于心而不失；仁则德性常用而物欲不行；游艺，则小物不遗而动息有养。"放在价值观内化教育的实践过程中即可以理解为，价值观教育首先要对社会主义核心价值观认同，继而开展具体的"德"，在生活生产过程中规定某些具体符合社会主义核心价值的行为，鼓励人们去施行；同时需做到心中怀"仁"，认识到自己作为集体社会的一分子，将集体利益放在个人私欲之前，亦不忘事用之"艺"，广博学习、广泛涉猎，将社会主义核心价值观糅进"艺"中，最终完成道德实践与精神完善的过程。

在学校教育中，要把社会主义核心价值观的培育与地方优秀传统文化相结合，如调研过程中发现对于社会主义核心价值观内化与中华优秀传统文化融合度不紧密的问题，可以借力地方优势文化作为教育载体，推进社会主义核心价值观内化。现代戏是极具标识度的本土文艺实践方式。在著名的"淮剧之乡"盐城,淮剧是盐阜地区精神气质和文化血脉的传承。淮剧《送你过江》宣扬不怕牺牲、舍生取义、报效祖国的精神;《小镇》弘扬以诚信为内核;《首乌花开》围绕"真扶贫、扶真贫"的时代主题等,这些都是社会主义核心价值观教育的文化载体,戏曲故事在阐释的实践中引导个体认知,并完成意义的生产与传播,使社会主义核心价值观教育由思想观念层面渗透到实践层面。学校教育将优秀传统文化和社会主义核心价值观二者结合灌输给学生,使学生在潜移默化中将之内化为自觉意识,并付诸实际行动之中。

一是重视校园环境建设。校园的环境是个系统工程,既包括校园的自然环境、建筑设施、道路等学习环境,也包括校园的文化、政治环境等。学校作为系统培育社会主义核心价值观的场所,其校园文化环境对学生社会主义核心价值观内化的影响较大。在高校思想文化教育中,将儒家传统文化要素纳入校园文化建设,营造浓厚的传统文化氛围,使学生潜移默化地受到传统文化的熏陶,增强对祖国文化的认知。不管是小学、中学还是大学,应在校训、校规和校园主流价值观中融入社会主义核心价值观,同时通过开设社会主义核心价值观的相关讲座、课程、活动等营造风清正气的校园文化氛围,拓宽学生视野,提高他们的综合素养。二是建立民主平等的师生交流机制。教师要深入课堂、学生的宿舍,深入学生生活中,关注学生的主体需求,根据学生不同阶段的认知水平、心理特征,制定不同的核心价值观培育方案。师生可以通过线上线下交流互动增进感情,增加优秀教师宣传的影响力,从而通过良好师德师风示范,让学生更深刻地认识和理解社会主义核心价值观的内涵意义,并通过师德师风引导和激励学生在日常行动中践行社会主义核心价值观,并做到知行合一。三是将儒家文化中的隐性的思想政治教育价值融入学科建设和发展,更好地挖掘和展现思想政治教育价值。习近平总书记指出,"思政课要做思想政治教育的显性课程"①。要充分挖掘儒家文化中的思想政治教育资源,将其纳入各类课程体系,实现全员、全过程、全方位育人;要开设儒家文化必修课和选修课,引导学生多读儒家文化经典,感受儒家文化魅力;要在思想政治教育实践中穿插儒家文化学习,让学生在各类中国特色社会主义文化实践活动中感受儒家文化的魅力,体会思想政治教育的精神内涵。② 四是加强社会主义核心价值观理论研究。要通过开展社会主义核心价值观内化专题研究、通俗理论读物编写、基层理论宣讲培训、举办社会主义核心价值观理论研讨会、开通社会主义核心价值观研究基地网站等方面的工作,为社会主义核心价值观内化提供决策咨询服务。

三 环境层面:传承创新仁学思想优化内化环境

社会主义核心价值观内化环境,是指影响社会主义核心价值观践行的外部因素的总和。一旦社会主义核心价值观的客观环境"不处仁",处于这一环境中的个体便会产生"失其是非之本心"而不知的可能。因此,社会主义核心价值观培育要积极借鉴儒家仁学思想改善社会教化环境的经验,优化社会主义核心价值观内化环境。

(一)营造社会主义核心价值观内化的良好氛围

良好的环境氛围潜移默化地影响人们的思想观念和行为方式,对社会主义核心价值观内化有推动作用。要营造生活情景和社会氛围,使核心价值观的影响像空气一样无所不在、无时不有。儒家极重视思想的传播,他们借助民众喜闻乐见的、符合大众乐趣、贴近大众生活

---

① 习近平:《思政课是落实立德树人根本任务的关键课程》,人民出版社 2020 年版,第 23 页。
② 朱晓楠:《儒家文化与思想政治教育融合探究》,《常州工学院学报》2022 年第 3 期。

的如戏曲、说书等方式进行广泛传播，在生活中时刻影响着人们的思想意识，同时也能在社会上营造一个良好的学习儒家思想的外部环境。因此，在社会主义核心价值观内化的过程中，要通过良好环境氛围的积极营造，利用社会环境对人们价值观念的塑造和影响，最终促进社会主义核心价值观内化效果的实现。思想灌输一向是中国共产党思想政治工作的必要形式和基本方法，自上而下合理的思想灌输可以获得社会成员普遍认同的合理合法性，但是当今社会成员的个体独立意识不断增强，现代化的思想灌输方式更应该强调隐性教育，[①]因此在培育宣传社会主义核心价值观时要做到以下几点。一是发挥积极情感的催化作用。如通过开发和建造一系列党史教育纪念馆、红色文化展、烈士事迹陈列室、道德模范纪念墙等具有特殊意义的环境和场所，使人们身临其境切身感受到典型人和事的正能量，更加深刻地理解社会主义核心价值观的内容和意义，激发人们的积极情感，形成全社会成员对社会主义核心价值观的认同，促使社会成员自发内化践行社会主义核心价值观。二是挖掘重要节日的思想内涵。重要节日蕴含丰富的价值观教育资源，比如可以利用七一建党节、八一建军节、十一国庆节等与党和国家密切相关的节日进行爱国主义教育，通过清明、端午、中秋、重阳等进行传统文化教育，使人们深入了解本民族历史文化并为此产生慎终追远的情怀，对于个体精神的升华、素养的提升有积极作用，以重大事件和节日为契机进行直观教育，以此在全社会形成爱国主义氛围，增强我们的文化自信。利用重大事件和节日，亲身参与各类纪念活动，也可以增强人们的体验感，发挥独特的育人效果。三是加强对各种社会思潮的引领。主流意识形态与多元化的社会思潮并存，要及时关注各类社会思潮，增进核心价值观在社会各类思潮中的

---

① 翟子夜：《社会主义核心价值观的历史文化底蕴研究》，博士学位论文，黑龙江大学，2022年。

领导地位，为社会主义核心价值观内化创造积极和谐的文化氛围。在社会主义意识形态与其他社会思潮的碰撞中把握正确方向。

（二）开发网络虚拟社会主义核心价值观的内化环境

网络信息存储量大且信息传输智能便捷，对经济发展模式、文化传播模式及人际交往模式影响巨大，网络阵地已成为弘扬和培育社会主义核心价值观的最佳平台。而网络的普及性强、活跃度高的特征，更有利于社会主义核心价值观内化环境的开发。社会主义核心价值观网络培育环境，培育的内容、方法、过程、时空都具有开放性，教育者和施教对象并非固定组合，教育者的"中心"地位也非一成不变，教育者与施教者、教育者与教育者、施教者与施教者通过网络平台进行实时互动，通过信息的生产、传递、交换等实现信息增值。① 网络社会主义核心价值观教育环境下，内化的对象仍然是现实的人，因此，儒家"仁学"对社会问题的积极回应，对"人之为仁"的教化经验依旧适用。

一是打造网络和谐空间。在网络平台上加大优质资源投入建设，创造宣传和弘扬社会主义核心价值观的主场地。要明确立场，坚持正确的价值观导向。要固守舆论阵地，发挥正确的舆论导向作用，宣传和弘扬优秀传统文化，发挥传统文化积极育人的作用。各平台的大众媒体应在尊重客观事实的基础上，保证公正公平地发表观点，尽到媒体人应尽的责任和义务，做出符合社会客观实际的新闻报道。可以通过网络动画课堂、网络大讲堂等形式，系统介绍社会主义核心价值观的具体内容、指导思想、重要意义等；创造适合于网络传播的视频、动画、推文等网络文化作品，营造格调健康的网络环境；建设极具思

---

① 房楠：《社会主义核心价值观与传统文化教育协同机制研究》，《哈尔滨职业技术学院学报》2021年第5期。

想性、富于知识性，且集趣味性和服务性于一体的社会主义核心价值观主题教育网站。① 二是加强对媒体工作者的培训与教育。可以组织专家为媒体工作者开展教育培训，使他们更深刻更深层次地、更多地了解中华优秀传统文化，同时，新闻媒体人也要不断充实学习，加强自身文化素质，提高文化底蕴，除了要掌握媒体工作的一些必要工作技能外，还要不断学习中华优秀传统文化，打造现代文化与传统文化交织的新媒体内容，传播正能量，更好地为社会主义核心价值观内化提供能量。② 三是建立网络道德规范。互联网改变了人们的交往和思维方式，因其交往的匿名性，部分个体会摒弃现实生活中的各种规则，不受约束地在网络空间宣泄不满或寻求安慰，甚至把自己发展成利他与利己、热情与冷漠等和现实生活完全不同的两个人，从而在网络上产生了众多"键盘侠"和众多道德失范行为，影响整个社会主义核心价值观的网络育人效果。因此，需要建立网络道德规范，强化个人道德认知，规范个人行为，要求社会成员做到"慎独"，从而保障主体的合法权益和需求。四是完善网络监控系统。开发网络资源对于社会主义核心价值观的内化，机遇与挑战并存。一方面，人们的交流更加平等、便捷，学习资源更加丰富多样，教育者可以在网络上对人们关注的社会主义核心价值观问题给予及时回馈，大大提高了价值观内化的效率。另一方面，由于虚拟、匿名等特征，网络环境的错误信息也更容易对人们进行错误的引导。因此，需要建立一套完善的网络监控系统，了解人们的思想动态，利用网络技术监控网络法制建设，营造讲法、有序的社会主义核心价值观内化网络环境。在网络平台上，新闻媒介和

---

① 豆勇超：《空间理论视野下大学生社会主义核心价值观教育的多维透析》，《太原理工大学学报》（社会科学版）2021年第5期。
② 田锦宗：《优秀儒家文化与社会主义核心价值观契合研究》，硕士学位论文，大理大学，2017年。

各类学习 App 也在不断推广；在学校内部举办读书会、沙龙、文化论坛等活动，政府部门社科基金项目等都是教育推广的有力支持。①

（三）发挥榜样在社会主义核心价值观内化环境中的示范作用

儒家的榜样教育主要以对圣人君子、贤明国君、贤臣贤士三类道德榜样的"见贤思齐"和对社会典型丑恶现象的警示、批判结合所进行的示范教育，② 对现今通过道德榜样的塑造，优化社会主义核心价值观的内化环境有一定的参考价值。

一是挖掘典型榜样。榜样对于普通个体具有示范作用，深度挖掘社会主义核心价值观践行中拥有时代特性和群众认可的楷模，让受教者感受到榜样的力量。通过榜样的品质和事迹塑造社会主义核心价值观中爱国敬业、诚实守信等精神，将社会共同理想转化为个人的价值追求，从而感化受教者并增强受教育者的社会责任感，让他们自我反思和成长，这样的方式使受教者能更加生动饱满地感受到社会主义核心价值观就在身边，从而更好地接受和内化社会主义核心价值观。③二是建立多方联动工作格局。宣传社会主义核心价值观践行先进典型，需要发挥党政机关、高校、社会团体的合力，联合推进榜样事迹的宣传。党政机关要根据社会建设需求建设相应的制度并做好规划，承担统筹和协调的角色。其他社会组织要运用各类活动载体，抓住活动实施的过程，把宏观上的思想和要求细化，提高榜样的感染力，增强榜样引导的实效性。三是形成认知实践工作方法。在

---

① 郭自强：《儒家仁学思想与社会主义核心价值观融合研究》，硕士学位论文，中原工学院，2022 年。
② 郑晶晶：《社会主义核心价值观的中华优秀传统文化底蕴研究》，博士学位论文，大连海事大学，2017 年。
③ 张锐、李祥祥：《高校社会主义核心价值观培育机制优化研究——基于合肥地区两所高校的调查分析》，《阜阳师范学院学报》（社会科学版）2018 年第 3 期。

做好榜样塑造，发挥榜样引领作用的同时，还应提高榜样的影响力、号召力，将学习榜样的成果运用到实际的工作生活当中，将思想学习提升到行为模仿，再内化成自己的行为模式和思维方式。开展具有丰富内涵和亮点的社会实践活动，将榜样的力量通过实践融入人们的日常生活中，渗入日常行为中，把抽象的社会主义核心价值观理念具化成积极向上的价值觉悟。

四 运行机制层面："德""道"联动培育运行机制

社会主义核心价值观内化是一项由教育者、教育对象、教育内容、教育工具和教育方式等诸多要素共同协调完成的任务，价值观内化功能的发挥和任务的实现依赖于其培育。儒家仁学思想的运行模式关键在做人的"仁德"和做事的"道义"，社会主义核心价值观培育机制要在保证各因素、各环节和谐有序运行的基础上，将"德"与"道"统一到实践中。

（一）建立社会主义核心价值观内化的管理机制

社会主义核心价值观的内化过程历经未知、认知、认同、实践各个环节，保证每个环节最大限度地发挥作用需要一套科学的管理机制。一是坚持正确的价值导向。要坚持马克思主义的指导方向，帮助受教育者坚定社会主义的理想信念，培养崇高的德行操守，树立符合我国政治、经济发展需求的价值观念。践行社会主义核心价值观要积极坚定地坚持马克思主义。二是发挥法律政策的保障作用。在建立社会主义核心价值观内化管理体系时，要通过建立完备的规章制度体系，保障政府机构、相关教育机构和社会团体的管理监督职能的严格规范履行，完善人们的各类道德规范和行为准则，并通过法律政策保障社会主义核心价值观建设有足够的人、财、物等物质资源和教育资源。三是增加话语力量和社会权威。通过经济、政治、文化和社会等多层面的努力协调，充分挖掘马克思主义理论、中华优秀传统文化和红色革命文化的时代价值，通过再认识、再提炼、再加工，促进有价值的精神因子与社会主义文化相整合，增加社会主义核心价值观话语力量和社会权威。[①] 四是重视社会实践意义。社会主义核心价值观内化要做到知行合一，理论与实践结合，主观与客观结合；从实践中获取真知，只有在社会生活的实践中才能实现社会主义核心价值观内容的深化。[②]

（二）科学建设社会主义核心价值观培育的队伍机制

社会主义核心价值观培育队伍的建设，影响核心价值观内化载体功能的发挥，要合理设计培训制度、考核制度、监督评估制度等，才能保障教育者"身为正仪"，最大限度发挥教育者的正能量。一是完善价值观培育者选聘考核制度，保证师资的数量和质量。社会主义核心价值观培育队伍要以学校思政教师为主体，也包括政府部分职能部门和社会团体组织的教育人员。社会主义核心价值观培育者的缺乏会导致培育课堂"超载"，单个培育者承担的培育任务过重，而使培育效果大打折扣。[③] 因此，要保证足够数量的培育师资，同时引进兼具政治素养和人文素养的高水平的师资，对培育者进行思想、作风建设和业务培训，保证培育效果的发挥。在对师资进行考核时，应根据实际情况制订一套完备的考核体系，这套体系不仅要有对教育者的管理和监督，还应包含激励和反馈系统，将定期考核和随时抽查相结合，在对教师

---

① 翟子夜：《社会主义核心价值观的历史文化底蕴研究》，博士学位论文，黑龙江大学，2022年。

② 丁少华、刘国民：《从儒家"修身"论社会主义核心价值观的践行》，《中国青年社会科学》2017年第6期。

③ 房楠：《社会主义核心价值观与传统文化教育协同机制研究》，《哈尔滨职业技术学院学报》2021年第5期。

业务进行考核的同时把师德师风纳入考核范围。二是健全培育者奖惩机制。社会主义核心价值观培育的队伍建设需要奖惩机制。适当的奖励可以提高培育者参与工作的主动性和积极性，形成有竞争力积极向上的工作氛围，提高个体工作的创造性，满足个体自我实现的需求。惩罚可以约束和警示培育者，形成严谨的自律，从而减少培育者道德失范行为发生的概率。所以，对社会主义核心价值观培育者考核的结果，要通过奖惩机制予以强化，这样才能更好地引导和规范培育者的行为。

（三）健全社会主义核心价值观内化督导评估机制

我们对主导文化影响力的衡量标准不是主流价值表现方式的好坏或者主流话语覆盖面积的多少，而应是受众的接受度、信任度和倾向性。[①] 社会主义核心价值观内化效果的深化离不开科学的督导评估机制，将社会主义核心价值观培育系统工程的各个环节都纳入机制中，才能对各个环节的工作产生引领、协调和预警的功效，使社会主义核心价值观内化的各个系统不断完善和优化。一是完善指标体系。社会主义核心价值观内化督导评估机制应包含前置督导评估、过程督导评估和结果督导评估。对社会主义核心价值观内化督导评估要对各个环节、各个因素的主要支撑和矛盾点充分考虑，设置科学的权重，进行多维度、全方位的考察。二是严格考核方式。考核方式应该坚持定期考核和随机抽查、定性考核和定量考核相结合的方式。考核主体将上级部门和专家考核与同事考核、自我考核及受教育者考核相结合。考核的结果及时向施教者反馈，并对受教者公布，要求施教者对考评结果进行总结并结合受教者的反响，调整社会主义核心价值观培育活动

---

① 翟子夜：《社会主义核心价值观的历史文化底蕴研究》，博士学位论文，黑龙江大学，2022年。

在推进力度、措施上的方案，从而优化社会主义核心价值观内化措施。三是强化自我评价。自我评价既包括受教者对内化成果的自我评价，也包括实施者对自己培育效果的自我评价。社会主义核心价值观内化自我评价本身也是施教者和受教育者自我管理、自我成长的重要环节，其中受教育者的自我评价更加重要。因此，社会主义核心价值观内化督导评估要充分考虑到受教育者的认知结构、情感状态和心理特征，充分调动受教育者的积极性和主动性，从而以更加饱满的状态投入社会主义核心价值观的学习和实践中。

第五节　本章小结

儒家仁学思想与社会主义核心价值观融通的研究，其最终目的就在于正确地指导社会实践，丰富与完善社会主义核心价值观内化理论体系，从而推动个体进行社会主义核心价值观内化和践行，引导个体道德习惯与道德品质的养成，进而提高国民素质，构建和谐社会，建设社会主义文化强国。在新时代背景下，社会主义核心价值观内化建设离不开儒家仁学思想这一巨大推动力，这既是其自身融入新时代，通过传承弘扬和创新发展获得全新生命力的必要途径，也是社会主义核心价值观进一步内化弘扬，构建中国特色社会主义社会文化自信的必然要求，同时也是中国文化企事业单位的新机遇。在此过程中我们只有在实践上找到二者融合的有效途径，才能充分应对网络新媒体带来的变革与挑战、现实社会对人们价值观的冲击等新问题。

社会主义核心价值观内化的调查问卷

你好！

感谢你参与此次问卷调查。

积极培育和践行社会主义核心价值观与中国特色社会主义发展要求相契合，与中华优秀传统文化和人类文明优秀成果相承接，是中国共产党凝聚全党全社会价值共识作出的重要论断。为进一步了解社会主义核心价值观内化情况，我们组织了此次线上问卷调查。

本次问卷调查为匿名调查，我们会对答案进行严格保密，调查结果仅供调研活动用，不会对你的学习生活造成不良影响，谢谢合作！

一 基本情况

1. 性别：○男 ○女
2. 你的年龄是：○20岁以下 ○20—39岁 ○40—59岁 ○60岁及以上
3. 你的婚恋情况是：○未婚 ○已婚 ○离异 ○丧偶
4. 你的政治面貌是：○中共党员 ○民主党派 ○共青团员 ○群众

5. 学历：○专科及以下　○本科　○硕士研究生　○博士研究生

6. 你目前的居住地是：○城区　○郊区　○农村

7. 你在下列哪一地区：○苏南地区　○苏中地区　○苏北地区

8. 你的职业是：○在校学生　○企业职工　○党政机关工作人员　○事业单位工作人员○其他

二　社会主义核心价值观认知情况调查

（一）国家层面核心价值观

1. 我国经济发展处于国民共进的良好阶段
○完全符合　○比较符合　○不确定　○不太符合　○不符合

2. 国家富强对自己生活影响较大
○完全符合　○比较符合　○不确定　○不太符合　○不符合

3. 我国的民主制度在不断完善
○完全符合　○比较符合　○不确定　○不太符合　○不符合

4. 你会自觉参与民主制度改革
○完全符合　○比较符合　○不确定　○不太符合　○不符合

5. 在无人监督的情况下你也会坚守文明底线
○完全符合　○比较符合　○不确定　○不太符合　○不符合

6. 你经常阻止不文明现象
○完全符合　○比较符合　○不确定　○不太符合　○不符合

7. 我国的社会和谐程度比较高
○完全符合　○比较符合　○不确定　○不太符合　○不符合

8. 我国的整体社会道德风气较好
○完全符合　○比较符合　○不确定　○不太符合　○不符合

（二）社会层面核心价值观

9. 我国在保障人的自由和权利方面做得较好
○完全符合　○比较符合　○不确定　○不太符合　○不符合

10. 我国现在生活的环境自由比较高
○完全符合　○比较符合　○不确定　○不太符合　○不符合

11. 你会为平等得到应有的尊重和保护而努力
○完全符合　○比较符合　○不确定　○不太符合　○不符合

12. 党和国家在平等目标上表现出坚定的决心
○完全符合　○比较符合　○不确定　○不太符合　○不符合

13. 当前我国在维护社会公平正义方面已经取得了很多成绩
○完全符合　○比较符合　○不确定　○不太符合　○不符合

14. 当前我国社会保障较为公平
○完全符合　○比较符合　○不确定　○不太符合　○不符合

15. 全社会的法律意识和法治观念已经提高
○完全符合　○比较符合　○不确定　○不太符合　○不符合

16. 你在工作或学习中能够做到遵纪守法
○完全符合　○比较符合　○不确定　○不太符合　○不符合

（四）个人层面核心价值观

17. 国家强，人民才能富，你关心国家的发展和进步
○完全符合　○比较符合　○不确定　○不太符合　○不符合

18. 能够自觉抵制民族分裂主义和非理性爱国主义
○完全符合　○比较符合　○不确定　○不太符合　○不符合

19. 你在工作中时常精神饱满，冲劲十足
○完全符合　○比较符合　○不确定　○不太符合　○不符合

20. 你认为敬业精神对工作和学习有很大帮助

○完全符合　○比较符合　○不确定　○不太符合　○不符合

21. 社会生活中多数人都很诚信

○完全符合　○比较符合　○不确定　○不太符合　○不符合

22. 你在工作生活中会恪守诚信

○完全符合　○比较符合　○不确定　○不太符合　○不符合

23. 社会生活中公民都能做到友善相对

○完全符合　○比较符合　○不确定　○不太符合　○不符合

24. 你在竞争中不会因为自己的利益而背叛朋友

○完全符合　○比较符合　○不确定　○不太符合　○不符合

三　社会主义核心价值观培育情况调查

1. 你对倡导"社会主义核心价值观"的基本看法是：

○与每个人密切相关，需倡导更需践行

○这是少数人讨论的问题，与我无关

○没有必要

○其他

2. 社会主义核心价值观对你的影响大吗

○没有影响　○有一点影响　○影响很大　○不确定

3. 社会主义核心价值观影响了你的哪些方面

○工作　○生活　○家庭　○个人

4. 你认为培育和实践社会主义核心价值观的重点群体是：

○党政机关干部

○企事业单位职工

○青少年学生

○社会公众人物

○其他

5. 你认为培育和践行社会主义核心价值观：

○非常必要，能够实现

○非常必要，难以实现

○说不清

○没有必要

6. 你认为自身的社会主义核心价值观形成的途径是：

○社会教育　○家庭教育　○学校教育　○工作单位　○自我教育　○其他

7. 你认为对核心价值观的形成和传播影响最大的人群是：

○普通群众

○广大教师、知识分子

○青少年学生

○党政领导干部特别是中高级干部

○明星人物

8. 你会自觉践行社会主义核心价值

○完全符合　○比较符合　○不确定　○不符合

9. 你主要通过什么方式了解社会主义核心价值观

○报纸、广播、电视、网络等新闻媒体

○书籍或杂志

○宣讲、讨论会、学习班

○学校教育

○家庭教育

○其他

10. 你对目前社会主义核心价值观宣传、教育的方式比较满意

○完全符合　○比较符合　○不确定　○不符合

11. 你认为你所接受的社会主义核心价值观主题教育的活动形式是否有效

○非常有效　○一般　○流于形式　○没有实际效果

12. 你认为当下社会主义核心价值观教育存在的问题是：

○机制建设不完善　○途径少内容单一　○缺乏宣传教育平台

○榜样示范不够

13. 你认为学习社会主义核心价值观最有效措施是：

○加强社会环境建设　　　　　○加强典型的引导示范

○动员全社会参与，从自己做起　　○其他

14. 你认为社会主义核心价值观的重要来源是：

○中华民族优秀传统文化　○西方文化　○马克思主义文化　○社会主义文化

15. 你认为践行和培育社会主义核心价值观过程中存在的主要问题有

○缺乏优质的教育资源

○缺少形式多样的实践活动

○缺少与中华优秀传统文化教育的融合

○自身对社会主义核心价值观的不重视

参考文献

一 著作类

《马克思恩格斯全集》第1卷,人民出版社2016年版。

《马克思恩格斯全集》第39卷,人民出版社2016年版。

《马克思恩格斯选集》第1卷,人民出版社2016年版。

《马克思恩格斯选集》第3卷,人民出版社2016年版。

《列宁选集》第4卷,人民出版社2012年版。

《毛泽东选集》第2卷,人民出版社2008年版。

《邓小平文选》第1卷,人民出版社1993年版。

《邓小平文选》第3卷,人民出版社1993年版。

夏征农:《辞海》,上海辞书出版社2022年版。

(汉)戴圣:《礼记·第三十一篇·中庸》:总第5284节,总第21921句。

(东汉)班固:《汉书·文帝纪》,中华书局2012年版。

习近平:《思政课是落实立德树人根本任务的关键课程》,人民出版社2020年版。

《中共中央关于党的百年奋斗重大成就和历史经验的决议》,人民出版社2021年版。

中共中央文献研究室编:《毛泽东年谱》第4卷,中央文献出版社2013

年版。

教育部社会科学研究与思想政治工作司：《思想政治教育学原理》，高等教育出版社 2018 年版。

教育部思想政治工作司：《思想政治教育学科设立 30 周年：高校思想政治教育创新发展研究》，中国书籍出版社 2015 年版。

［英］约翰·洛克：《教育漫话》，徐大建译，上海人民出版社。

（明）王守仁：《王阳明全集》卷一，中央编译出版社 2014 年版。

［德］黑格尔：《哲学史讲演录》，商务印书馆 1960 年版。

［瑞］皮亚杰：《发生认识论原理》，商务印书馆 1981 年版。

［古希腊］亚里士多德：《尼各马可伦理学》，廖申白译注，商务印书馆 2017 年版。

［英］休谟：《人性论》，关文运译，商务印书馆 2005 年版。

［德］伊曼努尔·康德：《道德形而上学原理》，苗力田译，上海人民出版社 2012 年版。

陈立思：《比较思想政治教育》，中国人民大学出版社 2018 年版。

［古希腊］柏拉图：《柏拉图文艺对话集》会饮篇，朱光潜译重庆出版社 2016 年版。

［美］D. R. 克拉斯沃尔、［美］B. S. 布鲁姆：《教育目标分类学》第二册，施良方、张云高译，华东师范大学出版社 2009 年版。

［英］曼纽尔·卡斯特：《网络社会的崛起》，社会科学文献出版社 2001 年版。

［英］曼纽尔·卡斯特：《千年终结》，社会科学文献出版社 2006 年版。

冯建军：《当代主体教育论》，江苏教育出版社 2004 年版。

冯友兰：《中国哲学简史》，北京大学出版社 2013 年版。

赵康太、李英华：《中国传统思想政治教育理论史》，华中师范大学出版社 2006 年版。

盛跃明：《思想政治教育转型论：现代性的观点》，人民出版社 2015 年版。

沈壮海：《思想政治教育有效性研究》，武汉大学出版社 2016 年版。

赵士兵：《马克思主义意识形态理论视阈下的社会主义核心价值体系问题研究》，黑龙江人民出版社 2012 年版。

杨绍安、王安平、刘惠：《现代思想政治教育学原理》，西南交通大学出版社 2013 年版。

崔大华：《庄子歧解》，中州古籍出版社 1988 年版。

张耀灿、郑永廷、骆郁廷等：《现代思想政治教育学》，人民出版社 2006 年版。

邱伟光、张耀灿：《思想政治教育学原理》，高等教育出版社 1999 年版。

二　文献资料

习近平：《青年要自觉践行社会主义核心价值观——在北京大学师生座谈会上的讲话》，《人民日报》2014 年 5 月 5 日 02 版。

《习近平在纪念孔子诞辰 2565 周年国际学术研讨会上的讲话》，2014 年 9 月 24 日，http://www.xinhuanet.com/politics/2014-09/24/c_1112612018.htm。

党的十六届六中全会：《中共中央关于构建社会主义和谐社会若干重大问题的决定》，2016 年。

王博：《心灵四季》，《光明日报》2012 年 7 月 30 日第 3 版。

三　期刊论文

常艳芳、回宇：《新时代坚持社会主义核心价值体系基本方略探析》，《学校党建与思想教育》2022 年第 6 期。

蒲清平、张伟莉、安娜：《社会主义核心价值观内化的心理机制与实践路径》,《国家教育行政学院学报》2015年第10期。

包雅玮:《儒家仁学思想的现代阐释及价值观转化路径》,《江苏海洋大学学报》(人文社会科学版)2022年第1期。

丁少华、刘国民:《从儒家"修身"论社会主义核心价值观的践行》,《中国青年社会科学》2017年第6期。

房广顺、隗金成:《社会主义核心价值观与中华传统文化的契合性》,《马克思主义研究》2015年第10期。

张澍军、王立仁:《论道德过程的内化机制》,《社会科学战线》2003年第2期。

冯周卓:《以马克思主义意识形态建设推进社会主义核心价值观认同》,《道德与文明》2009年第6期。

王雨:《中华优秀传统文化的时代价值及其传承发展》,《商丘师范学院学报》2019年第35期。

陈庆国、张莹:《新时代大学生社会主义核心价值观认知逻辑探究》,《东北师大学报》(哲学社会科学版)2021年第6期。

陈欣、金丽馥:《新媒体时代增进大学生社会主义核心价值观认同的路径探索》,《学校党建与思想教育》2022年第8期。

徐光辉:《自媒体语境下大学生社会主义核心价值观培育的优化策略》,《学校党建与思想教育》2019年第9期。

郑露露、朱珠、施威:《微文化背景下高校社会主义核心价值观教育研究》,《新媒体思政》2020年第3期。

巩克菊、丁燕:《新时代利益多元化背景下社会主义核心价值观教育研究》,《山东青年政治学院学报》2018年第4期。

喻文德:《社会主义核心价值观内化为价值信仰论析》,《福建江夏学院学报》2018年第3期。

欧晓静、左倩倩:《大学生社会主义核心价值观内化的心理机制研究》,

《锦州医科大学学报》2018年第16期。

江畅、陶涛：《中国传统价值观现代转换面临的任务》，《湖北社会科学》2019年第3期。

李泽泉：《坚持以社会主义核心价值观引领文化建设》，《红旗文稿》2021年第1期。

朱晓楠：《儒家文化与思想政治教育融合探究》，《常州工学院学报》2022年第3期。

马健永：《新时代视域下民族性与世界性的融通对习近平新时代中国特色社会主义思想的理论阐释》，《西南石油大学学报》2022年第2期。

郝云：《论道德教育的先进性要求与广泛性要求》，《理论月刊》2000年第12期。

陈庆国、张莹：《新时代大学生社会主义核心价值观认知逻辑探究》，《东北师大学报》（哲学社会科学版）2021年第6期。

廖启云：《社会主义核心价值观内化机制的系统构建》，《系统科学学报》2018年第8期。

王涵青：《从孟子与董仲舒的"仁—义—利"结构论道德实践的主体价值抉择》，《衡水学院学报》2020年第5期。

李煌明：《论儒家传统核心价值观体系的结构》，《云南师范大学学报》2009年第2期。

张静莉：《儒家管理哲学的核心理念探究》，《河北科技师范学院学报》（社会科学版）2019年第1期。

石书臣：《现代德育理念与高校德育创新》，《思想政治教育研究》2011年第4期。

刘长海、许雪莹：《教育性学生管理论略》，《中小学教育》2019年第12期。

石海兵、王苗：《培育和践行社会主义核心价值观常态化机制研究》，

《学校党建与思想教育》2019 年第 11 期。

房楠:《社会主义核心价值观与传统文化教育协同机制研究》,《哈尔滨职业技术学院学报》2021 年第 5 期。

豆勇超:《空间理论视野下大学生社会主义核心价值观教育的多维透析》,《太原理工大学学报》(社会科学版) 2021 年第 5 期。

张锐、李祥祥:《高校社会主义核心价值观培育机制优化研究——基于合肥地区两所高校的调查分析》,《阜阳师范学院学报》(社会科学版) 2018 年第 3 期。

四 学位论文

张江波:《儒家仁学思想及其当代价值研究》,博士学位论文,兰州大学,2020 年。

唐登芸:《网络思想政治教育内化问题研究》,博士学位论文,电子科技大学,2018 年。

朱莉:《先秦儒家思想对社会主义核心价值观的涵养作用研究》,博士学位论文,山东大学,2015 年。

师娅:《中国传统文化与社会主义核心价值观建设》,博士学位论文,陕西师范大学,2017 年。

翟子夜:《社会主义核心价值观的历史文化底蕴研究》,博士学位论文,黑龙江大学,2020 年。

张江波:《儒家仁学思想及其当代价值研究》,博士学位论文,兰州大学,2020 年。

郑晶晶:《社会主义核心价值观的中华优秀传统文化底蕴研究》,博士学位论文,大连海事大学,2017 年。

秦冰馥:《中华优秀传统文化融入高校思想政治教育研究》,博士学位论文,东北师范大学,2021 年。

于超：《道德内化理论在德育工作中的运用》，硕士学位论文，河南大学，2013年。

梁竞研：《习近平青年思想研究》，硕士学位论文，西北师范大学，2019年。

刘一潇：《大学生对社会主义核心价值观认同与践行实践研究》，硕士学位论文，河南农业大学，2019年。

李成隆：《传统儒家文化演进路径对社会主义核心价值观建设的借鉴研究》，硕士学位论文，西南大学，2019年。

周云：《社会主义核心价值观域中的传统礼仪文化建设》，硕士学位论文，南京师范大学，2016年。

于晔：《儒家思想与社会主义核心价值观关系研究》，硕士学位论文，西安科技大学，2017年。

毕国帅：《推动中华优秀传统文化创造性转化创新性发展研究》，硕士学位论文，山东师范大学，2019年。

李成隆：《传统儒家文化演进路径对社会主义核心价值观建设的借鉴研究》，硕士学位论文，西南大学，2019年。

薛振春：《儒家优秀文化与社会主义核心价值观相容性研究》，硕士学位论文，河北大学，2017年。

严瑞：《论儒家思想与社会主义核心价值观的契合与相通》，硕士学位论文，安徽大学，2015年。

吕雯瑜：《社会主义核心价值观与儒家传统伦理思想的融通研究》，硕士学位论文，吉首大学，2018年。

田锦宗：《优秀儒家文化与社会主义核心价值观契合研究》，硕士学位论文，大理大学，2017年。

郭自强：《儒家仁学思想与社会主义核心价值观融合研究》，硕士学位论文，中原工学院，2022年。

后　　记

2020年1月，得知本人主持申报的课题"儒家仁学思想与社会主义核心价值观内化研究"（20BKS150），获国家社会科学基金一般项目立项，一方面，激动于专家学者对个人研究方向的认可；另一方面，对于后面如何把项目开展好，实现预期的成果，也倍感压力。从立项开始，我们课题组多次找专家咨询，对前期研讨的提纲思路进一步论证。

本研究选取江苏省苏南、苏中、苏北等区域的在校学生、企业职工、党政机关工作人员、事业单位工作人员、自由职业人员等群体，采用规范研究与实证研究相结合的方法，从分析相关概念入手，结合社会主义核心价值观培育工作的具体情况，以社会主义核心价值观内化为主线，设计调查问卷。同时运用观察和访谈等方法，保证第一手研究资料的获取翔实可靠，通过社会主义核心价值观内化实证分析结果，总结对社会主义核心价值观的认知与践行现状及存在问题的原因，在进行原因探究的基础上，提出了社会主义核心价值观内化建设的路径。在调研和写作的过程中，课题组深深感受到2013年来，党中央、教育部门和社会其他职能部门在社会主义核心价值观宣传方面的实践成绩。党的十九届四中全会指出："培育和弘扬社会主义核心价值观，必须坚守我们既有的传统、固有的根本，在此基础上深耕厚培、延伸发展。"党的十九届五中全会明确提出"坚持以社会主义核心价值观引领文化建设"，"弘扬社会主义核心价值观"被写入了《中华人民共和国民法典》，社会主义核心价值观由"德"入"法"，彰显出中华民族的共同意志和中国人民的集体价值诉求。2021年9月，中央宣传部、中央政法委、全国人大常委会办公厅、司法部印发《关于建立社会主义核心价值观入法入规协调机制的意见（试行）》，对社会主义核心价值观融入法治建设，成为全体人民的共同价值追求进行法治安排和部署。党的十九届六中全会强调"中华优秀传统文化是中华民族的突出优势"，要"推动中华优秀传统文化创造性转化、创新性发展"。中华优秀传统文化的发展顺应中国社会生产方式和政治变革的发展需要，儒家思想在历史进程中既形成了核心价值观念，也塑造了一系列开展社会教化、加强个体修养的相应法则，对当前社会主义核心价值观的内化具有启示和借鉴意义，对以社会主义核心价值观引领文化制度建设，推进中国特色社会主义发展有整体性认识和启发。本人自2011年在河海大学攻读博士学位时，就开始关注社会主义核心价值观的相关研究，十几年来，个人的研究方向和内容聚焦社会主义核心价值观及教育问题，"传统文化的当代价值和意义""社会主义核心价值观教育"和"社会主义意识形态自觉"等研究相关成果为巩固马克思主义在意识形态领域的指导地位、积极应对现代西方意识形态的侵入和渗透、引导社会各群体树立正确的信仰和价值观提供参考。

感谢全国哲学社会科学工作办公室给予我们这次宝贵的机会，感谢各位评审专家对我们的支持。本书由于涉及大量的实证调研，除了课题组成员全程参与外，感谢谢莹、杨梁杰、顾清、高珊、姚源、耿俊杰对书稿的校对。当前，关于儒家仁学思想和社会主义核心价值观的相关研究逐渐深入广泛，研究专著和研究论文丰富，其中既有众多的理论性研究，也不乏一些实证研究，这些也为笔者近年来开展研究提供了大量的素材和有益参考。由于涉及的学科知识面广，在写作的过程中，引用了不少专家、学者的思想观点，从中受益匪浅。我深感自己的每一分收获都离不开先学的耕耘，在此向他们深表谢意。

通过研究，我们对传统文化的现代化转化以及社会主义核心价值观的内化有了一些认识与思考，由于课题组成员主要为高校思想政治课教师，在科研之余还要承担教学任务，故对本课题的研究难免存在不足之处，对一些问题的研究有待于进一步深入，真诚地欢迎学界前辈和同仁批评指正。

包雅玮

2022 年 10 月